種目別にみる
スポーツ外傷・障害とリハビリテーション

編集：渡會公治　猪飼哲夫

Baseball Football Basketball Volleyball Rugby Tennis Badminton Table Tennis Golf Gymnastics Competition Swimming Triathlon Skiing Judo Kendo Sumo Wrestling Boxing Baseball Football Basketball Volleyball Rugby Tennis Badminton Table Tennis Golf Gymnastics Competition Swimming Triathlon Skiing Judo Kendo Sumo Wrestling Boxing Baseball Football Basketball Volleyball Rugby Tennis Badminton Table Tennis Golf Gymnastics Competition Swimming Triathlon Skiing Judo Kendo Sumo Wrestling Boxing Baseball Football Basketball

医歯薬出版株式会社

This book was originally published in Japanese
under the title of :
SHUMOKUBETSU-NI MIRU SUPŌTSU SHOUGAI GAISHOU-TO RIHABIRITĒSYON
(Sports Injuries and Rehabilitation by the Difference in Sporting Events)

Editors:

WATARAI, Koji
   Professor,
   Department of Physical Therapy, Faculty of Medical Science for Health,
   Teikyo Heisei University

IKAI, Tetsuo
   Professor,
   Department of Rehabilitation Medicine,
   Tokyo Women's Medical University

© 2014 1st ed.

ISHIYAKU PUBLISHERS, INC.
   7-10, Honkomagome 1 chome, Bunkyo-ku,
   Tokyo 113-8612, Japan

序

　本書は『JOURNAL OF CLINICAL REHABILITATION』（臨床リハ）誌に連載されていたものを主体としている．リハビリテーション（以下リハ）対応が求められるスポーツ外傷・障害を種目別に，手術的治療が主ではなく，リハの処方（評価，リハプログラム）やスポーツ選手本人にどう対応し，何を教えるかを解説した．運動療法，理学療法を中心とした対応となるので，医師と理学療法士の共通の理解が得られるようにポイントを設定して執筆いただいた．連載時の野球，サッカー，水泳等の16種目に加えて，バドミントン，体操競技，トライアスロン，スピードスケートを新規項目やコラムとして追加し，計20種類のスポーツ種目のスポーツ外傷・障害を取り上げた．

　素晴らしい著者陣に執筆いただいたので，内容はとても豊富である．本書の内容は，多様なヒトの営みをスポーツという枠の中で種目のフィルターを通して見えてくるもの，といってよいと感じた．また，さまざまな視点でヒトの動きを考えることができる．

　編集作業で通読したが，興味深く，とても勉強になる．特に，自分に経験のない競技の話はおもしろい．スポーツ障害とは実験を見ているようなものと感じてきた．つまり，スポーツができる運動能力の高い人たちでも同じ練習，同じトレーニングを重ねる中で同じような障害をある確率で起こしてくるという点である．といっても，障害を起こすほうが少数派である．そこで，外傷・障害を起こす原因，要因の追求が必然となる．スポーツ医学の知見，知識が集まると，診断，治療のみならず，予防，さらに競技力の向上につながっていくのである．すなわち，スポーツ医学はケガや痛みの対策以外としても，スポーツ選手の役に立つのである．

　ラグビーの山田睦男先生が本書で述べている言葉をすべてのスポーツ選手に伝えていきたいと思った．「Safety＝High Performance」，つまり，目指すは競技力の向上であり，高い能力を身につけることにより安全にプレーできるという意味である．安全であるためには適切な技術と適正な体力，筋力が必要である．このような点でも名人といわれるプレーヤーになろうと選手に提言したい．そのためにも，われわれ医療者には過去の経験知を受け継ぎ，まだ知られざる病態，治療法を探すという努力を続けていく必要がある．

　運動不足の一般社会人では腰痛や肩こり対策として勧められる水泳だが，競技選手になると腰痛，肩痛等が起こることは知られていた．しかし，本格的な対策は，国立スポーツ科学センターの活動が軌道に乗った最近になってようやく始まったば

かりである．競泳と飛込の違いはあるものの，水泳選手に共通する腰痛は，体幹，骨盤，股関節の使い方の指導によりコントロールできることが最新知見として述べられている．2012年のロンドンオリンピックでの成果がここにあったということである．

身体の使い方についての知見は他の種目でも紹介されている．柔道の項目では，「くずし」「つくり」「掛け」という伝統の言葉が紹介され，柔道障害のメカニズムを学べる．野球の項目では，投球フォームを中心として投げ方の指導で投球障害を治療していることが，豊富な訓練内容の写真とともに述べられている．これは，肩のインピンジメントを防ぐには胸郭の回旋ローリング動作により肩甲骨から動かすことが肝要と言い換えると，すべての種目に応用できる．

陸上競技の項目では，基本的な予防にアイシングとストレッチングと筋力トレーニング，メディカルチェックの他，疲労骨折に骨代謝マーカーを利用して早期診断をしていることが述べられ，新しい検査技術が取り入れられていく現状がうかがえる．

スポーツは老若男女あらゆる人達が行うが，卓球ではラケットの重さが成長期の選手には問題であると指摘され，スキーでは骨量の減少した高齢者の前十字靱帯損傷や脛骨高原骨折の問題点が指摘されている．いくつかの例を挙げたが，枚挙にいとまがないほど興味深い内容が本書には詰められている．

さらに，書籍化にあたって読者のためにコラムを追加した．一例を挙げると，スポーツ障害の多くがエンテーシス障害であることに鑑み，熊井司先生らにお願いしてエンテーシスの基本的知識とリハを行ううえでの注意点等をコラムで述べてもらった．

また，総論として知っておくべき基礎知識を最後に置いた．ここでは編者がさまざまな種目の特性を考えながら，共通する身体運動の基本は何か，障害を起こさない身体の使い方について考えるところを書かせてもらった．

最後に，本書の書名にもある「外傷・障害」という用語であるが，英語では"injuries"で外傷と慢性障害を含んでいる．外傷の"傷"と障害の"害"を合わせて「スポーツ傷害」という表現があるが，傷害事件の傷害をイメージするのでよくないという意見に従い，本書では「スポーツ外傷・障害」に統一した．ただ単独で"障害"とした場合は慢性障害という意味である．

序文をここまで書いて，盛りだくさんの内容を消化できるか心配になっているが，興味に任せいろいろな種目と自分の種目とを比較していると，よいアイディアも浮かんでくると思われる．ぜひ，座右に置いて愛読されたい．

2014年9月

編者を代表して　渡會 公治

執筆者一覧

●編集

渡會　公治	帝京平成大学大学院健康科学研究科	
猪飼　哲夫	東京女子医科大学リハビリテーション科	

●執筆（五十音順）

新井　猛	聖マリアンナ医科大学整形外科学講座		筒井　廣明	昭和大学藤が丘リハビリテーション病院スポーツ整形外科
荒井　正志	ゆうき整形外科リハビリテーション科		富和　清訓	奈良県立医科大学整形外科
大槻　穰治	東京慈恵会医科大学附属第三病院救急部		中嶋　耕平	国立スポーツ科学センターメディカルセンター
大森みかよ	聖マリアンナ医科大学病院リハビリテーション科		中島　靖弘	湘南ベルマーレトライアスロンチーム
小笠　博義	山口大学整形外科		長瀬　寅	同愛記念病院関節鏡・スポーツセンター
奥脇　透	国立スポーツ科学センター		仲村　一郎	帝京平成大学健康メディカル学部
小野田桂子	東京女子体育大学		西中　直也	昭和大学藤が丘病院整形外科
金岡　恒治	早稲田大学スポーツ科学		西野　衆文	筑波大学整形外科
川島　敏生	日本鋼管病院リハビリテーション科		林　光俊	杏林大学医学部附属病院整形外科
木村　佑	千賀整形外科		福井　尚志	東京大学大学院総合文化研究科
熊井　司	奈良県立医科大学スポーツ医学		福島　一雅	ライズシティークリニック
栗山　節郎	日本鋼管病院整形外科		福田　翔	東京有明医療大学保健医療学研究科
小泉　圭介	日本スポーツ振興センター		別府　諸兄	聖マリアンナ医科大学整形外科学講座
桜庭　景植	順天堂大学スポーツ医学		星田　隆彦	日本鋼管病院整形外科
篠原　靖司	岡波総合病院整形外科		三木　英之	とつか西口整形外科スポーツ医学センター
清水　邦明	横浜市スポーツ医科学センター		宮崎　誠司	東海大学体育学部競技スポーツ学科
清水　結	とつか西口整形外科スポーツ医学センター		宮本　賢作	福山市立大学都市経営学部
鈴川　仁人	横浜市スポーツ医科学センター		村上　成道	相澤病院スポーツ障害予防治療センター
瀬尾理利子	横浜市スポーツ医科学センター		山口雄一郎	東京有明医療大学保健医療学研究科
高橋　康輝	東京有明医療大学保健医療学研究科		山田　睦雄	流通経済大学スポーツ健康科学部
高橋佐江子	国立スポーツ科学センターメディカルセンター		柚木　脩	東京有明医療大学保健医療学研究科
田中　雅尋	聖マリアンナ医科大学整形外科学講座		渡會　公治	編集に同じ
田村　将希	昭和大学藤が丘リハビリテーション病院リハビリテーションセンター			

CONTENTS

1. **野球** ……… 西中直也,筒井廣明・他 1
   - column 肩・肘投球障害以外の野球障害のリハビリテーション
     ……… 柚木 脩,高橋康輝・他 11

2. **サッカー** ……… 清水邦明,鈴川仁人・他 14
   - column Enthesis 障害のリハビリテーションの注意点 ……… 篠原靖司,熊井 司 21

3. **バスケットボール** ……… 三木英之,清水 結 23
   - column メカニカルストレスによる軟骨の障害 ……… 福井尚志 31

4. **バレーボール** ……… 西野衆文,荒井正志 34
   - column 高身長選手の注意点 ……… 西野衆文 43

5. **ラグビー** ……… 山田睦雄 45
   - column アメリカンフットボールでの脳振盪後の対応 ……… 山田睦雄 57

6. **テニス** ……… 別府諸兄,新井 猛・他 58

7. **バドミントン** ……… 仲村一郎 64

8. **卓球** ……… 小笠博義 69

9. **ゴルフ** ……… 渡會公治 77

10. **体操競技** ……… 瀬尾理利子,高橋佐江子・他 83

11. **陸上競技** ……… 桜庭景植 90
    - column 箱根の山はキビシイ…… ……… 桜庭景植 100
    - column フィールド競技における外傷・障害の特徴 ……… 桜庭景植 102

12. 水泳 ……… 小泉圭介, 金岡恒治 *103*

13. トライアスロン ……… 林 光俊, 中島靖弘 *114*
     トライアスロン競技について
      —ロング（鉄人レース）とショート（オリンピックディスタンス）……… 林 光俊 *120*
    自転車競技の特性—トラックレース ……… 富和清訓, 熊井 司 *122*

14. スキー ……… 栗山節郎, 星田隆彦・他 *124*
    膝関節外傷以外のスキー外傷 ……… 栗山節郎, 星田隆彦・他 *130*
    column 「寒冷地・高所」でのスポーツ ……… 栗山節郎, 星田隆彦・他 *131*
    スピードスケートの障害と予防対策 ……… 村上成道 *132*

15. 柔道 ……… 宮崎誠司 *135*
    column 柔道の本質 ……… 宮崎誠司 *141*

16. 剣道 ……… 宮本賢作 *143*

17. 相撲 ……… 長瀬 寅 *155*

18. レスリング ……… 中嶋耕平 *162*

19. ボクシング ……… 大槻穣治, 福島一雅 *173*

総論 共通するスポーツ障害の対策—基本動作の再学習 ……… 渡會公治 *180*

索引 *189*

装丁・フォーマットデザイン／本江伸之（BABEL）

1 野球

肩肘の野球障害の特徴

投球障害は肩関節では internal impingement，腱板損傷，関節唇損傷，肘関節では上腕骨小頭離断性骨軟骨炎や内側側副靱帯（medial collateral ligament；MCL）損傷等さまざまな病態が挙げられる．肩肘関節へは投球動作にて非常に強大な機械的刺激，メカニカルストレスが加わることが知られている．Fleisig らは上級レベルの投手の運動解析から，肩へかかるトルクとフォースを調べ，投球中の late cocking phase では，67 ± 11 N-m の内旋トルク，310 ± 100 N の前方力，250 ± 80 N の上方剪断力，480 ± 130 N の圧迫力，87 ± 23 N-m の水平内転トルクが生じ，deceleration phase では $1,090 \pm 110$ N の最大圧迫力が生じると報告した[1]．また，Sabick らは，メジャーリーガー 25 人の投球時最大外旋時における上腕骨軸の回旋トルクは 92 ± 16 N-m と報告している[2]．

Fleisig は同じ研究で，肘にかかる外反ストレス（図 1）に対抗するための内反トルクは，MCL が断裂する前の 32.1 ± 9.6 N-m に近似すると報告している．このことから肩肘へかかる負荷の大きさがうかがえる．この強大なメカニカルストレスが繰り返されることにより投球障害が生じると考えられている．

Mihata らは屍体肩を使った研究で，水平外転位が大きくなれば関節内でのインピンジメント現象が起こりやすくなると述べている[3]．他にも投球において損傷を引き起こす非生理的な動作が報告されている[4]．逆に肩関節は上腕骨頭が関節窩面上で求心性をもって動き，肘関節は外反ストレスがなく肘伸展運動が行われれば，解剖学的に損傷しにくくなると考えられる．

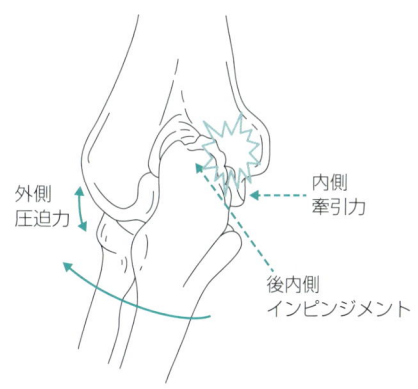

図 1 肘の外反ストレス

Key Words

Internal impingement
Late cocking phase に上腕骨頭と関節窩後上方部の間に腱板が挟み込まれる現象．腱板の関節包側断裂および後上方関節唇損傷を生じる[13, 14]．

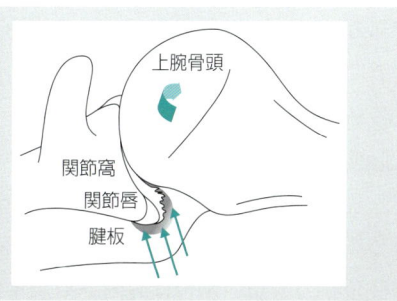

 → →

図2　肩肘へ負担の少ない投球動作

(千葉・他，2005)[6]

　また，投球動作は正確に，効率よく，最大限のエネルギーを伝達するべく，すべての関節機能を使う運動連鎖である．したがって，下肢体幹を含めた身体全体のいずれかの機能不全（可動域制限，筋力低下等）が結果的に肩の内旋運動，水平内転運動および肘への外反ストレスが生じることで病態を発生させ，一度，解剖学的破綻が生じると関節不安定性が生じ，さらに過剰な負荷をかけることになり悪循環に陥ると考えられる．

診断とリハビリテーション

　診断は病態診断と機能診断に分けて考えるが，病態診断は解剖学的損傷の把握であり，機能診断は運動連鎖上の全身の関節や筋腱の機能評価である．問診，各種テスト，画像診断，鏡視所見で診断する．問診では野球歴，全身の故障歴，ポジション，練習量，痛みの生じるphase，疼痛発生までの過程等を聞くが，詳細は成書に譲る．

　いずれの病態診断であってもリハビリテーション（以下リハ）の目的は，投球動作において上腕骨頭が関節窩面上で求心性を保ち，肘関節はストレスがなく肘伸展運動が行われるようにすることが必要である．このためには筆者らは大きく3つの要素が必要と考え，評価，アプローチしている（図2，3)[5-8]．
①肩関節をzero position近似域で外旋位に保持する(zero外旋位)．
②投球方向へ上肢の運動軸を向ける．
③肘伸展運動を行う(zero リリース)．

　Zero外旋位は，acceleration phaseにおいて肘を投球方向に向け，肘伸展運動をするための準備肢位で[6]，この肢位の保持をすることで肘伸展を主動作とした腕の振りが可能となる．しかし，この準備肢位ができない場合は肩内旋や水平内転を主動作とした腕の振りとなり（図4），肘伸展が不十分

a) 健常例
Zero 外旋位から肘の伸展運動が中心.

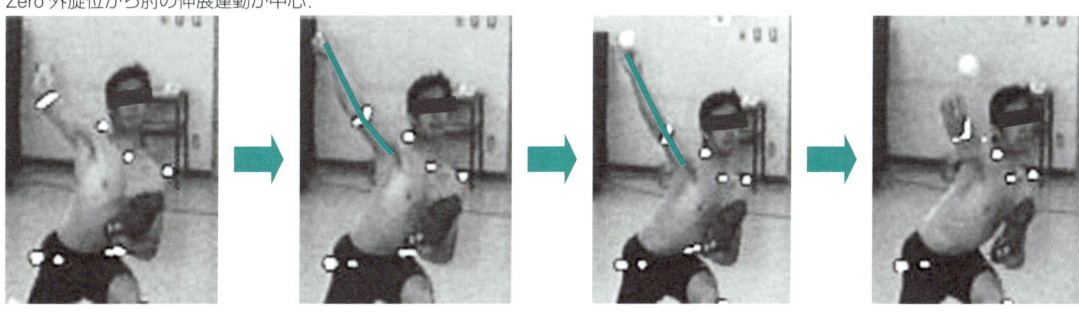

b) 投球障害肩
水平外転位から肩を内旋する運動が中心になっている.

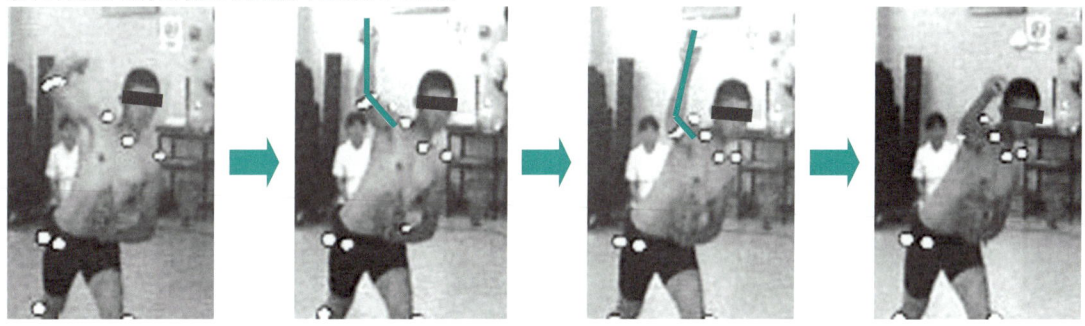

図3　健常例と投球障害肩をもつ投球動作

な場合には屈曲位のリリースとなる結果，肩は内旋位をとらざるを得なくなる（図5）[7]．

評価のチェックポイントとして，zero 外旋位保持や zero リリースが的確にできない場合には，まずは上腕骨の土台である肩甲骨の体幹への固定により筋出力の増大を認めるかどうかを確認する．肩甲骨固定機能があるにもかかわらず筋力が発揮できない場合は，zero 外旋位や zero リリースの筋力強化を訓練として選択する．

一方，肩甲骨固定機能が悪く筋力を発揮できない場合は，肩甲胸郭関節の機能不全と考え，肩甲胸郭関節に対するアプローチを選択する．このとき肩関節は他部位からの影響を強く受けやすいことを考え，体幹，下肢を含めた全身の評価を行う[9]．これらにフォームの問題点も考慮し，競技復帰に向けてリハを行う（表）．

Key Words

Zero position
Zero position とは，関節内での回旋運動や滑りが起こらず，機能的な肩関節軸と解剖学的な肩関節軸が一致する安定した肢位である．このため，zero position を投球動作中に維持できると，負荷のかかりやすい late cocking やボールリリースでも関節内の負荷を最小限に抑えることができる．また，安定した zero position では肩甲骨が上肢の土台として機能するため，late cocking からボールリリースまでの肘伸展を円滑に行うことができる[15]．

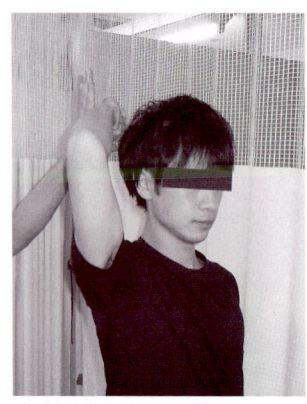 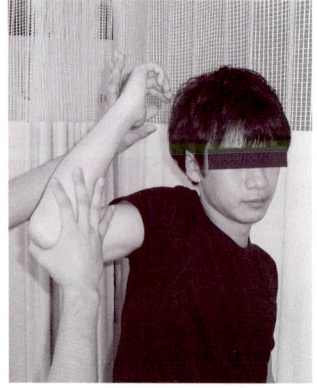

a) 良好例　　　　　　　b) 不良例

不良例では zero 外旋位を保持できず，肩甲骨の前傾・下方回旋が生じる．肘頭は外側を向き，投球方向に向けることができない．

図4　Zero 外旋位保持能力の評価

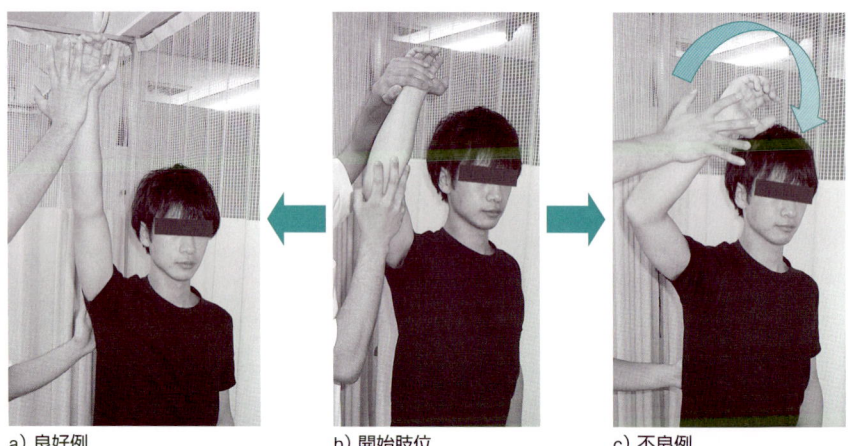

a) 良好例　　　　b) 開始肢位　　　　c) 不良例

不良例では肘を伸展できずに，肩内旋の代償が生じやすい．

図5　Zero リリース

表　投球動作のチェックポイント

Ⅰ．Wind up phase	投球動作の開始から非投球側の膝が最も高く上がるところまで．支持脚の膝・股関節伸展位，骨盤前傾位で片脚立位を保つことができているか？　逆に，体幹が後方傾斜になっていないか？
Ⅱ．Cocking phase	非投球側の足が地面に接地する(foot plant)まで．Foot plant で，骨盤に対し両肩峰を結んだ線が非投球側への回旋が生じているか？　肩の水平外転が起きていないか？
Ⅲ．Acceleration phase	Top position からボールリリースまで．肩最大外旋位で，両肩峰を結んだ線より，肘が下方になっていないか？　ボールリリースにかけて肘伸展運動が行えているか？　肘頭(運動軸)が目標方向に向いているか？
Ⅳ．Follow-throw phase	ボールを放してから，投球動作を終了するまで．前足への重心移動と体幹の回旋量が十分であるか？　重心を前足の股関節上まで移動できているか？

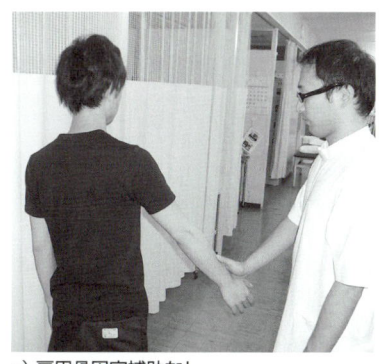 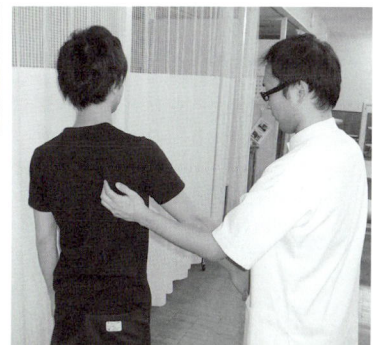

a) 肩甲骨固定補助なし　　b) 肩甲骨固定補助あり

肩甲骨の体幹への固定を補助すると疼痛の減弱や筋出力の増大を認める場合は，肩甲胸郭関節の機能不全が疑われる．

図6　Resisted test（徒手抵抗テスト）（症例1）

症例

実際の評価と指導を症例供覧し説明する．

（1）症例1

症例：17歳，男性．
病態診断名：右肩 internal impingement.
ポジション：外野手．
経過：3カ月前より投球時の疼痛出現．Cocking phase 後期～acceleration phase にかけて疼痛出現し，当院受診となった．Crank test が陽性で，画像所見も含めて internal impingement が考えられた[10]．

① 理学療法評価（初診時）

肩関節可動域：屈曲160度，伸展30度，外転170度，下垂位外旋50度，内旋80度，90度外転位での外旋120度，内旋10度，屈曲90度での外旋90度，内旋0度であった．この症例には野球選手に特有な外旋可動域の増大と内旋可動域の減少傾向がみられ，肩甲上腕関節後方構成物の柔軟性低下が考えられた．

肩関節筋力（徒手抵抗テスト）：肩甲骨面上45度外転位での抵抗テスト（肩甲骨の固定補助なし，図6）では，肩甲上腕関節後上方に疼痛が誘発され，抵抗に対し十分に外転位を保持することができなかった．さらに，抵抗をかけたときに肩甲骨の下方回旋が生じた．一方，徒手的に肩甲骨上方回旋位を補助した場合は疼痛が減弱し，棘上筋の筋出力も向上し，抵抗に対して外転位を保持することが可能であった[11]．このことは，僧帽筋上部，前鋸筋を中心とした肩甲骨上方回旋筋の筋力低下による肩甲骨固定性低下と考えられた．

また，zero position での外旋位筋力評価（図4の手技）に関しては，外旋に対し抵抗を加えると十分に外旋位を保持することができず，肩甲上腕関節の水平外転と肩甲骨前傾，下方回旋位となる現象がみられ，肩前上方に疼痛が誘発された．

症例は肩甲骨の運動を介助することで疼痛の減弱と筋出力の向上が認められることから，肩甲胸郭

a）訓練前の投球フォーム
Zero 外旋位保持が不十分であるため，十分に肘が伸展しない．

b）訓練後の投球フォーム
Zero 外旋位保持ができており，投球方向に肘を向けられている．

図7　訓練前後での投球フォーム（症例1）

関節の機能障害を有していると考えられた．立位姿勢を観察すると，頭部が肩甲帯に対し前方に位置しており，胸椎屈曲位および肩甲骨外転，挙上位を呈していた．また，骨盤は後傾し，足部に対し前方にシフトしていた．

② 投球フォームの評価（図7a）

〈Acceleration phase〉

胸椎伸展と肩甲骨後傾を伴った zero 外旋位が取れず，投球側の肘を投球方向に向けることができていない．Cocking 後期～acceleration 初期で，投球側の肘を投球方向に向けることができなかった結果，acceleration 中期にかけて肘を投球方向に向けようとするため，肘伸展のタイミングが遅れ，リリースでの肘関節肢位が伸展位とならない．

以上から考えると，この症例は，cocking 後期～acceleration 初期で zero 外旋位を保持することができず，肩甲上腕関節の過外旋および過水平外転を生じ，肩甲上腕関節の適合性が低下するため，疼痛を誘発させてしまっていると考えられる．

③ 理学療法プログラム

この症例は，肩甲骨の可動性および固定性が十分でないために疼痛が出現していると考えられる．肩甲胸郭関節の機能低下をきたしている原因としては，体幹の可動性低下と筋力不足のため，体幹を正中位に保つことができないことが考えられる．本来，肩甲骨を動かすために働くはずである肩甲骨

a) 体幹回旋と肩甲骨内転の可動域訓練

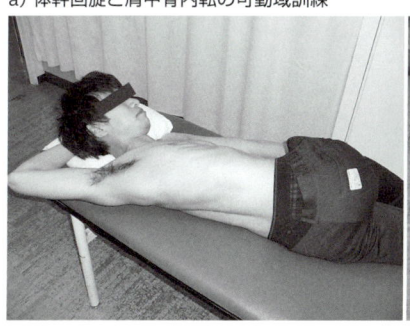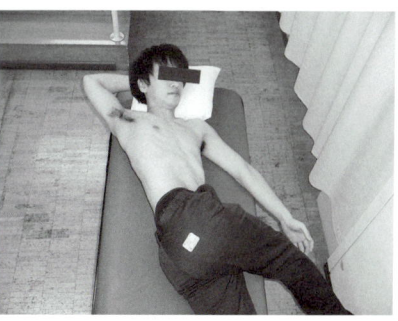

b) 肩甲骨上方回旋と胸郭のストレッチング

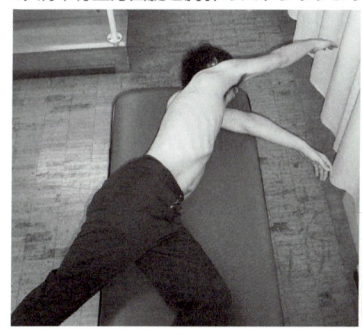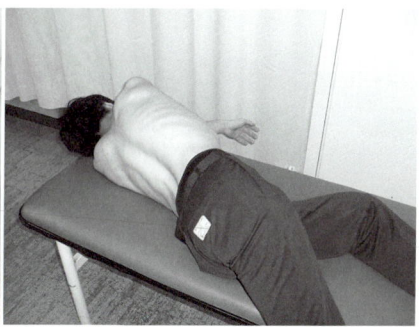

図8　訓練内容（症例1）

周囲筋群が体幹を固定するために作用してしまい，肩甲骨の可動性と固定性が損なわれていると考えられた．以上から，理学療法プログラムとしては体幹を含めた肩甲帯の可動域訓練と筋力強化を実施した（図8，9）．

以下に訓練施行後の投球フォームを示す（図7b）．

〈Acceleration phase〉

Cocking後期〜acceleration初期において，zero外旋位保持ができるようになっており，訓練前よりも投球方向に肘を向けることが可能となっている．

このため，肘伸展を主動作とした腕の振りができている．リリース時の肘関節肢位も，訓練前と比べると訓練後のほうが伸展域まで伸びてきている．

④ 経過

初診時は疼痛のためノースローの状態であったが，理学療法開始後2週間で投球時の疼痛は消失した．理学療法開始後1カ月でほぼ全力投球可能となり，試合にも出場した．

(2) 症例2

症例：15歳，男児．

診断名：右上腕骨小頭離断性骨軟骨炎（図10）．

経過：Coking後期〜リリースにかけて，右肘外側（上腕骨小頭付近）に疼痛が出現し，当院を受診．画像所見で進行期であり手術予定であったが，術後の再発を予防するためにも局所の安静だけでなく機能評価が必要と考えられ，機能訓練を開始．

a) 肩甲骨上方回旋位での固定性のトレーニング

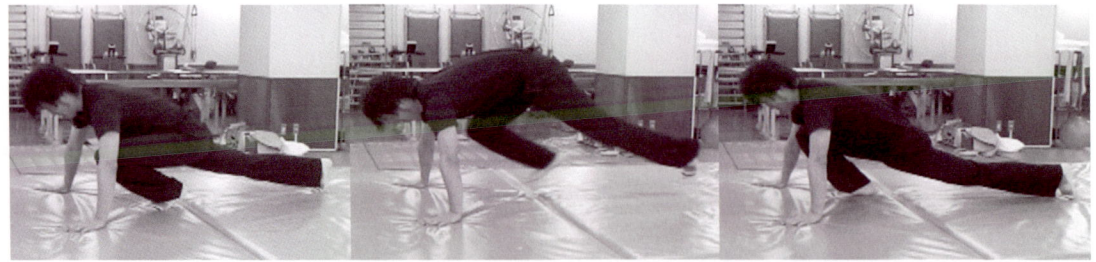

b) 広背筋のストレッチング

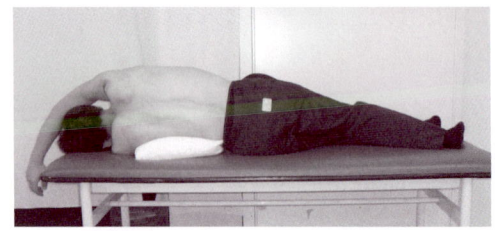

c) 胸郭前面のストレッチング

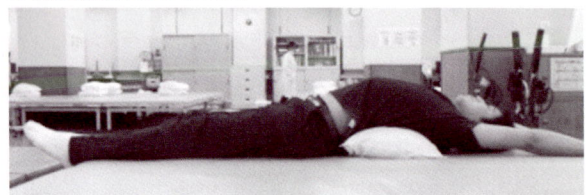

図9　訓練内容（症例1）

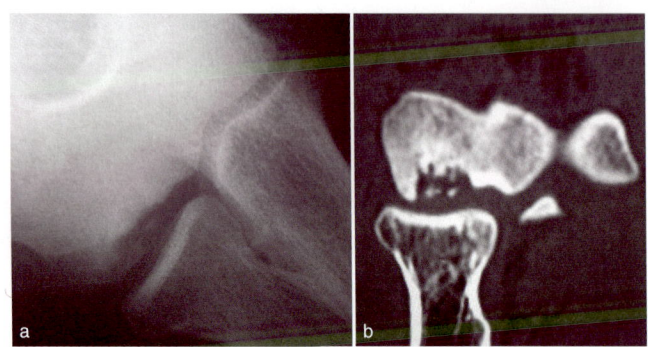

分離後期で手術療法（肋骨肋軟骨移植術）が選択された．

図10　単純X線像（a）およびCT像（b）（症例2）

① 理学療法評価（初診時）

肘関節可動域：屈曲110度，伸展−10度，回内60度，回外80度．上腕二頭筋，上腕三頭筋，前腕屈筋群を中心に肘関節周囲筋の柔軟性低下が認められた．また，回内の制限が著明であり，外反ストレステストにて疼痛が誘発された．

筋力評価：肩関節下垂位での肘屈伸力は十分に抵抗に対して抗することができる．一方，zero positionでの肘伸展においては抵抗をかけるとzero外旋位を保持できず，肩甲骨の下方回旋も同時に生じていた．また，肘伸展の代償動作として，肩内旋が出現していた（図5の手技）．

② 投球フォームの評価（図11）

〈Acceleration phase〉

リリースでは肘屈曲位となっており，acceleration初期からリリースにかけて，肘伸展運動が少なく，いわゆる肘下がりの状態でもある．そのため肘伸展に代わり，肩内旋が主動作となってしまうた

a) 訓練前の投球フォーム
肘下がりで肘屈曲が強い．

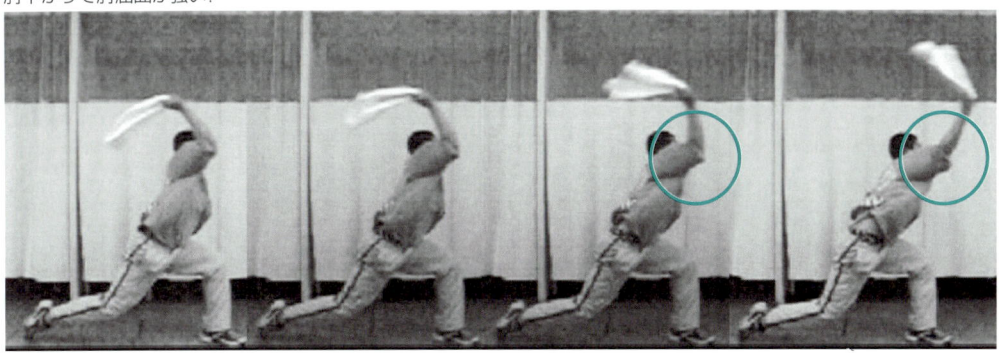

b) 訓練後の投球フォーム
肘伸展運動が行えている．

図 11　訓練前後での投球フォーム（症例 2）

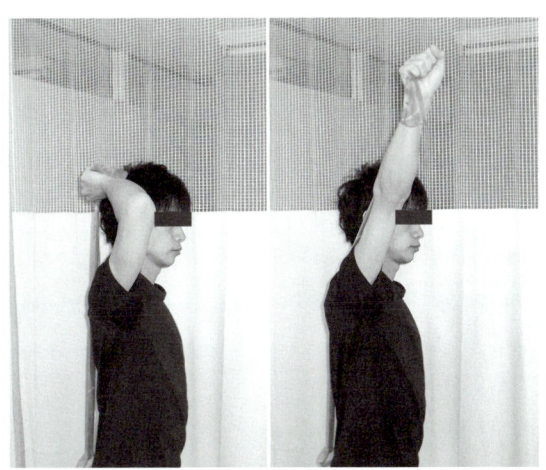

肩甲骨面上で肘伸展運動を行う．このとき，肘下がりや肩内旋が生じないように注意する．

図 12　訓練内容（症例 2）

め，肘関節にかかる外反ストレスが増大していると考えられる．

③ 理学療法プログラム

この症例は，肩関節肢位の変化によって肘関節で発揮できる筋力に差が生じていた．特に，zero position付近では肘伸展筋力が発揮できず，肩内旋を多用した力の入れ方を学習してしまっている．このため，acceleration phaseで生じるべき肘伸展運動を円滑に行えず，肩内旋がacceleration初期〜リリースにかけて主動作となってしまっていると考えられた．以上から，理学療法プログラムとして，肩関節挙上位での肘伸展運動学習を行った（図12）[12]．訓練後の投球フォームは以下のように変化した（図11b）．

〈Acceleration phase〉

訓練前と比べると，acceleration初期〜リリースにかけて肘伸展運動を行えるようになり，肘伸展位でリリースを迎えられるようになっている．

④ 経過

手術までの2カ月間に継続的に機能訓練を行い，機能改善，シャドーピッチングでのフォームの改善が得られ，手術を行った．現在，術後復帰に向け継続的に機能訓練中である．

❖ おわりに

以上，昭和大学藤が丘病院における投球障害症例に対するリハの考えと実際を述べた．病態は結果であり，その発生メカニズムを症例ごとに評価，アプローチすることが重要と思われる．

(西中直也　筒井廣明　田村将希)

文献

1) Fleisig GS et al：Kinetics of baseball pitching with implications about injury mechanisms. *Am J Sports Med* **23**：233-239, 1995.
2) Sabick MB et al：Humeral torque in professional baseball pitchers. *Am J Sports Med* **32**：892-898, 2004.
3) Mihata T et al：Excessive glenohumeral horizontal abduction as occurs during the late cocking phase of the throwing motion can be critical for internal impingement. *Am J Sports Med* **38**：369-374, 2010.
4) 筒井廣明・他：投球動作解析のための体表計測による肩甲上腕関節の動きの検討．肩関節 **27**：561-565, 2003.
5) 山口光國，筒井廣明：投球傷害肩におけるゼロポジション外旋筋力評価の意義 ボール投げ上げ動作に見られる特徴との関連．肩関節 **28**：611-614, 2004.
6) 千葉慎一・他：小・中学生の野球肘患者におけるゼロポジション外旋筋力評価の意義．日肘会誌 **12**：73-74, 2005.
7) 田村将希・他：肩関節挙上位における肘伸展筋力の検討．日肘会誌 **15**：S31, 2008.
8) 嘉陽 拓・他：野球肘におけるボール投げ上げ動作にみられる特徴．日肘会誌 **12**：71-72, 2005.
9) 西中直也・他：当院における少年野球肘の治療方針と成績．日肘会誌 **12**：75-76, 2005.
10) Liu SH et al：A prospective evaluation of a new physical examination in predicting glenoid labral tears. *Am J sports Med* **24**：721-725, 1996.
11) 田村将希・他：肘伸展運動中の上腕二頭筋の筋活動について．日肘会誌 **17**：S39, 2010.
12) 千葉慎一・他：腱板断裂に対する保存療法としての理学療法．整・災外 **50**：1069-1075, 2007.
13) Walch G et al：Impingement of the deep surface of supraspinatus tendon on the posterosuperor glenoid rim：An arthroscopic study. *J Shoulder Elbow Surg* **1**：238-245, 1992.
14) Jobe FW et al：Shoulder pain in the overhand or throwing athlete：The relationship of anterior instability and rotator cuff impingement. *Orthop Rev* **18**：963-975, 1989.
15) Saha AK et al：Zero position of the gleno-humeral joint：its recognition and importance. *Ann R Coll Surg Engl* **22**, 223-236, 1958.

Column

肩・肘投球障害以外の野球障害のリハビリテーション

　野球選手は「まず下半身をつくり，次に肩をつくる」とよくいわれる．すなわち，下半身の障害予防のための強化およびそのリハ指導は，野球選手に対する重要課題のひとつである．

　高校生の野球障害における筆者らの調査では[1]，肩・肘47％，膝部19.9％，腰部11.2％，足関節部5.9％，その他16.0％であった．その結果，肩・肘が47％を示したのは別格として，腰部と膝関節部を加えると31.1％を占めていた．ちなみに，増島の社会人野球の調査では[2]，肩・肘障害が54％，一方，腰部と膝関節部障害を加えると25％となり，筆者らの調査と近似の値を示していることは着目すべき統計である．

　一方，運動学的特性として野球は捻りのスポーツであると考えられ，現場もそう認識している．そこで本コラムでは野球の種目特性を念頭に置き，腰部・膝部障害の診断およびリハの実際について示す．

① 腰部

　腰部障害の分布を眺めると[1]，筋性腰痛46.8％（広背筋痛35.5％，付着部腸骨陵骨端症11.3％），腰椎分離症（21.0％），仙腸関節痛（8.1％），腰椎椎間板症（8.1％），梨状筋症候群（4.8％），およびその他（11.3％）であった．

　腰部障害を診断するポイントは，各障害における一連の疼痛誘発テスト（図1）である．さらに，それぞれのリハのポイントは各誘発テストの克服である．

　よって筆者らは，最初に以下に示す疼痛誘発テストで各動作の限界を選手自身に体感させ，次に，リハの目標がその動作の克服であることを選手に理解させる．その結果として，捻りのスポーツである野球における投・打・走の完全復帰に導くのが最終目的である．

a) 筋性腰痛誘発 → 広背筋ストレステスト
b) 腰椎分離症誘発 → 過背屈ストレステスト
c) 腰椎椎間板症誘発 → K to C（Knee to Chest）ストレステスト
d) 梨状筋症候群誘発 → 股屈曲・内旋ストレステスト

　腰におけるリハの重要なポイントは，腹筋，背筋を使った訓練にはすべての動きに回旋を加えることである．たとえば，広背筋の強化は左右交互に捻りを入れて実施する．特に，右投手では左側で右側をリードする必要があり，左側の広背筋強化を重点的に行う．

　上記4つの動作は，選手に必ずセルフチェックさせ，その日の調子を把握させる．

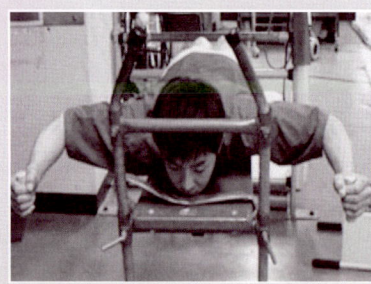 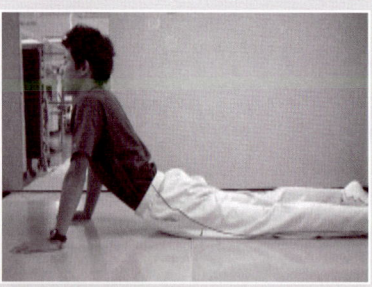

a) 広背筋ストレステスト　　　b) 過背屈ストレステスト

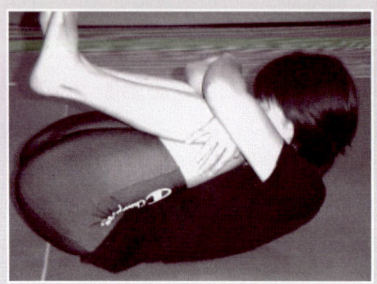 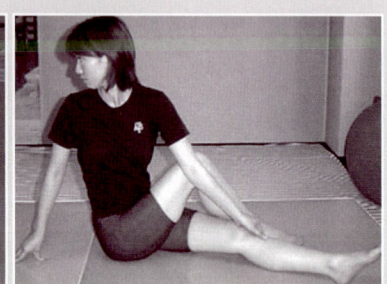

c) K to C ストレステスト　　　d) 股屈曲・内旋ストレステスト

図1　腰部障害の各種疼痛誘発テスト

⑪ 膝部

　膝部障害の分布を眺めると[1]，オスグッド34％，膝蓋大腿関節痛30％，腸脛靱帯炎12％，鵞足炎10％，有痛性分裂膝蓋骨8％，半月板障害6％，ジャンパーズ・ニー4％，およびその他12％であった．

　この中で，膝伸展機構の障害が全体の76％を占めていたことに着目した．その理由として，最近ではグラウンドも整備され，小さいときから改良されたスパイクを履き，打球スピードも早く，野手はストップのよく効いたプレイが求められることがある．その結果，膝伸展機構への負担が増加してきている．幸い，膝伸展機構の障害を診断するポイントは，膝伸展機構の解剖とバイオメカニクスを念頭に，それぞれの痛みの局在を明確にさせることであり，容易である．

　膝におけるリハのポイントは，大腿四頭筋，ハムストリングス等膝周囲筋の静的ストレッチングや筋力強化の段階で（図2），目的となる筋肉がどれなのかを選手に意識させることである．

　その後，野球の動きを意識した動的ストレッチング，強化を実施する．膝と股関節あるいは足関節を連動させメニューを作成する．たとえば，大腿直筋のストレッチングや強化はその筋肉だけでなく同時にその拮抗筋も意識させ，両側で交互に実施する．

　すなわち，右の四頭筋を強化するときには左のストレッチングを（図3），ハムストリングスを強化するときは大腿直筋をストレッチする．そのコツは目的の筋肉を直接触って意識させるこ

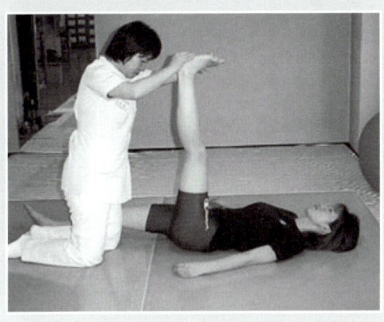
図2 ハムストリングスストレッチング（意識）

図3 右四頭筋強化（左ストレッチング）

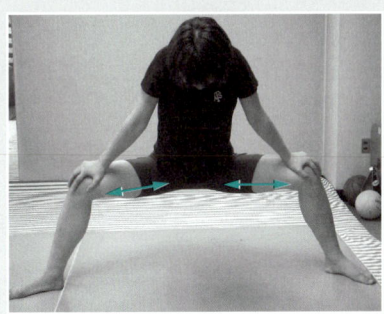
図4 四頭筋・ハムストリングス同時収縮

とである．

　一方，守備やベースランニングでのケガを予防するためには，knee-in，knee-out にならないようなフットワークが重要で，常にこれを意識させる必要がある．

　さらに，遊撃手が三遊間のゴロに対して右足でストップをかけて捕球し，振り返って一塁へ送球するとき等には拮抗筋の強力な同時収縮が必要である．この場面でケガをしやすく，その予防が必須である．特に，屈曲60度での意識的同時収縮が課題である（図4）．

リハビリテーションのポイント

①疼痛誘発肢位は選手が克服すべき動的課題である．
②疼痛誘発肢位は克服すべき動的課題であるが，強制的には行わない．
③疼痛誘発肢位を選手がセルフチェックするように意識付けさせる．

（柚木 脩　高橋康輝　福田 翔　山口雄一郎）

文献

1) 柚木 脩：リトルリーグ選手と高校生の障害の比較．臨スポーツ医 5(8)：883-888，1988．
2) 増島 篤：スポーツ整形外科的メディカルチェックに関する研究（第一報 損傷予防と競技力向上の側面から），日臨スポーツ医会誌 12：495-501，2004．

② サッカー

❖ はじめに

　Jリーグの外傷・障害の公式統計をみると，ほぼすべての年度で足関節捻挫，膝関節靱帯・半月板損傷，大腿肉ばなれが上位3つを占めている．これに加えて，第5中足骨疲労骨折（Jones骨折）や鼠径周辺部痛（グロインペイン）等がサッカーで多くみられる外傷・障害として挙げられる．
　本項では，Jones骨折，グロインペイン，および女子のサッカー人口増加に伴ってさらに治療機会の増加している前十字靱帯（anterior cruciate ligament；ACL）損傷の治療に絞って，サッカーの競技復帰を目指したリハを中心に述べる．

▍Jones骨折

(1) 疾患の概要と診断

　サッカーは，サイドステップやカッティング・ターン等足部外側にストレスのかかる動きが多いだけでなく，ボールキック動作自体が軸足に強い外側荷重を強いる動作であること，さらにはスパイクのポイントが足部に突き上げストレスを与えやすいこと等から，最もJones骨折の発症しやすいスポーツである．
　診断は単純X線で行う．X線で明らかな所見がなければプレーに支障となるほどの症状を呈することは少なく，他の部位のようにMRIまで行って疲労骨折の確認を行う必要性はないと考える．

(2) 治療の考え方

　X線で不全骨折（図1a）の場合は，自覚症状が軽度でプレー継続可能な場合もある．このような場合は発症因子の改善を図りながら経過をみることも可能であり[1]，患者本人や家族，指導者と相談のうえ，治療法を選択すべきである．
　しかし，完全骨折に至った場合には，本骨折の難治性，易再発性を考慮し，保存療法よりも早期に手術（髄内釘，図1b）を行う必要がある．術後の経過は一般に良好であるが，再発予防に向けてのリハが重要である．

▍Jones骨折のリハビリテーション

　足部外側荷重でのスポーツ動作が第5中足骨への応力集中を招く．また，踵が挙上し中足趾節関節が背屈した際に足部外側への負荷が最大になることが報告されている[2]．Jones骨折の発生因子[3]としては，アライメントや関節機能等の「個体因子」，ストップやカッティング動作等の「動作因子」，スパイクやサーフェイス等の「環境因子」が挙げられる（表）．本疾患のリハおよび予防（再発予防）は手術の有無にかかわらず，より早期からこれらの因子にアプローチし，スポーツ動作時の外側荷重

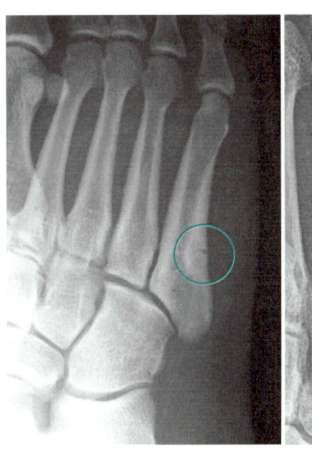
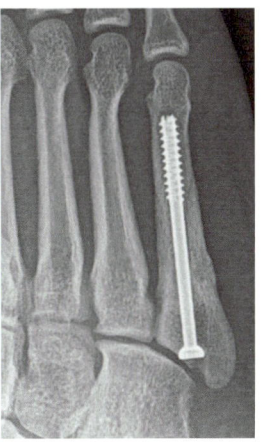

a) 不全骨折　　b) 髄内釘固定後

図1　Jones 骨折

表　Jones 骨折の発生因子

個体因子	下肢アライメント	O脚（内反膝） 凹足（回外足・内反足）
	下肢関節機能	股関節外転外旋機能不全 足関節外側支持機構の破綻 足関節底屈機能不全
動作因子	全般	下腿前傾不足
	ストップ・サイドステップ	足部外側荷重パターン
	ターン・カッティング	小趾側ターン
環境因子	シューズ	ヒールカウンター・足底外側の磨耗 コートコンディション不良
	スパイク	ポイントの位置・形状・高さ・磨耗 グラウンド（芝）コンディション不良

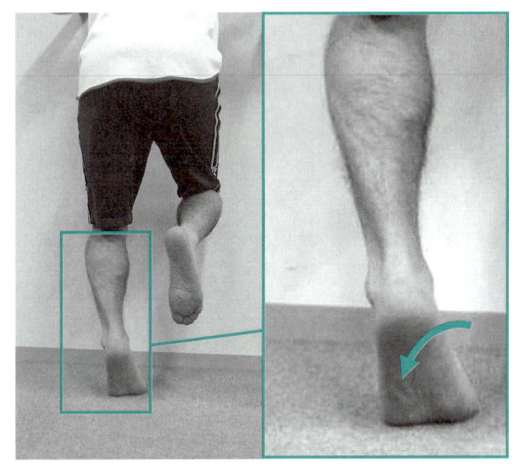

最終底屈位で足部の回外が生じ，外側荷重となる．

図2　片脚カーフレイズ

による患部へのストレスを軽減させることが重要となる．

(1) 個体因子へのアプローチ

　足関節背屈制限や足部回外アライメントを有すると下腿前傾時に外側荷重が強まりやすい．そのため，足関節の柔軟性改善やテーピング，インソール等の補助的手段を用いた足部アライメントコントロールは有効である．また，踵が挙上した肢位において足部外側への負荷が増大することから，足関節底屈方向に関しても可動性および安定性を評価しアプローチを行う．片脚カーフレイズ（図2）において，足関節底屈最終位での足部回外の程度に着眼し，過剰な足部回外等の異常動作がみられる場合には，可動域制限の改善やヒラメ筋や長腓骨筋の機能を高めるトレーニングを行う．

(2) 動作因子へのアプローチ

外側荷重が強まりやすい動作として，横方向へのステップやターン動作が挙げられる．横方向への動作時は，足部内反位での接地等により外側荷重が強まる．また，ターン動作やカッティング動作においては，前足部荷重時に小趾側荷重が生じ，進行方向側で外側荷重が強まる傾向となる．下腿を前傾する動作のみではなく，カッティングや蹴り出し時等，足関節底屈運動を伴う動作においても，第5中足骨への応力を集中させない動作を習得することが重要である．

(3) 環境因子へのアプローチ

プレー後の疲労感や違和感，局所の圧痛等を定期的に確認し，スパイク（特にスタッドの形状や位置，スタッドの種類等），グラウンドサーフェイスとの適合性について検討する．必要に応じて用具をアジャストすることも予防（再発予防）のリハとして必要不可欠である．

グロインペイン

(1) 疾患の概要と診断

Jones骨折の発症要因同様，サイドステップやカッティング動作を繰り返すことに加えて，ボールキックという特殊な股関節運動を伴うサッカーでは，グロインペインの発生が多い．過去に「スポーツヘルニア」の名のもと，器質的異常（鼠径管後壁の脆弱性）に原因を求めた時代もあったが，現在は筋拘縮や筋力アンバランス，筋力低下，動作不良等に起因する器質的異常を伴わない慢性疼痛と考えられている．

診断は，局所の筋損傷や疲労骨折等を否定したうえでの除外診断的な性格が強いが，内転筋や鼠径部，大腿前面近位等の局所圧痛，股関節屈曲・外転や開排に伴う痛み，抵抗下SLR，内転での痛み等が比較的特徴的である．

(2) 治療の考え方

これらの痛みはリハによって改善が得られる場合が多く，わが国では現在多くの症例が保存的に治療されている．発症には種目特性のみならず，下肢あるいは体幹を含めた筋柔軟性の低下あるいは筋バランス不良，さらには動作バランスの不良が関与している場合が多く，これらの要素をいかに抽出，改善できるかが治療のポイントとなる．

ただし，リハを継続しても順調な回復が得られない症例も少数例存在し，またヨーロッパのサッカー先進国において，難治例に対して今も手術療法が行われているのも事実である．この分野の治療に関してはまだまだ検討の余地が残されている．

グロインペインのリハビリテーション

1998年4月〜2009年3月に，横浜市スポーツ医科学センタースポーツクリニックにてグロインペインと診断され，リハを実施したサッカー選手（小学生〜大学生）は113例であった．年代間に発生率の差は認められず，また蹴り足と軸足の発生数に関しても，蹴り足63例，軸足50例と有意差はみられなかった[4]．このように，サッカー選手におけるグロインペインは年齢に関係なく両側性に生じている．以下，主にサッカー中のキック動作に発症の要因があると考えられる場合に焦点を当て，患部が蹴り足と軸足のいずれであるかによって異なるメカニズムを考察したうえでのリハについて述べる．

Leg-acceleration 期において，体幹の右回旋および骨盤帯の左回旋の減少がみられ，股関節屈曲・内転方向の運動の増加したキック動作となっている．

図3　蹴り足（右）の鼠径部痛の原因となるキック動作

（1）右キック動作の蹴り足（右）に発症する場合のメカニズムとリハビリテーション

　蹴り足（右）鼠径部に疼痛が生じる選手は，脊柱（胸椎）の伸展制限や右回旋制限，体幹の安定性の低下を有することが多い．キック動作時には leg-acceleration 期において，骨盤帯の左回旋の減少および股関節屈曲・内転方向の運動の増加がみられ，股関節での運動の増加が鼠径部へのストレスを増大させると考えられる（図3）．

　リハでは，患部の組織治癒や可動性の改善を優先しつつも，発症のメカニズムに配慮したプログラムを併用することが必要となる．先に述べた運動時のストレスを軽減させるため，胸椎の伸展や回旋可動性を改善させるアプローチを行う．Leg-acceleration 期の骨盤の左回旋を導くためには，back swing 期～leg-cocking 期における体幹の固定が重要となるため，右肩甲胸郭機能および体幹では右内腹斜筋機能を高めるトレーニングが必要となる．そのうえで，back swing 期の左上肢-体幹，leg-acceleration 期の体幹-右下肢の協調性を高める動作を習得させるとより効果的である．

（2）右キック動作の軸足（左）に発症する場合のメカニズムとリハビリテーション

　軸足（左）鼠径部に疼痛が生じる選手は体幹の安定性の低下や殿筋群の機能不全がみられ，キック動作においては軸足接地時に左寛骨後傾および腰椎屈曲がみられる．腰椎屈曲に伴い胸椎後弯が生じることにより，脊柱と骨盤帯の固定性が低下し，軸足上で体幹安定性が不十分なまま leg-accelera-

---

Key Words

キック動作

　サッカーにおけるキック動作は両下肢に多くの負担を強いる．強いキック（インステップキックやインフロントキック）の蹴り足には股関節の伸展 → 屈曲，ならびに外旋 → 内旋，膝関節の屈曲 → 伸展，足関節の底屈が求められ，インサイドキックでは股関節ならびに膝関節の強い外旋と足関節の背屈が必要である．軸足においても，蹴り足のスムーズな動きを引き出すために足関節／膝関節にかかる力は大きい．強いキック動作では蹴り足と反対側に体を預けるため，軸足の足関節には強い外反力が加わる．キック動作自体により，下肢に多くの障害が発生することがわかる．決して一様ではなく，本人に適したスムーズなキック動作を習得することが障害予防に何より重要である．

軸足接地時の骨盤後傾が増大し，ball-impactにおいて腰椎および胸椎の後弯が生じ，体幹の固定性が不十分なキック動作となっている．

図4　軸足（左）鼠径部痛の原因となるキック動作

tion期における左股関節の内転・内旋が過度に生じることにより，軸足鼠径部へのストレスが増大すると考えられる（図4）．

先ほどと同様に，患部の治癒や可動性の改善を優先したうえで，既に破綻した左寛骨の後傾アライメントを修正する体幹左回旋可動性や左ハムストリングス柔軟性改善のプログラムを行う．その後，接地時の安定性に寄与する左股関節外転・外旋筋や左体幹筋群，胸椎伸展位での脊柱安定性を高める肩甲帯や背筋群のトレーニングを行い，接地時に脊柱と骨盤帯のアライメントが破綻しにくい協調的な動作を習得させることが必要と考える．

前十字靱帯損傷

（1）診断

スポーツ外傷に精通した医師，理学療法士（PT）にとってACL損傷の診断は難しいものではない．受傷時の亜脱臼感やpop音，その後の関節腫脹（血腫），徒手検査（Lachmanテスト）でほぼ診断可能であるが，確認の意味と合併半月・軟骨損傷のチェックにMRIは必須である．

（2）治療の考え方

ACL損傷後，保存療法にて不安なくプレーに復帰することはレベルにかかわらず困難な場合が多く，サッカー継続を望む場合には原則として手術（再建術）を行って復帰する方向を選択すべきであろう．わが国では，受傷後3〜4週間，初期リハを行って，可動域や四頭筋収縮の回復を待ってから手術を行うという考え方が一般的である．

移植腱は骨付き膝蓋腱（bone-patellar tendon-bone；BTB），または多重折りハムストリングス（1束または2重束）からの選択となる．どちらの移植腱を用いても現在の術後成績は安定したものとなっているが，一方で一定割合の再断裂が生じていることも確かである．

再受傷予防の点からもリハの占めるウエートは大きい．筆者らはスポーツ選手に対して原則として術後6ヵ月での復帰を目標にしてリハを進めている[5]．

バランスディスク上で片脚バランスを維持しながら，対側で軽いキック動作を行う．ディスク上の下肢や体幹が崩れないように注意する．

図5　バランスディスク上でのボールコントロール

前十字靱帯再建術前・後のリハビリテーション

　サッカーに限らず，ACL損傷後の円滑なスポーツ復帰や再発予防のためには，時期別に特に重視すべき課題が存在する．再建術前の膝関節機能回復（炎症寛解，完全可動域獲得），および正常歩行獲得[6,7]，また術後早期の膝伸展制限解消，内側広筋の機能回復，正常歩行獲得等である．これらはリハにおいて重要であることはいうまでもなく[8]，サッカーへの満足度の高い復帰にも大きく影響する．これらの課題とは別に，競技復帰に向けて必要となるのは，サッカーの競技特性に応じたリハである．ここでは，ボールを用いたリハや再発予防の観点から推奨される動作習得の流れを紹介する．

(1) ボールを用いたリハビリテーション

　長期のリハから競技復帰する際に，ボールを扱う感覚の低下を訴える選手が少なくない．正常歩行や炎症の鎮静化がみられれば，術後3〜4週より軽いボールタッチを許可する．術後2カ月程度からはバランストレーニングの一環として片脚立位でのボールコントロール等を開始し，術後4カ月程度からバランスディスク上でのボールコントロール（図5）を許可する．キック動作に関しては，術後3カ月程度から患側での軽いボールタッチを開始し，4カ月頃から徐々に強度や距離等に制限をつけながら増やしていく．5カ月前後から動きながらのパスやシュート等の対人動作を交えて行っていく．

(2) 再発予防の動作練習

　サッカーでは前後左右から接触される可能性がある．コンタクトされた際に，バランスを崩し再受傷することを防ぐため，左右あるいは前後方向から外力を加えられた状態でのボールコントロールや片脚スクワットを行い，動作時アライメントの改善を図る．また，ヘディングの競り合い等空中で接触する機会も多くあるため，空中で外力を加えられた姿勢から，安全な姿勢で着地をする練習等も必要である（図6）．

　トップスピードからのストップや方向転換もサッカー競技特有の動きのひとつである．体育館の競技と異なりスパイクを用いる競技ゆえ，細かなステップで脚の踏み替えを行いながらの減速や方向転換を習得させたうえでフィールドへ復帰させることが重要である．

①空中で側方より外力を与えられた際に体幹を固定し支持する．
②また，空中で与えられた外乱を立て直し，knee-inや体幹側屈等が生じない正しい姿勢で着地する．

図6 空中でのコンタクトからの着地

❖ おわりに

　本項では紙面の関係上，サッカーの現場で多く遭遇する3つの外傷・障害に絞って，そのリハや再発予防を中心に述べた．近年，国際サッカー連盟（FIFA）がサッカーの外傷・障害予防を目的としたウォーミングアップメニュー「11+」を提唱し，国内外で広く浸透しつつある[9,10]．一定の効果が確認されており，全般的な外傷・障害予防トレーニングとして試みる価値があると考えられる．

（清水邦明　鈴川仁人　木村 佑）

文献

1) 戸祭正喜：第5中足骨疲労骨折の発症メカニズムと臨床診断．アスレティックリハビリテーションガイド（福林 徹編），文光堂，2008, pp268-272.
2) Kavanaugh JH et al：The Jones fracture revisited. *J Bone Joint Surg Am* 60(6)：776-782, 1978.
3) 鈴川仁人：スポーツ障害とその予防・再発予防　第5中足骨疲労骨折予防のためのトレーニング法．予防としてのスポーツ医学　スポーツ外傷・障害とその予防・再発予防，臨スポーツ医 2008年臨時増刊号：303-310, 2008.
4) 高橋佐江子・他：スポーツ医科学センターリハビリテーション科におけるスポーツ外傷・障害の疫学的研究（第2報）サッカー．日臨スポーツ医会誌 20(2)：286-291, 2012.
5) 清水邦明・他：スポーツ選手におけるACL再建術後6カ月でのスポーツ復帰の現状．整スポ会誌 31(2)：81-86, 2011.
6) Cosgarea AJ et al：Prevention of arthrofibrosis after anterior cruciate ligament reconstruction using the central third patellar tendon autograft. *Am J Sports Med* 23(1)：87-92, 1995.
7) Shelbourne KD, Patel DV：Timing of surgery in anterior cruciate ligament-injured knees. *Knee Surg Sports Traumatol Arthrosc* 3(3)：148-156, 1995.
8) 鈴川仁人・他：スポーツ用装具を考えるPTからみた術後リハビリテーション．臨スポーツ医 26(6)：715-722, 2009.
9) Bizzini M et al：Implemention of the FIFA 11+ football warm up program：how to approach and convince the football associations to invest in prevention. *Br J Sports Med* 47(12)：803-806, 2013.
10) Saho Y et al：The efficacy of comprehensive warm-up program in male adolescent football players. *Br J Sports Med* 48(7)：655-656, 2014.

Column

Enthesis 障害のリハビリテーションの注意点

　Enthesis（エンテーシス，腱・靱帯骨付着部）とは軟組織である腱・靱帯が，硬組織である骨に移行する部位のことであり，線維軟骨組織を介在していることが多い．Enthesis の障害は enthesopathy とよばれ，前十字靱帯（ACL）損傷や足関節捻挫等の外傷から肩腱板損傷やテニス肘，アキレス腱周囲炎等のオーバーユースを中心とした障害等も含めると，大部分のスポーツ外傷・障害は enthesopathy であると考えることができる．

　Enthesis は図1に示すとおり，2つの線維軟骨層（非石灰化および石灰化線維軟骨層）を中心とした4層構造で形成され，筋からの力学的負荷を骨・関節に効率よく伝達する働きをしていると考えられている[1]．つまり，enthesis は常に力学的負荷がかかっているため，周囲組織とともに enthesis organ という集合体を形成し，強大な負荷を分散することで構造の破綻を防いでいる（図2）[2]．Enthesis organ には骨隆起と腱・靱帯が衝突することで力学的負荷を分散させる wrap around 構造が存在し，同組織には損傷と修復を示唆する多くの病理所見が観察される．また，脂肪性結合組織には enthesis organ 内で唯一，滑膜組織と血管および神経が認められることから，enthesis 障害（enthesopathy）の病態は wrap around 構造での微小損傷や退行性変化に対する脂肪性結合組織の炎症性変化（滑膜炎）といった enthesis organ 内の組織が相互に作用することによって生じていると考えられている[3]．

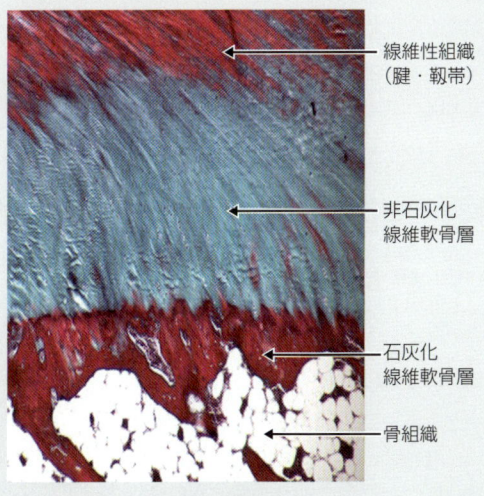

図1　Enthesis の基本構造

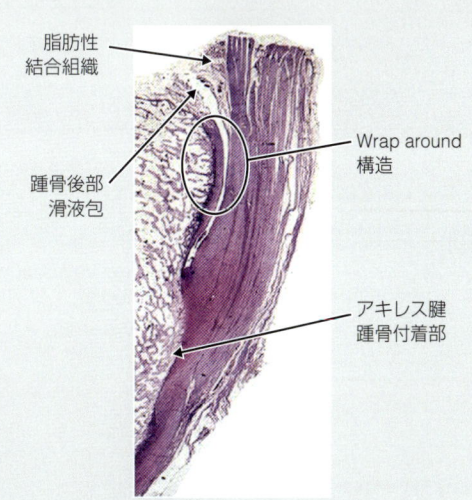

図2　アキレス腱踵骨付着部の enthesis organ

病態から考察すると，enthesis障害に対する治療はenthesis organに対する働きかけが必要となり，具体的には症候性要因となっている脂肪性結合組織への抗炎症処置と，発症要因となっているentheses およびwrap around部への力学的負荷の軽減である．抗炎症処置に対する保存的治療としては安静，アイシング，消炎鎮痛剤等が一般的であるが，近年筆者らはエコーガイド下にヒアルロン酸の投与を行っており良好な結果を得ている[4]．手術的治療としては滑膜等炎症性組織の郭清と骨性突出部の切除が行われるが，近年では関節鏡や内視鏡を用いる方法が低侵襲で好まれる傾向にある[5]．力学的負荷の軽減に対しては，足底板等の装具やストレッチング等の保存的治療とwrap around部骨隆起の切除や付着部の再建等の手術的治療がある．

　リハは炎症症状が強ければアイシング，超音波，温熱療法といった抗炎症処置に重点を置く．炎症症状が軽減してくれば，enthesisおよびwrap around部への力学的負荷の軽減を図るようにする．enthesis障害に罹患している場合，enthesisにつながる筋のtightnessが強くなっており，筋からの力学的エネルギーがenthesisに過剰に直接集中していると考えられる．さらに，tightnessはenthesisに関与している筋，つまりenthesis organ内のすべての筋に対してチェックし，改善に努めなければならない．たとえば，野球肘の場合は前腕屈筋群だけでなく，付着部が共通している回内筋群に対するストレッチングも行う必要があり，足底腱膜症では足底の筋や腱だけでなく，heel cordを介して連続していると考えられている下腿三頭筋に対するストレッチングも重要になってくる．また，関節可動域の獲得も再発予防には非常に重要な要素であると考えられるが，筋のtightnessが改善されていないうちに行うと，enthesisへの負荷が逆に大きくなる可能性が高いので，筋の十分な伸張性が得られてから行うようにするほうがよい．近年，整形外科の分野で注目されている超音波は筋のtightnessの評価やenthesis organの描出にも優れているため，リハの効果を確認するためのよいツールとなり得ると考えている．

（篠原靖司　熊井　司）

文献

1) Benjamin M et al：Structure-function relationships in tendons：a review. *J Anat* **212**(3)：211-228, 2008.
2) Benjamin M, McGonagle D：The anatomical basis for disease localization in seronegative spondyloarthropathy at enthesis and related sites. *J Anat* **199**：503-526, 2001.
3) 篠原靖司，熊井　司：腱・靱帯付着部症の解剖学的要因と病理．整・災外 **56**：1337-1344, 2013.
4) 篠原靖司，熊井　司：スポーツ外傷・障害に対する低侵襲治療の最前線 1．スポーツ外傷・障害に対するヒアルロン酸局所注入療法の適応．*J MIOS* **69**：2-9, 2013.
5) 熊井　司，篠原靖司：Enthesisアップデート．*MB Orthop* **24**(5)：129-135, 2011.

バスケットボール

❖ はじめに

　バスケットボールは，5人の選手から成る2チームが，1つのボールを手で扱い，コート上に設置されたバスケットに上方からボールを入れることで得点を競う競技である．コートは縦28 m，横15 mとそれほど大きくなく，バスケットが3.05 mの高さに設置されている．限られた短い時間でシュートを打たなければならない，ボールを保持する選手に対する接触が禁じられている等，スピードや敏捷性，ジャンプ力，そして持久力等が要求される競技である．また，ボールを持たない選手同士は，有利な場所を獲得しようとルール上許される範囲で身体接触をするため，身体的に頑強であることも必要である．競技特性として，急激なストップ動作や方向変換，ジャンプ等を行うため，下肢にかかる負担が多く，下肢の外傷・障害が多いのが特徴である．また，バスケットボールで用いられるボールは男女でサイズが異なるが，球技の中で最も大きくて重い．そのボールを手で扱うため，手指の外傷・障害も多くみられる．

▌ 外傷・障害の特徴

　日本スポーツ振興センター学校安全部の2010年度統計によると[1]，中学校，高等学校の体育的部活動中の事故として届け出のあった外傷件数では，バスケットボールが67,495件で最も多かった．加入者数から得られた10万人当たりの年間発生件数は，14,029件であり，ラグビー，柔道に次いで3番目に多かった．診断別にみると，最も多いのが足関節部捻挫で12,068件（17.9％）であり，続いて手・手指部の骨折で10,894件（16.1％），アキレス腱断裂等の足関節の筋腱疾患で5,286件（7.8％）であった（図1）．他の競技と比較すると，足関節部捻挫はバスケットボールで最も多く発生し，15,149件であった．10万人当たりの年間発生頻度でも最も多かった．重篤な外傷である膝前十字靱帯（ACL）損傷の発生件数はバスケットボールが最も多く1,224件であった．発生頻度ではラグビー，柔道に続き3番目であった．

　スポーツ安全協会の2010年度の保険金支払い実績から調査対象とした193,802件を分析した結果をみると[1]，バスケットボールの外傷発生件数は18,491件であり，サッカー，バレーボール，野球に次いで4番目に多かった．疾患別では，足関節部捻挫が19.9％と最も多く，次に手・手指部骨折16.4％，手・手指部捻挫9.4％，膝部捻挫（靱帯損傷）5.2％であった（図2）．10万円以上の支払いを要した重症外傷は584件で，そのうち膝部捻挫（靱帯損傷）が184件と最も多く，アキレス腱断裂の73件がそれに続いて多かった．これらの統計は，加入者が請求した件数で発生数を示しているため，実際バスケットボールを行ったときにどれくらいの割合で外傷が発生しているかは不明である．

　わが国の女子バスケットボール界の最高峰のリーグであるバスケットボール女子日本リーグ機構

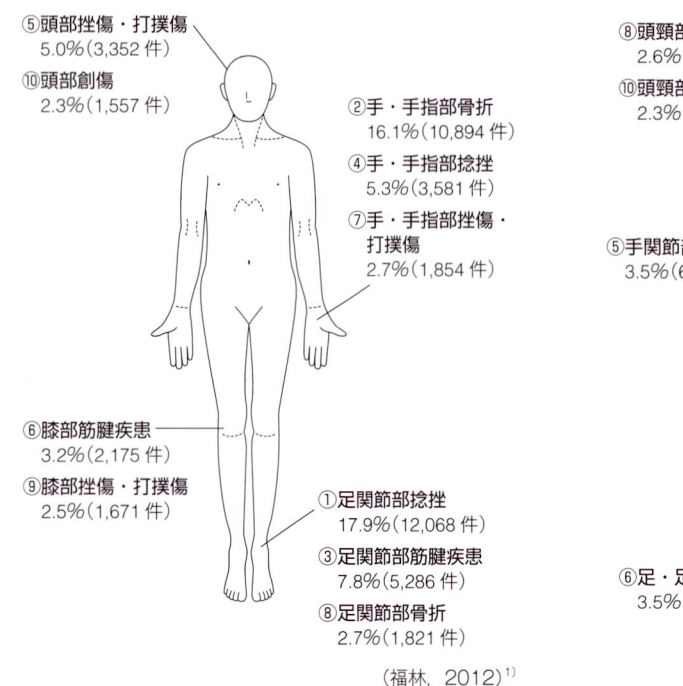
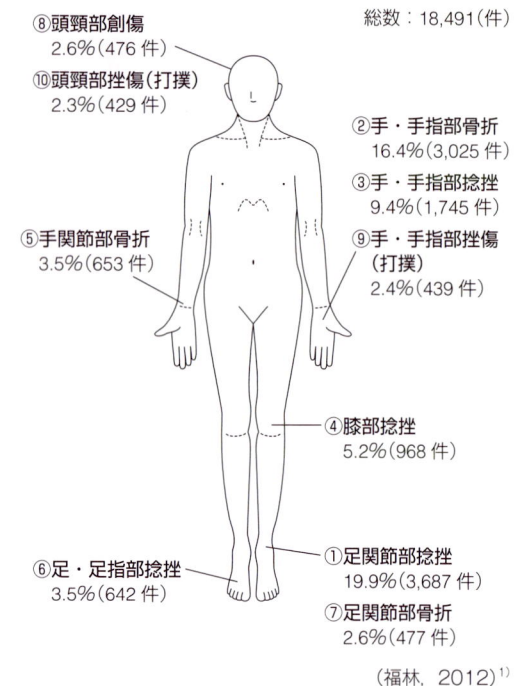

図1 中学・高校の部活動中のバスケットにおける診断別外傷件数

図2 保険金支払い実績によるバスケットにおける疾患別外傷件数

(WJBL) では, 2006年から毎年詳細な外傷調査を行っている. この外傷調査は, 各チームに所属するトレーナーが日々の練習および試合時間, それらに参加する選手数を記録し, 外傷が発生したときにはその診断名, 検査や手術の有無等も併せて記録する. トレーナーたちの絶え間ない努力により調査結果が得られている.

2006-07シーズンから2011-12シーズンまでの6シーズンにおいて, 外傷発生件数は842件であった (図3). 選手1人の1,000時間当たりの発生率は, 練習では0.864件, 試合では10.285件であった. 部位別では下肢の外傷が最も多く611件 (72.6%) であった. 下肢を部位別にみると, 足関節が最も多く259件 (39.1%) であり, 次いで膝関節の175件 (28.6%) であった (図4). 疾患別では足関節捻挫が最も多く204件 (24.2%) で, 1,000時間当たりの発生件数は, 練習で0.187件, 試合では3.036件であった. 非接触型のACL損傷は女子バスケットボールにおいて多くみられるが, WJBLでは6シーズンでACL損傷34件のうち非接触型が29件, 1,000時間当たりでは0.039件の発生を認めた. 29件の非接触型ACL損傷のうち, 練習では9件, 1,000時間当たり0.012件の発生率であったが, 試合では18件, 発生率は0.816件であった.

足関節部捻挫に対するリハビリテーション

足関節部捻挫はバスケットボールで最も発生頻度の高い外傷であるが, 治療やリハを軽視し, 機能障害を残したまま復帰するケースが多くみられる. しかしながら, 不十分な状態で競技に戻ると, 可動域制限や筋機能低下, 不安定性等の後遺症から, 慢性的な痛みや違和感, 不安定感が残存しやすい.

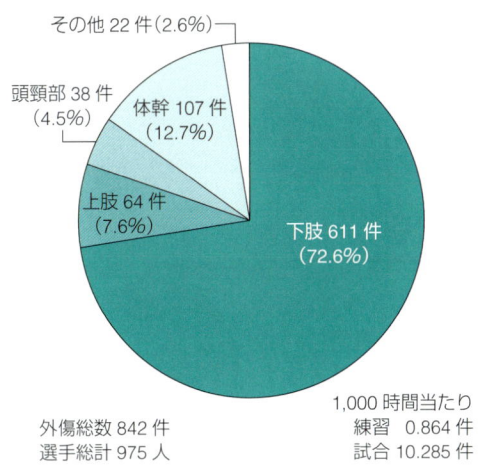

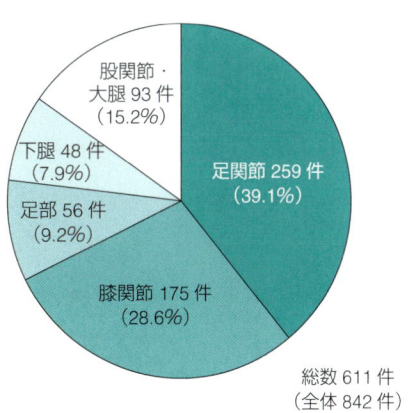

図3 外傷部位別（2006年4月〜2012年3月）

外傷総数842件
選手総計975人

1,000時間当たり
練習 0.864件
試合 10.285件

図4 外傷部位別（下肢）
（2006年4月〜2012年3月）

総数611件
（全体842件）

また，捻挫再発のリスクも高くなり，さらには足関節機能の低下により，代償動作や異常なフォームが習慣化し，二次的な外傷や障害に結びつく可能性もある．以下に受傷後から復帰までのリハを紹介する．

（1）急性期

受傷直後のリハでは，重症度に応じた対応が必要になる．受傷機転を可能な限り聴取し，損傷部位を予測する．骨挫傷や腱損傷等の合併症の有無についても確認しておく．近年では超音波画像診断により，靱帯損傷の重症度を把握することも可能になってきており，有用な手段と考えられる．

また，受傷翌日以降に機能障害の程度を評価する．受傷後数日以内における機能障害の程度やどの程度炎症症状のコントロールが可能か等から，総合的に復帰時期を判断する必要がある．

① 炎症所見の把握と管理

受傷後は熱感の有無を確認し，安静時および歩行後等の熱感が残存する場合は急性期の処置を継続する（RICE処置）．腫脹（図5）が外果前方のみならず外果後方や内果周囲まで認められる場合は，血腫が瘢痕組織となり，底背屈時の距骨運動の阻害因子となりやすい．圧痛は急性期では外側靱帯以外にも広範囲にみられることが多い．受傷直後よりも受傷5日後のほうが圧痛の感度，特異度は高い[2]とされており，腫脹が減少した亜急性期以降にも再度評価しておく必要がある．

物理療法による炎症症状への対応では，超音波（非温熱）やマイクロカレント（図6）等を用いて患部の腫脹軽減や治癒促進効果を目的として実施する．また，除痛や周囲筋への筋緊張軽減を目的にHi-voltage（高電圧）や干渉波等を行うことも有用である．

② 歩行

歩行の可否または歩行時痛の有無を確認し，疼痛が強く跛行が著明な場合は免荷も考慮する．特に，受傷後は股関節外転，外旋位での歩行（跛行，図7）となりやすく，外側荷重傾向が強まりやすい．腫脹により伸筋支帯や前脛骨筋の緊張が強まり，底屈時に内反位となりやすいことに加えて，外側荷重による中足部回外（立方骨下降）アライメントを呈しやすい．これらのマルアライメント（p181）に注意しつつ，歩容を確認する．荷重が可能な場合でも，歩行時痛があれば跛行しやすいため，背屈

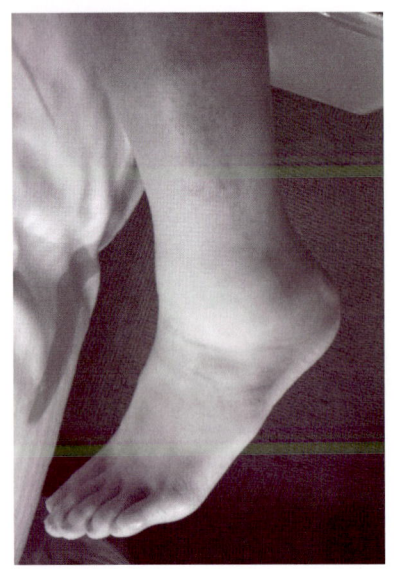

図5 腫脹

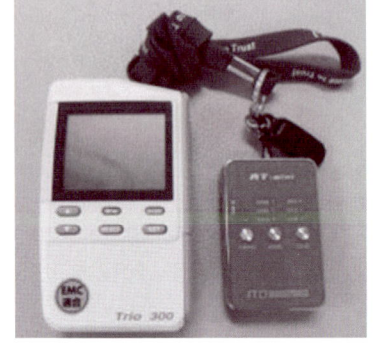

図6 マイクロカレント

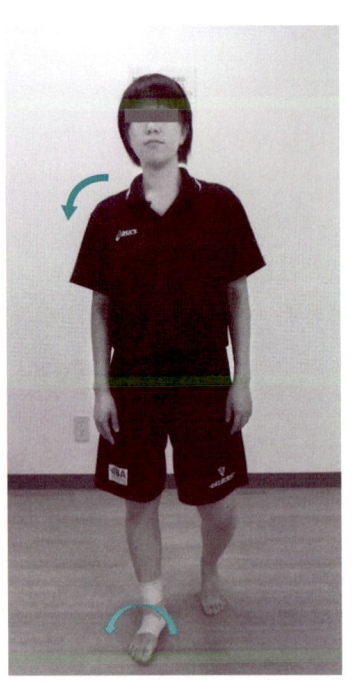

図7 跛行

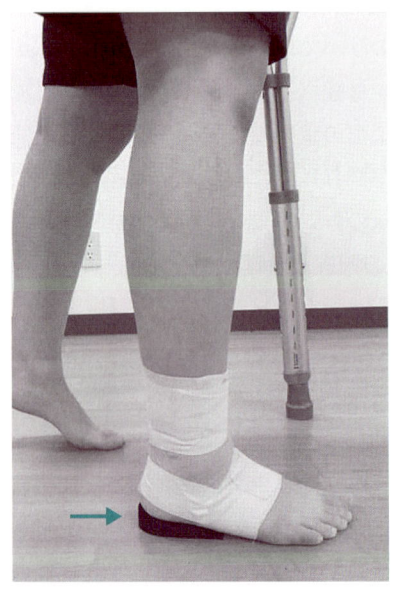

図8 補高

可動域に応じて補高（図8）することも有用である．また，歩行立脚中期以降に背屈角度が増すと疼痛が生じやすいので，健側の歩幅を短くする等の指導をする．

急性期において，炎症所見を正確に把握しその改善を図ることに加えて，腫脹や疼痛から起こる二次的な機能障害を最小限に抑えることは，その後のリハを円滑に進めるために大変重要である．

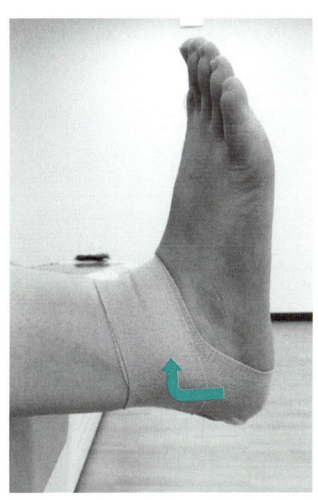
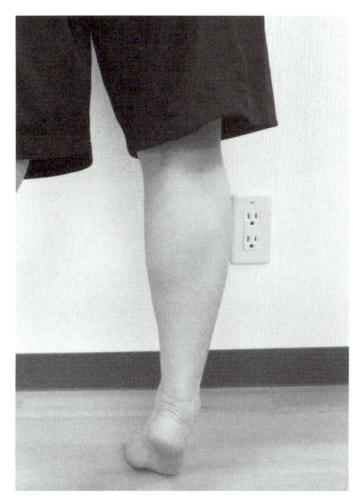

図9 テーピング   図10 内反位

(2) 亜急性期（回復期）

① 底背屈可動域の獲得

亜急性期以降，できるだけ早期に正常可動域の獲得を目指す．特に背屈可動域については，最大背屈時に距骨が脛腓間のほぞにはまり込み，安定していることが重要である．そのため，背屈制限をわずかでも残している場合には，この骨性の安定性が得られず，不安定感を訴えることが多い．また，距骨の後方滑りが阻害されると，背屈に伴い足部は外転し，腓骨は後外側へ変位しやすい．これにより前距腓靱帯（anterior talofibular ligament；ATFL）は伸張され，外果周囲の腫脹残存や背屈時痛を助長する．

底屈制限の原因は，腫脹により足趾伸筋群や前脛骨筋，伸筋支帯の滑走性が低下していることが多くみられる．中後足部の外反・外転運動が制限されやすく，底屈時にATFLが伸張されて疼痛が誘発されやすい．また，足趾屈筋群の滑走性が阻害されて，底屈時に後方において距骨後突起に挟まれ疼痛が生じることもある．

腫脹や疼痛等により低下した軟部組織の可動性を獲得し，底背屈における可動域を早期に改善することと，疼痛が残存する場合にはその原因を見極めつつ対応していくことが重要である．

② 荷重時痛の軽減（正常歩行の獲得）

可動域の改善を図るとともに，荷重時痛を軽減させて，早期に正常歩行を獲得しておくことも重要である．前述のように足関節可動域制限が残存していると歩行時痛が生じやすい．特に立脚期後期にATFLに疼痛が生じる場合には，腓骨を圧迫するテーピング[3]（図9）を用いて，ATFLへのストレスを軽減する．

この他に，下腿三頭筋の短縮による膝関節伸展制限や跛行による股関節伸展，内旋制限（大腿筋膜張筋の緊張等）が生じていないか確認しておく．これらの可動性に問題があれば正常歩行を阻害するため，早期に改善しておく必要がある．

③ 筋力

炎症症状が落ち着いてきたら，可動域改善の後に筋力の評価を行う．筋機能に異常があれば筋力強

化を行う．特に，最終底屈時の腓骨筋機能を確認しておく．長腓骨筋機能が低下していると，底屈域で外反に抗する筋力が低下するため，内反位（図10）での蹴り出し動作となりやすく，再発のリスクが高まるので注意する．

また，股関節外転筋や伸展筋力の低下についても確認する．免荷や跛行の影響により股関節周囲筋の機能低下を招きやすいため注意する．

(3) 復帰期・再発予防
① 復帰基準
　炎症症状が消失し可動域，筋機能が改善されれば，各動作を確認する．動作時痛の有無や動的アライメントに異常がないかを評価する．以下の各項目を評価していきながら，徐々に復帰させる．復帰時には運動後の炎症症状の有無や不安定感等を確認し，異常があれば問題点を改善したうえで運動量を上げていくことが望ましい．

　片脚立位バランス：足趾屈曲や体幹側屈等による外側荷重がみられないか評価する．片脚立位は免荷や跛行の影響が出やすいため，欠かせない評価である．また，単純な片脚立位のみならず，片脚立位に加えて，遊脚側の股関節を前後左右に動かす等の外乱を加えても保持できるか評価する．

　カーフレイズ：後足部の内反がないか，母趾球へ荷重できているか，最終域まで挙上できているかを評価する．両脚でのカーフレイズが正常に行えていれば，片脚でも実施する．

　ツイスト・ターン：足趾と膝の方向を一致させ，股関節の内外旋運動によって左右の足を平行に移動させることができるか確認する．スムーズに行えていれば，ターン動作を練習する．特にバックターンの際に，外側荷重になると踵が回りきらずにknee-inとなりやすいので注意する．

　ジャンプ（着地）：十分に股関節を屈曲するとともに，下腿を前傾させ，重心位置が後方にならないようにする．背屈制限が残存していると十分な下腿前傾が得られず，足部外転等の異常アライメントがみられやすいので注意する．

　片脚ホップ：ジャンプ動作と同様に着地肢位に注意することに加えて，踏切動作時に底屈機能不全があると蹴れない等の訴えがあるので確認しておく．

　サイドステップ：股関節，膝関節，足部を前額面上で一直線に位置させ，母趾球荷重を保持した状態でステップ動作が行えているかを確認する．

　カッティング：十分な下肢屈曲位の保持と母趾球荷重ができているかを確認する．下腿側方傾斜を増大させたカッティング動作は，足部外側への荷重量が増大して内反捻挫につながりやすい．

　〔動作の詳細は，JBAジュニア向け外傷予防プログラム[4]（後述）の動画を参照されたい：http://www.japanbasketball.jp/〕

② 復帰後の問題点と再発予防
　復帰後によく起こる問題としては，炎症症状の増加，腫れや痛みによる可動域制限およびマルアライメントが挙げられる．ランニング開始時期が早過ぎる場合や不良アライメントを残したままの復帰等，原因はさまざまであるが，これらの問題点に対してその都度再評価を行い，原因を解決していくことが必要である．また，再発予防についても同様で，わずかな可動域制限や筋力低下が残存していれば再発のリスクが高まるため，注意が必要である．

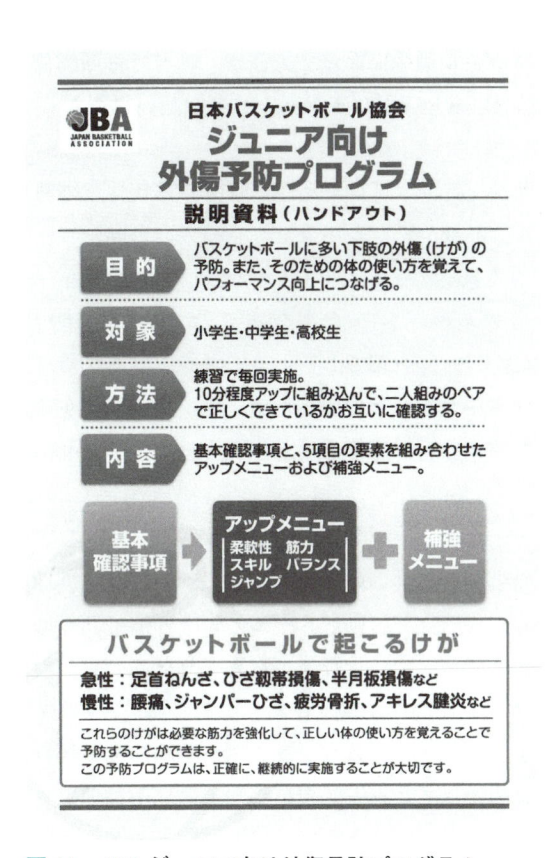

図11 JBA ジュニア向け外傷予防プログラム

JBA ジュニア向け外傷予防プログラム[4]

　2004年にWJBLに加盟するチームのトレーナーが集まり，「安全に安心してプレーできる環境づくり」をモットーにトレーナー部会が発足した．2006年末に日本臨床スポーツ医学会整形外科部会から，女子バスケットボールにおいて重篤なACL損傷が多く起こることから，WJBLトレーナー部会でACL外傷予防プログラムを作成するように依頼を受けた．

　日本バスケットボール協会（JBA），日本臨床スポーツ医学会，国立スポーツ科学センターの協力を得て，2007年春にWJBL所属選手を対象に，プログラムの趣旨を理解したWJBL所属のトレーナーの指導のもとに実施することを前提に，「WJBL外傷予防プログラム」を完成させた．しかし，ACL損傷や足関節捻挫は中学生，高校生に多く発生し，これらの外傷を予防することが極めて重要であると考え，トレーナーが在籍していなくてもジュニア選手自身が理解していれば実施可能な予防プログラムを，日本体育協会，国立スポーツ科学センター，横浜市スポーツ医科学センターに制作協力していただき，JBA医科学研究部（現JBAスポーツ医科学委員会）が2009年春に「JBAジュニア向け外傷予防プログラム」を完成させた（図11）．

　このプログラムの目的は，バスケットボールに多い下肢の外傷を予防し，そのための体の使い方を覚えて，パフォーマンスの向上につなげることである．対象は，小学生のミニバスケットボールを初

め，中学，高校のバスケットボール選手である．方法は，練習で毎回実施できるように，ウォーミングアップメニューに10分程度組み込んで，2人組のペアで互いに正しくできているか確認しながら行うようにした．

　内容は，5つの基本確認事項（腹圧，足首柔軟性，股関節柔軟性，姿勢，痛みの有無）と5項目の要素（柔軟性，筋力，スキル，バランス，ジャンプ）を組み合わせたアップメニュー（ストレッチング，バランスウォーク，ツイスト＆ターン，サイドホップ，スクワット・サイドステップ・スクワットジャンプ，ジグザグストップ＆ターン），および補強メニュー（股関節外旋筋力，ヒールレイズ，ボール腹筋，片足立ち→スプリット→膝曲げ→ドリブル，片足立ちパス，つま先タッチ，バランス相撲，スプリットスクワット→片足スクワット）から成る（動作の詳細はJBAジュニア向け外傷予防プログラム[4]の動画を参照されたい：http://www.japanbasketball.jp/）．

❖ おわりに

　バスケットボールで最も発生頻度の高い足関節部捻挫について，急性期の足関節外側靱帯損傷のリハのポイントについて述べた．そして，JBAジュニア向け外傷予防プログラムも併せて紹介した．記載した内容は筆者らが一般的に行っている評価項目とそれに基づく治療法の例に過ぎない．実際には重症度や復帰時期等のさまざまな問題を個々に有しており，それぞれに対応が必要である．また，復帰時期については，復帰を急ぐことによるリスクの増大や機能不全残存による新たな外傷へのリスクも考慮して慎重に進める必要があることを，現場の指導者に十分理解してもらうことが重要であると考える．

（三木英之　清水　結）

文献

1) 福林　徹：平成23年度日本体育協会スポーツ医・科学研究報告Ⅱ　日本におけるスポーツ外傷サーベイランスシステムの構築—第2報，2012．
2) van Dijk CN et al：Physical examination is sufficient for the diagnosis of sprained ankles. J Bone Joint Surg Br 78(6)：958-962, 1996.
3) 小林　匠・他：バスケットボールにおける外側靱帯損傷のリハビリテーション．復帰をめざすスポーツ整形外科（宗田 大編），メジカルビュー社，2011, pp136-140．
4) 河村真史・他：競技特性に応じたコンディショニング バスケットボール．臨床スポーツ医学臨時増刊号 スポーツ損傷予防と競技復帰のためのコンディショニング技術ガイド，文光堂，2011, pp404-411．
5) 三木英之・他：女子バスケットボールのおける予防の取り組み．臨スポーツ医 28：411-415, 2011．

Column

メカニカルストレスによる軟骨の障害

　正常な軟骨は非常に摩擦の低い滑動を可能にするとともに，体重の数倍の荷重が繰り返し加わっても一定の弾性を保ち得る，生体力学的にみても極めて特殊な組織である．荷重関節の場合，関節軟骨に加わる荷重は体重に加えて筋肉の収縮力や加速度によって生じる力の合計となる．この結果，軟骨には体重の数倍までの荷重が加わることになる．たとえば膝関節の場合，軟骨に加わる荷重は平地歩行で体重の3倍，階段昇降で6倍，スポーツ活動では10倍以上である[1,2]．正常な関節軟骨はこのような大きな荷重が繰り返し加わっても完全に耐えることができ，組織として破綻を生じることがない．しかし，骨軟骨骨折に代表されるように，限度を超えた荷重は軟骨組織の物理的な損傷をきたす．また，軟骨組織の破壊を生じるほどではないが，生理的な許容範囲を超えるメカニカルストレスが加わり続けた場合，逆に関節の免荷や固定等により力学的負荷が著しく減少した場合にも軟骨の変性が起こる．軟骨の変性は臨床的には変形性関節症として現れる．以下にスポーツ障害の中でメカニカルストレスによって生じる関節軟骨の障害の概略を述べる．

🏀 メカニカルストレスの異常による軟骨の障害

　強大な外力によって骨軟骨骨折や軟骨損傷が生じた場合，関節面の形状の不整によって軟骨の一部に荷重が集中するようになり，軟骨変性が生じる．しかし，スポーツに関連した軟骨の障害として最も頻度が高いのは半月や靱帯損傷に伴うものである．

　半月は膝関節にみられる線維軟骨性の組織で，膝関節に加わる荷重の半分以上は半月を介して伝達される．半月が受け持つ荷重の量は膝関節の屈曲角により異なり，伸展位では荷重の50〜70%，膝屈曲90度では85%が半月を介して伝達される[3]．半月を切除すると軟骨の接触面積が減少し，軟骨にはそれだけ大きな荷重がかかるようになる．実験では半月を1/3切除すると軟骨の接触面積は10%減少して接触圧は1.7倍になり，全切除を行った場合には接触面積は75%減少し，接触圧は2.3倍以上になると報告されている[4]．増加した荷重は過大なメカニカルストレスとなって軟骨の変性をもたらす．また，半月は関節の安定性をも担っている．したがって，半月が損傷された膝では不安定性によっても軟骨へのメカニカルストレスが増加し，これも軟骨変性の一因となる．さまざまな臨床研究によって，半月切除を受けた膝関節では変形性関節症が発症する確率が顕著に増加することが確認されている[5]．

　靱帯損傷により関節の不安定性が生じた場合にも，軟骨に対するメカニカルストレスが増加して軟骨変性が生じる．前十字靱帯（ACL）断裂はその好例である．靱帯が破断されて大腿骨と脛骨の間に不安定性が生じると，軟骨には部分的に過大なメカニカルストレスが加わるようになり，この結果，二次性の変形性関節症が生じる．ACL損傷にはしばしば半月損傷が合併しており，これも軟骨変性の一因となる．

軟骨障害のメカニズム

メカニカルストレスの異常により軟骨変性が生じるのには軟骨細胞の機能の変化が大きく関与する．軟骨細胞は軟骨組織の中にある唯一の細胞である．軟骨組織は大部分が細胞外基質から構成されるが，軟骨細胞は細胞外基質の産生と分解の両方を司り，軟骨基質の維持を一手に担っている．さまざまな研究の結果，軟骨細胞はメカニカルストレスに非常に敏感な細胞であることがわかってきた．軟骨細胞に適度なメカニカルストレスを加えつつ培養すれば，細胞は軟骨基質を旺盛に産生し，基質を分解する蛋白分解酵素の産生は抑えられる．しかし，加えるメカニカルストレスが強過ぎると基質産生が低下し，蛋白分解酵素の発現が亢進する[6,7]．逆に，細胞に加わるメカニカルストレスが弱過ぎてもやはり基質産生が低下し，蛋白分解酵素の発現が上昇する[6,7]．軟骨細胞が軟骨基質を産生・維持する能力は細胞へのメカニカルストレスによって著しく変化するのである．

冒頭で関節の免荷や固定によりメカニカルストレスが過小となっても軟骨の変性が生じることを述べたが，それにはこのような軟骨細胞の性質が深く関与している．軟骨が異常なメカニカルストレスのもとに置かれると細胞の挙動が変化し，軟骨基質が変性しやすくなる．特にメカニカルストレスが過大であった場合には，軟骨基質は機械的にも損傷されて軟骨は容易に変性，摩耗していくことになる．

メカニカルストレスの異常により生じた軟骨障害への対応

以上，メカニカルストレスの異常から生じる関節軟骨の障害について述べてきた．関節軟骨は一度損傷されると治癒することがない組織である．自家軟骨移植や培養軟骨細胞による損傷軟骨の修復も行われているが，軟骨が損傷された場合にこれを元通りに修復するのは現在のところ不可能である．軟骨の変性の結果生じた変形性関節症に対しても，今のところ進行を抑制する効果的な治療は見当たらない．したがって，メカニカルストレスによって軟骨の障害が生じた場合には，メカニカルストレスを正常化することで軟骨変性の進行を食い止める方策を考えることがまず重要である．靭帯損傷によって生じた関節の不安定性については，靭帯再建を行えば軟骨への過度のメカニカルストレスを避けることができる．しかし，軟骨や半月の損傷に対しては，軟骨へのメカニカルストレスを軽減できる決定的な治療法がないのが現状であり，スポーツ選手，愛好家の場合，場合によっては運動内容の変更や運動量の制限も考慮する必要があるだろう．

（福井尚志）

文献

1) Shelburne KB et al : Contributions of muscles, ligaments, and the ground-reaction force to tibio-femoral joint loading during normal gait. *J Orthop Res* **24**(10) : 1983-1990, 2006.
2) Taylor WR et al : Tibio-femoral loading during human gait and stair climbing. *J Orthop Res* **22**(3) : 625-632, 2004.
3) Ahmed AM : A pressure distribution transducer for in-vitro static measurements in synovial joints. *J Biomech Eng* **105**(3) : 309-314, 1983.
4) Baratz ME et al : Meniscal tears : the effect of meniscectomy and of repair on intraarticular contact areas and stress in the human knee. A preliminary report. *Am J Sports Med* **14**(4) : 270-275, 1986.
5) Fabricant PD, Jokl P : Surgical outcomes after arthroscopic partial meniscectomy. *J Am Acad Orthop Surg* **15**(11) : 647-653 2007.
6) Hall AC et al : The effects of hydrostatic pressure on matrix synthesis in articular cartilage. *J Orthop Res* **9**(1) : 1-10, 1991.
7) Monfort J et al : Decreased metalloproteinase production as a response to mechanical pressure in human cartilage : a mechanism for homeostatic regulation. *Arthritis Res Ther* **8**(5) : R149, 2006.

4 バレーボール

❖ はじめに

バレーボールの基本動作はサーブ，レセプション（サーブレシーブ），セット（トス），スパイク，ブロック，ディグ（スパイクレシーブ）である．近年主流となったジャンプサーブやスパイクの動作では，ジャンプした状態でボールをより高い位置でヒットする必要があり，肩をはじめとした上肢に，また体幹の捻りにより体幹部にも負荷がかかる．ブロックではボールの衝撃による手指の外傷や，着地時の足関節捻挫等が生じる．ディグでは全身を投げ出して（フライング）ボールがフロアにつかないように拾い上げることがあり，手指のみならず全身の外傷にもつながる．

バレーボールではこのような多様な動きによりさまざまな外傷・障害が起こる．中でも一番の特徴はジャンプ，着地を練習，試合で何度となく繰り返すことであり，それによる下肢の疲労性障害も多くみられる[1,2]．

本項ではバレーボールに特徴的な外傷・障害について述べる．また，自験例でのバレーボール外傷・障害のデータを提示する．後半では，下肢疲労性障害の中でも代表的な膝蓋靱帯炎（ジャンパー膝）のリハの実際について述べる．

外傷・障害

（1）外傷・障害の発生頻度と部位

バレーボールの外傷・障害の発生頻度としては，オランダでの7〜17歳の学生を対象にした調査で練習1,000時間当たりの外傷・障害発生数は6.7であった[3]．17〜60歳が参加した米国内のトーナメントでの試合1,000時間当たりの外傷・障害発生数は19.7であった[4]．米国NCAA（全米大学体育協会）に所属する女子大学生の練習および試合1,000時間当たりの外傷・障害発生数は4.10および4.58であった[5]．ノルウェー国内の男女リーグではそれぞれ3.5および1.5であった[6]．このように競技レベルや報告によりさまざまな違いはあるが，2004年に行われたアテネオリンピック中に発生した種目別の外傷データ[7]からも，バレーボールは他の競技に比べると外傷・障害の中でも，殊に外傷に関しては比較的安全なスポーツであるといえる．そのため，われわれメディカルスタッフは，半数以上を占めるオーバーユースに起因する慢性的な障害[8]に対応する機会が多い．

外傷の部位としては，わが国での2009年度のスポーツ安全保険におけるスポーツ外傷発生調査[9]からは，バレーボール外傷30,113件中，足関節捻挫が20％と最も多く，手指骨折9.9％，膝靱帯損傷9.3％，手指部捻挫8.4％，下腿捻挫4.1％と続く．障害を含めた部位別の外傷・障害の発生に関して，ハイレベルな選手を対象にした諸家の報告では図1のように足関節や膝関節等の下肢に多くの外傷・障害がみられる[6,8,10-13]．競技レベルや調査方法等に違いはあるものの，下肢の外傷・障害が多いことがわかる．

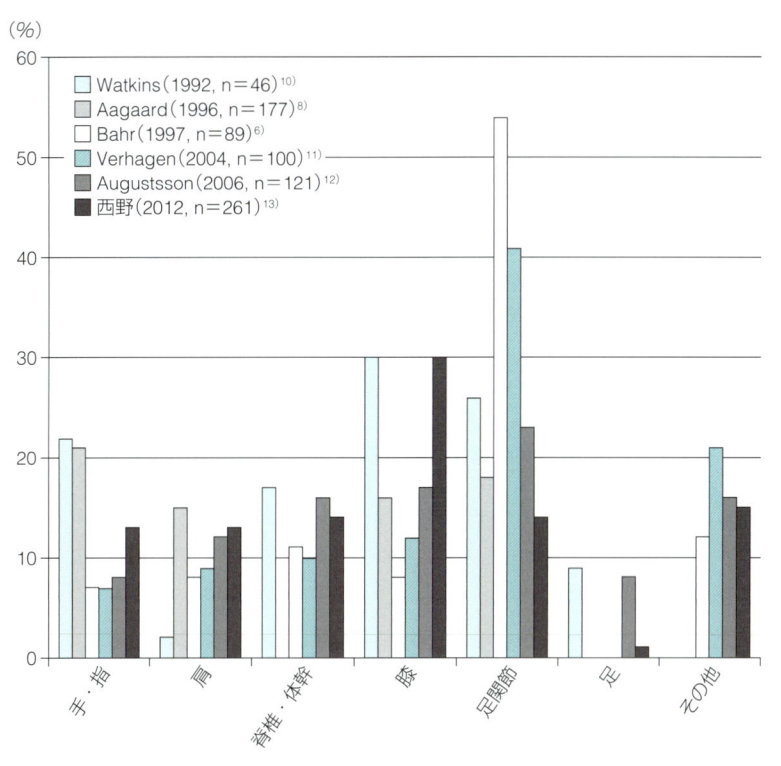

図1　過去の報告におけるバレーボール外傷・障害の部位別頻度

(2) 某大学男子バレーボールチームにおける医療機関受診状況調査

　筆者（西野）がチームドクターを務める某大学男子チームにおいて，医療機関を受診し，筆者が直接診察した症例を後ろ向きに調査した．2003年7月～2013年6月の10年間で41名96例が受診した．内訳は1年生32例，2年生28例，3年生17例，4年生19例と1，2年生で60例（62.5%）を占めていた．ポジション別では，スパイカーであるミドルブロッカー（センター）が35例，アウトサイドヒッター（レフト，ライト）が29例，リベロおよびレシーバーが23例，セッターが9例であった．外傷・障害の発生部位は図2に示すように膝関節，手指，足部，足関節の順で多く，全体では下肢が60例（62.5%）であった．発症様式では半数以上の58例（60.4%）が障害であった．診断としては，手指を中心とした上肢の骨折が14例と最も多く，ジャンパー膝13例，足関節捻挫10例，下肢疲労骨折10例，手指靭帯損傷（外傷・障害含め）7例と続いた．これらからはジャンパー膝や下肢疲労骨折等の下肢疲労性障害と障害を含めた手指損傷が21例（22%）と多くみられた．

　上述のデータは1チームの医療機関受診記録であり，バレーボールによる外傷・障害の発生頻度を示すものではない．当該チームではトレーナーやドクター等により現場で解決される問題も多く，対象となる母集団がこれまでの報告とは異なるので単純に比較はできない．しかし，最も頻度の高かったジャンパー膝を始め，下肢疲労骨折等のオーバーユースによる難治性の疲労性障害は，練習休止を余儀なくされることもあり，選手のパフォーマンスに大きな影響を及ぼす．

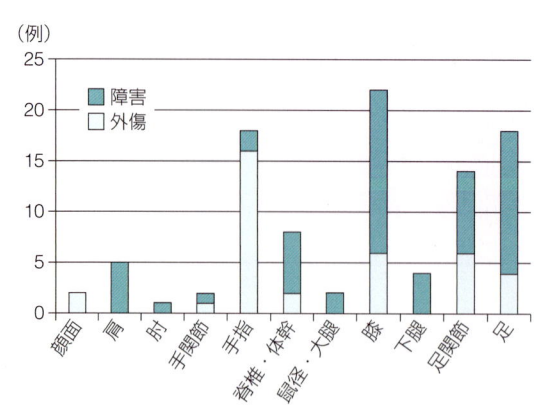

図2 某大学男子バレーボール選手の医療機関を受診した外傷・障害の部位別症例数
（2003年7月～2013年6月）

（3）外傷・障害の治療方針

　今回示したデータも含めて，バレーボールでは外傷よりも障害が多い．特に下肢疲労性障害は進行するとパフォーマンスの低下や長期の離脱も余儀なくされる．治療としては，進行して疲労骨折等に至れば観血的に手術を行うこともあるが，原因であるオーバーユースの機序を考慮しつつ，理学療法的アプローチを行うことが重要である．

ジャンパー膝に対するリハビリテーション

（1）スパイク動作とジャンパー膝の発生

　ジャンパー膝はバレーボール選手の下肢疲労性障害の中でも代表的な障害である．そこで本項では，スパイク動作との関係性に触れながら，バレーボール選手のジャンパー膝に対するリハを中心に述べる．

　バレーボールでは，スパイクによる得点が多くを占める．スパイクは，助走から軸足（右打ちの場合は右下肢）で制動動作を行いながら，非軸足を軸足より前に「ハの字」に接地して踏み切る．そして空中で打球動作を行った後に着地動作へ至る[14,15]．先行研究では，ジャンパー膝の発症はスパイクの踏切動作[16]と着地動作[15,17]が大きくかかわると報告されている．そして痛みは軸足に多く認められ，大腿四頭筋の遠心性収縮に伴う膝蓋腱への高度な力学的負荷が繰り返されることによって生じる[18]．膝蓋腱に対して力学的負荷が生じる背景には，踏切および着地動作での身体重心の後方偏位による膝

Key Words

スパイク動作
　スパイク動作は，空中という極めて下半身が不安定な状態で，どこに上がるかわからないトスを，動きながらオーバーヘッド動作でボールをヒットするという，他の競技にはない複雑な動作である．唯一，匹敵するのはNBAのハーフタイムショー等でみられるアクロバティックなダンクシュートパフォーマンスくらいであろうか．外傷・障害が起こるのも不思議ではない動作である．

体幹，股関節の屈曲角度が浅く，身体重心の後方偏位が認められる．

図3 ジャンパー膝を有する選手における踏切動作

表 Blazina の分類

	病期	治療法
1相	運動後のみの痛み．機能障害なし．	運動直後と夜のアイシング，消炎鎮痛薬内服，ステロイド注入（－）．
2相	運動中，運動後の痛みはあるが，満足できる活動が可能．	1相に加えて活動開始直前の加温，ときにステロイド薬の注入．
3相	運動中，運動後に長引く痛みがあり，満足のできる競技レベルを保つことが困難になる．	2相に加えてスポーツ活動の中止あるいは手術．

(Blazina et al, 1973)[21]を改変

伸展モーメントの増大が要因として考えられる[16,17,19]（図3）．また，膝関節の過剰な外反位（knee-in）を呈する動作も膝伸展モーメントを増大させ，特に膝蓋腱内側部への負荷を増大させる[20]．したがって，ジャンパー膝のリハでは，膝伸展モーメントを増大させる要因を全身的に評価し，アプローチを進めていく必要がある．

（2）診断

診断には，運動時痛の出現と痛みの部位の把握が重要である．痛みの部位は，膝蓋腱と膝蓋骨下極の境界部に最も多い．Blazina らは，痛みの程度により病期を三相に分けた[21]（表）．画像診断は超音波や MRI が有用であり，同部の肥厚と腱自体の変性が認められる[22,23]．

（3）評価

評価は，痛みの評価，関節可動域，筋力，姿勢・動作分析を中心に行う．

痛みの評価は最も重要である．痛みの部位，運動中あるいは運動前後の痛みの程度を把握し，Blazina の分類と照らし合わせることは治療選択の手助けとなる[19]．

関節可動域に関しては，ジャンパー膝を有する選手では大腿四頭筋の柔軟性が低下しやすく，膝関節屈曲制限を呈しやすい．また，足関節背屈，足趾屈曲，股関節屈曲，腰椎屈曲，胸椎伸展の関節可動域制限は身体重心の後方偏位の要因となり，さらに大腿筋膜張筋の柔軟性の低下はマルアライメント（p181）と大きくかかわる．そのため，これら関節の可動域および筋の柔軟性の評価が重要である[17,19]．

筋力に関しては，ハムストリングスのピークトルク値を大腿四頭筋のピークトルク値で除した値が

Key Words

ジャンプ着地

ロサンゼルス，ソウルオリンピック（1984，1988 年）金メダルのアメリカ男子チームの黄金時代を支えた「ミスターバレーボール」ことカーチ・キライ選手は，練習では試合とは別の厚い底のシューズを履いていた．繰り返しの着地による下肢の障害を予防するためだという．現在の技術では「厚底」シューズは必要ないかもしれないが，予防の見地からは教訓となる話である．その後，ビーチバレーに転向しアトランタでも金メダルを取った寿命の長い選手であった．

a) 正しいスクワット動作.
b) 不良姿勢(骨盤前傾不足と股関節屈曲不足を呈する).
c) Eccentric exercise(傾斜台を用いたスクワット動作).

図4 スクワット動作

低い選手, つまり相対的にハムストリングスの筋力が弱い選手では, スクワット動作において膝伸展モーメントが増大する[19,22]. したがって, 大腿四頭筋に加えて, ハムストリングスの筋力, そして両筋の筋バランスを評価することは重要である. 大殿筋, 下腿三頭筋, 足趾屈筋群, 腹筋群の筋力低下は, 身体重心の前方移動を阻害する要因となり, 中殿筋, 内側広筋の筋力低下はマルアライメントをきたしやすい. これらの筋の筋力の評価も併せて行う.

姿勢・動作分析に関しては, 立位姿勢に加えて, スクワット動作の評価も有用である. 身体重心の後方偏位を呈する選手のスクワット動作では, 骨盤の前傾不足, 股関節屈曲や足関節背屈の制限が認められる (図4). 立位姿勢やスクワット動作では, 身体重心の位置, 矢状面および前額面のアライメントの評価を行う. さらに, 片脚立位やスクワッティングテスト[15]は, 下肢の支持性やより高次バランス条件下でのアライメントの評価において有用である. 一方で, ジャンパー膝を有する選手の踏切動作は, 不十分な非軸足への重心移動や軸足側膝関節優位の制動[16], knee-in 等のマルアライメントが認められる[20]. また着地動作では, 打球動作を含めた空中姿勢, 動作の影響を受けやすい. したがって, スパイクの動作分析では, 踏切・着地動作の身体重心の位置および重心移動, アライメントの評価に加えて, 空中姿勢や打球動作の評価も行うべきである.

(4) 治療

治療の基本は保存療法である. その中でまず最優先すべきは痛みの抑制である. 痛みの抑制において, 運動後20分程度のアイシングが効果的である. また, 超音波療法も痛みに対して有効とされる[22].

膝蓋腱に加わる負荷を軽減させるために大腿四頭筋のストレッチングを行う. さらに膝蓋腱に加わる負荷に抗するために大腿四頭筋の筋力強化を行う. その際, 有効とされるのが遠心性収縮を利用した eccentric exercise である[24]. 遠心性収縮は求心性収縮と比較して腱に与える負荷が20%増加し, その負荷の増加が腱再生を促進すると考えられている. また eccentric exercise は, 増生した神経線維を減少させ, 痛みの伝達物質の産生を抑制し, 付着部の痛みを軽減させる効果もある. 大腿四頭筋の eccentric exercise は, 傾斜台を用いたスクワット動作等がある (図4). ただし, トレーニングを行う際は痛みの状況を厳密に把握し, 段階的に行うべきである[17,22].

a, b）四つ這い位での腰椎・胸椎運動．
c）立位での腰椎・胸椎運動(両肘と胸椎に棒をあてがいながら行うスクワット動作)．
これらの運動は，腹圧を高めながら行う．

図5　腰椎・胸椎の運動

a）ブリッジ＋SLR(大殿筋，ハムストリングス，腹筋群)．
b）フロントブリッジ(腹筋群)．
c）片脚立位．身体重心を前方に保持しながら，チューブに抗して股関節伸展，外転運動を行う(大殿筋，中殿筋)．
d）カーフレイズ(下腿三頭筋，足趾屈筋群)．

図6　筋力強化の例

a) フォワードランジ．床に対して大腿部が平行になるまで腰を沈み込ませる．
b) サイドランジ．側方への重心移動を股関節でしっかり制御する．

図7　下肢の支持性を高めるエクササイズ

シングルレッグRDL：身体重心をできるだけ低くし，そこから体幹と下肢のラインを前傾させ，その姿勢を保持する．

図8　身体重心コントロール能力を高めるエクササイズ

　身体重心の後方偏位およびマルアライメントの改善を図るために，ハムストリングス，大腿筋膜張筋，下腿三頭筋，足趾伸筋のストレッチング，腰椎・胸椎の運動を行う（図5）．同時にハムストリングス，殿筋群，下腿三頭筋，足趾屈筋群，腹筋群の筋力強化を行う（図6）．
　次の段階として，下肢の支持性を高めるエクササイズ，動作中の身体重心コントロール能力を高めるエクササイズ，制動能力を高めるエクササイズ等を進めていく（図7〜9）．これらのエクササイズでは，腹圧を高めることを意識しながら行うべきである．
　最終的な段階として，スパイク動作の修正を図っていく．スパイク動作の修正はコーチとともに進めていく．まずはボールを使用せず，短い助走（歩数）で重心移動とアライメントを意識したスパイ

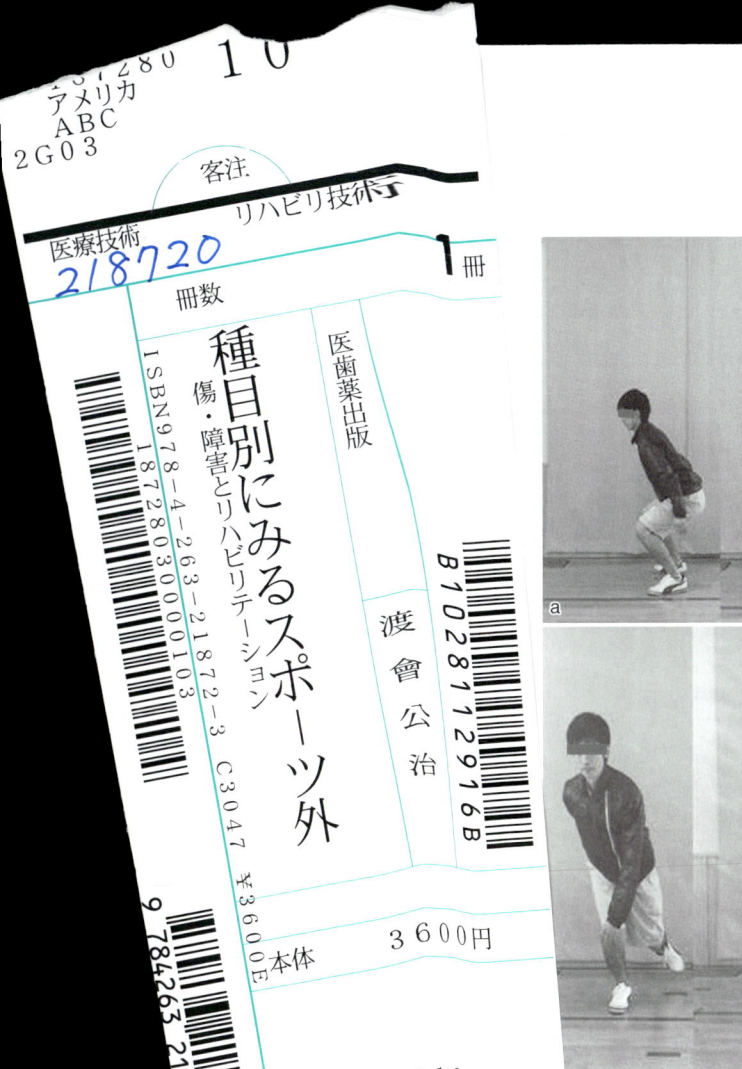

スクワットジャンプ．
サイドステップ．
は1回1回丁寧に制動動作を行う．次に，より強い負荷に対す
制動動作を行うために，これらの動作を連続して行う．

制動動作を高めるエクササイズ

ク動作を行う．その後，実際にボールを使用したスパイク動作を行う．高いトスから自分のタイミングで打球動作を行い，徐々に，コース打ちやコンビネーションの練習を進めていく．

最後に，痛みの把握は注意深く行うべきであり，痛みに応じて練習量の調節や運動前後のケア，そして膝蓋腱の負荷を軽減させるサポーターやテーピングを選択するべきである．

(5) ジャンパー膝のリハビリテーションのまとめ

本項ではスパイク動作に着目し，発生の要因とそれに基づいたリハの指針を示した．しかし，ジャンパー膝はスパイカーだけでなく，セッターやレシーバーにも少なくない．このことからもスパイク動作のみが原因ではないことが示唆されるが，主因としてはスパイク動作と同様に身体重心の後方偏位による膝伸展モーメントの増大が考えられる．また，他の多くの下肢疲労性障害もこれらの影響が大きい．したがって，本項で述べたリハは，ジャンパー膝だけでなく他の下肢疲労性障害を有する選手にも応用可能である．

（西野衆文　荒井正志）

文献

1) Ferretti A：Volleyball injuries：a color atlas of volleyball traumatology, Federation international de volleyball, 1994.
2) Ho SSW：Basketball and volleyball. In：Sports medicine：the school age athlete, 2nd ed, Reider B (ed), Saunders, Philadelphia, 1996, pp659-689.
3) Backx FJ et al：Injuries in high-risk persons and high-risk sports. A longitudinal study of 1818 school children. Am J Sports Med 19：124-130, 1991.
4) Schafle MD et al：Injuries in the 1987 national amateur volleyball tournament. Am J Sports Med 18：624-631, 1990.
5) Agel J et al：Descriptive epidemiology of collegiate women's volleyball injuries：National Collegiate Athletic Association Injury Surveillance System, 1988-1989 through 2003-2004. J Athl Train 42：295-302, 2007.
6) Bahr R et al：Incidence of acute volleyball injuries：a prospective cohort study of injury mechanisms and risk factors. Scand J Med Sci Sports 7：166-171, 1997.
7) Junge A et al：Injuries in team sport tournaments during the 2004 Olympic Games. Am J Sports Med 34：565-576, 2006.
8) Aagaard H et al：Injuries in elite volleyball. Scand J Med Sci Sports 6：228-232, 1996.
9) 福林 徹：スポーツ安全保険におけるスポーツ外傷発生調査．平成22年度日本体育協会スポーツ医・科学研究報告 No.Ⅱ 日本におけるスポーツ外傷サーベイランスシステムの構築：2010年度日本体育協会スポーツ科学研究報告集, 2011, pp12-26.
10) Watkins J, Geen BN：Volleyball injuries：a survey of injuries of Scottish National League male players. Br J Sports Med 26：135-137, 1992.
11) Verhagen EA et al：A one season prospective cohort study of volleyball injuries. Br J Sports Med 38：477-481, 2004.
12) Augustsson SR et al：Injuries and preventive actions in elite Swedish volleyball. Scand J Med Sci Sports 16：433-440, 2006.
13) 西野衆文・他：4年間のオリンピックサイクルにおける男子バレーボールナショナルチームの疾患調査．日整外スポーツ医会誌 32：79-83, 2012.
14) アリー・セリンジャー, 都澤凡夫監訳：セリンジャーのパワーバレーボール, ベースボールマガジン社, 1993, pp114-144.
15) 板倉尚子：公認アスレティックトレーナー専門科目テキスト7 アスレティックリハビリテーション, 日本体育協会, 2010, pp306-310.
16) 長見 豊・他：ジャンパー膝罹患の有無によるスパイクジャンプ時の制動動作の違いについて．日臨バイオメカ会誌 28：405-410, 2007.
17) 松田直樹：ジャンパー膝の術後リハビリテーションの進め方．臨スポーツ医 27(10)：1119-1126, 2010.
18) 福林 徹：公認アスレティックトレーナー専門科目テキスト3 スポーツ外傷・障害の基礎知識, 日本体育協会, 2010, pp112-114.
19) 福井 勉・他：ジャンパー膝, Osgood-Schlatter病に対する運動療法．関節外科 15(12)：74-82, 1996.
20) 小原和宏・他：ジャンパー膝におけるアタックジャンプの動作分析—バレーボール選手の分析．日整外スポーツ医会誌 25(3)：39-38, 2005.
21) Blazina ME et al：Jumper's knee. OrthopClin North Am 4：665-678, 1973.
22) 森本佑介・他：ジャンパー膝に対する保存療法．臨スポーツ医 27(10)：1085-1093, 2010.
23) 林 光俊：ジャンパー膝の診断—MRI, 超音波を主として．臨スポーツ医 27(10)：1079-1084, 2010.
24) 金森章浩・他：靭帯・腱付着部炎に対する新しい保存療法．整・災外 56：1363-1369, 2013.

Column

高身長選手の注意点

　バレーボールは男子では243 cm，女子では224 cmのネットを挟んで相対する競技であり，できるだけ高い位置でボールをコントロールするほど有利になる．必然的にバスケットボールと並び高身長の選手が多い．最近のバレーボールではブロック戦術の進化やリベロ制の導入等高身長の選手がますます有利になってきており，海外の男子ナショナルチームではリベロを除いた平均身長が2 mを超えることも少なくない．彼らには大きいがゆえに遠征時には飛行機移動での窮屈さや，身体の大きさに見合うベッドがない等多くの悩みを抱えている．また，医学的には長身選手に多いマルファン症候群や巨人症（アクロメガリー）等は注意が必要である[1,2]．これら疾患の頻度自体は極めて稀であるが，バレーボールやバスケットボールの選手ではその頻度が一般人の100倍になるともいわれている[3]．

マルファン症候群

　特にマルファン症候群では心血管系の問題で突然死の危険がある[4]．1986年1月，女子バレーボール日本リーグ（現Vプレミアリーグ）の試合中，ダイエーのフロー・ハイマン選手がベンチ前で突然倒れ，救急車で病院へ搬送後に亡くなった．米国出身の長身エースアタッカーのハイマン選手は，ロサンゼルスオリンピック（1984年）の銀メダリストで，当時32歳であった．死因はマルファン症候群による急性大動脈解離といわれている．ハイマン選手の事故は海外でも大きく取り上げられ，わが国においてもスポーツ現場での救命救急処置の在り方に一石を投じた．

　マルファン症候群の初発症状としては水晶体脱臼や近視等の眼症状が最も早く，10歳前後で気づかれることが多いが，思春期を過ぎても診断がついていない選手も少なくない．高身長の選手をみた場合は常にそのような疾患を念頭に置き，家族歴の問診から始め，既往歴や身体所見等も確認すべきである．

　マルファン症候群でみられる骨格，眼，心血管系の臨床的特徴のうち外見上明らかなのは骨格系であるため，やせ型の長身選手をみたら骨格系の異常を必ず確認し，異常があれば心血管系異常（大動脈の拡大，解離性動脈瘤，大動脈弁・僧帽弁閉鎖不全症等）の検索を進めるべきである．診断は成書に譲るが，骨格系の評価としては四肢が長いか，手足が大きいか等を評価する．上肢の長さは両手を広げた長さのarm spanが身長より大きければ「長い」とする．手足のサイズはそれぞれ身長の11％以上（手），15％以上（足）が「大きい」の目安となる．手指の長さは，手関節を反対側の手の母指と小指で巻き付けてオーバーラップするようであれば「wrist sign」陽性，母指を他動的に掌屈して前腕に付くと「thumb sign」陽性とする．X線が撮れるのであれば，第2〜5の中手骨長の平均長を中央の幅の平均長で除し，中手骨指数を出す．これが8.5以上あれば異常である．スポーツ活動をどれくらいまで許可できるかに関しては心血管系の合併症によ

る．内科医と連携して決定すべきである．

◉ 巨人症

　巨人症は成長ホルモン産生下垂体腺腫であることが多く，若年でスポーツ活動に支障がある場合は少ない．また，スポーツがこの疾患の長期予後にどのような影響を及ぼすのかはわかっていない．骨端線閉鎖後も成長ホルモンの分泌が続く場合は末端肥大症状が出てくる．骨格の特徴としては，高身長，末端肥大，下顎突出，眉弓部突出等がある．合併症として高血圧，心筋障害，脳血管障害等が知られており，予後に影響する．スポーツ活動の有無にかかわらず，定期的な検査，評価は必要である．

（西野衆文）

文献

1) 田辺一彦，村山正博：スポーツとメディカルチェック(2) 長身選手 Marfan症候群．医事新報 **3590**：63-66, 1993.
2) 田辺一彦，村山正博：スポーツとメディカルチェック(3) 長身選手 巨人症．医事新報 **3594**：79-82, 1993.
3) 川原 貴：スポーツ選手における突然死の実態．Ther Res **7**：981-984, 1987.
4) 林 光俊，石井良章：マルファン症候群とスポーツ活動 マルファン症候群 整形外科的特徴．臨スポーツ医 **14**：147-153, 1997.

5 ラグビー

❖ はじめに

　ラグビーフットボール（以下，ラグビー）は collision sports であり，同時に高いランニングフィットネスを求められるスポーツである．攻撃の場面では，ボールキャリヤー（ボールを持っている選手）はコンタクトを避け，ステップを踏んで相手をかわして抜き去ったり，パスをしたりする．また，ときには相手に激しくコンタクトして前進を図りながらボールを継続する．防御の場面では，ボールキャリヤーにタックルを行い，相手の攻撃の継続を絶ち，争奪の場面をつくり，ボールを再獲得する．また，スクラム（両チーム8人同士で押し合うプレー）やラインアウト（タッチラインに出たボールを再投入するプレー）といったラグビーに特異的なプレーは，プレーそのものに高い身体能力を求められる．さらに近代ラグビーでは，ボールゲームとしての要素を強く打ち出した競技規則の改変に伴い，スピード化とコンタクトプレーの強化がますます進み，激しいコンタクトを行いながら，リスタートや方向転換を繰り返して走ることを求められ，その走行距離は，海外のプロ選手の場合では1試合で1人当たり約6kmとなる[1]．ラグビーとはこのような競技であるため，スポーツ外傷・障害は，セットプレーやランニング時の不良姿勢等が要因となって発生するスポーツ障害から，コンタクト時やランニング時に大きなエネルギーを受けて発生するスポーツ外傷まで多岐に及んでおり，その発生頻度は頭頸部領域，肩関節，膝関節，足関節，大腿部，下腿部に多く発生している[2-6]．

　International Rugby Board（IRB）は『Rugby Ready』という安全対策講習用テキストを製作し，それらを世界のあらゆる言語に翻訳するとともにインターネット等を通じて配信し，ラグビーにおける安全対策マニュアルを通して，プレー中の安全対策やスポーツ外傷・障害後の正しい対応，復帰前のリハの重要性を強く訴えている．本項では，一般的なリハの説明ではなく，ラグビーへ適応するために必要な動作に特化したリハトレーニングについて紹介する．

▎リハビリテーションの流れ

　ラグビーの現場では，スポーツ外傷・障害からの復帰のためのリハは図1のように3種類に分けられる．

（1）Medical Rehabilitation
　受傷直後または術直後，一般生活に復帰するために療法士〔PTまたは作業療法士（OT）〕により病院で行われるリハのことを指す．リハ介入初期の時期に行われる．

（2）Athletic Rehabilitation
　ラグビーを行うことができるように体力的要素を改善させるリハである．主に持久力，筋力，瞬発力，バランス能力，協調運動能力等を強化していき，時間経過とともにこのリハの割合を徐々に増や

図1 復帰のためのリハビリテーションの流れ

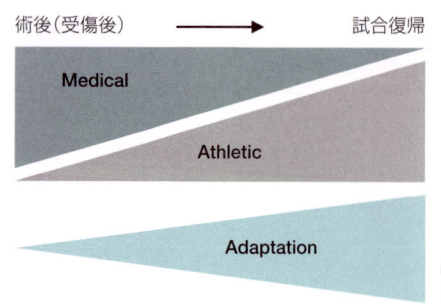

時間軸を横軸とし，復帰に向けての過程で3種類のリハビリテーションの占める割合を示したもの．

していく．

(3) Adaptation Rehabilitation

　体力的要素を絡めたラグビーのスキルに関連した動作をリハのなかで実施し，コンタクトプレーにも徐々に馴らしながらフィールド復帰に導いていく．この際，スポーツ外傷・障害の原因となったプレーについても，映像等を利用して理解させ，再発予防に努める必要がある．

　ラグビーにおいてはスポーツ外傷・障害を負わないプレーは，高いパフォーマンスを発揮するプレーであり，筆者らは指導者や選手を対象にした講習会において常にこのことに触れ「Safety＝High Performance」として，安全対策の啓発活動を行っている（Key Words p55参照）．

　ラグビー選手が現場に復帰する際に重要なことは，外傷・障害の治癒だけではなく，体力的要素を十分に回復させて，ラグビーに必要なスキルが正確に行えるようになることである．ラグビーは前述したように激しいコンタクトとランニングフィットネスを求められるスポーツであるが，スポーツ外傷・障害を受傷した選手の中には，プレーの未熟さが原因であったり，コンディションが不十分なものもいる．特に大学生や高校生においてこの傾向が強い印象を受ける．療法士やトレーナーが選手を試合に復帰させるためのリハを担当する場合は，受傷前の体力よりも高い状態で（少なくとも受傷前と同じ状態で），かつラグビーのスキルが正確に行えて「Safety＝High Performance」を意識できるようになった状態で復帰させる必要がある．

　それらを達成するには，選手のリハにかかわる療法士，またはトレーナーは各選手に対して，彼ら（彼女ら）が復帰した際に，再受傷せず，高い能力が発揮できる選手になっているためのゴールを設け，選手にゴール設定の意味を理解させ，到達に導く必要がある．そのために3種類のリハにおいて，長期的なゴール設定を行い，さらに各段階で，さまざまな要素に対して短・中期的なゴール設定を設ける．そして選手には，「自分の状態が今どの時期にあり，あとどれくらい復帰までにかかるのか」「復

Key Words

Adaptation
　リハを行ううえで，体力および筋力要素を主としたコンディショニング的なものだけでは競技復帰は難しい．特にその競技に特異的な動作を習得することは重要で，そのことを競技に適応するという意味から「adaptation」という．これによりスポーツ外傷・障害の受傷原因となる動作を修正し，再発予防も行うことができる．

表　段階的競技復帰プロトコル（Graduated Return to Play-GRTP-）

レベル	リハビリテーション段階	各段階の運動
1	医師により管理される場合は受傷後最低24時間，その他の場合は受傷後最低14日間経過するまでは，いかなる活動も禁止	心身の完全な休養．無症状であること．
2	24時間の間に軽い有酸素運動を実施	最大予測心拍数の70％未満のウォーキング，水泳，固定した自転車エルゴメータ，レジスタンス・トレーニングは禁止．24時間，無症状であること．
3	24時間の間にスポーツ固有の運動を実施	ランニング・ドリル，頭部に衝撃を与える運動は禁止．24時間，無症状であること．
4	24時間の間にコンタクトのない練習ドリルを実施	より複雑な練習に進む（例：パス・ドリル）．漸進的にレジスタンス・トレーニングの開始も可．24時間，無症状であること．
5	フル・コンタクト練習実施	医師の許可後に通常トレーニング参加．
6	24時間経過後に競技復帰	リハビリテーション完了．

(McCrory et al, 2009)[7]

帰までに何を準備する必要があるのか」を常に意識させながら，リハを行わせることが重要である．

脳振盪からの復帰

　ラグビーの頭頸部領域の外傷・障害発生頻度は，下肢の外傷・障害発生頻度とあまり変わりはない．この傾向は2003年，2006年女子，2007年の3大会のワールドカップにおいても認められている[4-6]．頭頸部領域において脳振盪は比較的多く発生している．

　脳振盪に関しては，2011年5月24日よりIRBからラグビーでの脳振盪に関する規定の変更が打ち出された．従来のラグビーのプレー中の脳振盪については定義が曖昧で，また判断する際にも基準や手法も一定しておらず，現場での診断にもばらつきがあった．今回の改定はこれらの改善にかなり役立つものと思われる．IRBでの脳振盪の定義は，2008年のチューリッヒで行われたスポーツの脳振盪に関する国際学会において発表された「Consensus Statement on Concussion in Sport」[7]に基づいて，規定10条医学関連事項に以下のように定義付けられた．

10.1：脳振盪は，極めて深刻に取り扱われなければならない．脳振盪を起こした疑いのある，または脳振盪と診断されたプレーヤーは，フィールドオブプレーから離れその試合，または練習にそれ以上参加してはならない．

10.2：脳振盪を起こした疑いのある，または，脳振盪と診断されたプレーヤーは，IRB脳振盪ガイドラインに記載されている「段階的競技復帰プロトコル（Graduated Return to Play-GRTP-）」に従わなければならない（表）．

10.3：IRB脳振盪ガイドラインには，青年と子どもに関してより厳しい基準が示されており，これらは厳守されなければならない．

10.4：IRB脳振盪ガイドラインは，最新の医学に基づいて，IRB理事会の承認のもと，適宜更新される．

　これらの条項を受けて，グラウンドでは「脳振盪／脳振盪の疑い」のある選手は退場となることになった．また，退場後は病院受診をし，表に示すような段階的復帰リハを行うことが義務付けられた．

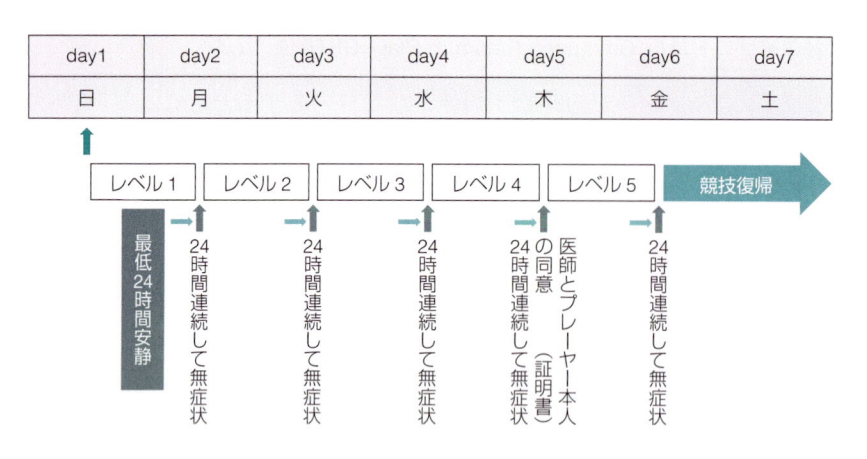

day1	day2	day3	day4	day5	day6	day7
日	月	火	水	木	金	土

レベル1 → レベル2 → レベル3 → レベル4 → レベル5 → 競技復帰

最低24時間安静
24時間連続して無症状
24時間連続して無症状
24時間連続して無症状
24時間連続して無症状（医師とプレーヤー本人の同意／証明書）
24時間連続して無症状

コンタクトプレーを開始する前に医師の証明書が必要である．

図2　段階的競技復帰―「医師が管理する場合」

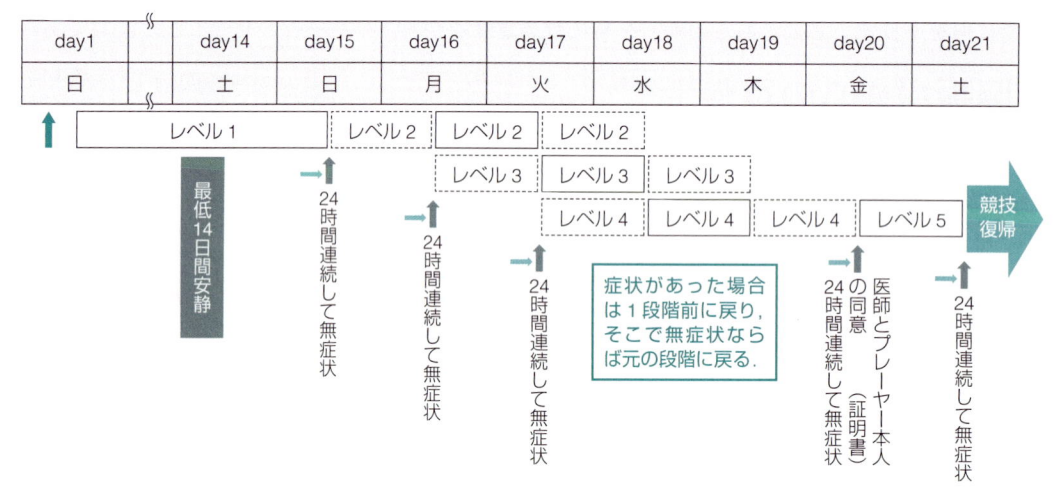

day1	day14	day15	day16	day17	day18	day19	day20	day21
日	土	日	月	火	水	木	金	土

レベル1
レベル2　レベル2　レベル2
レベル3　レベル3　レベル3
レベル4　レベル4　レベル4　レベル5 → 競技復帰

最低14日間安静
24時間連続して無症状
24時間連続して無症状
24時間連続して無症状
症状があった場合は1段階前に戻り，そこで無症状ならば元の段階に戻る．
24時間連続して無症状（医師とプレーヤー本人の同意／証明書）
24時間連続して無症状

レベル2までは最短で15日，レベル5までは最短で18日，試合出場までは最短19日かかる．
コンタクトプレーを開始する前に医師の証明書が必要である．
※ 18歳以下は，医師が管理していても安静期間は14日間で，復帰には21日以上かけることが義務化されている．
※ 15歳以下は，各段階において48時間連続して無症状であれば次の段階へ進む．

図3　段階的競技復帰―「医師が管理しない場合」

そしてこの規定は，練習中に発生した脳振盪に対しても義務付けられることになった．また，グラウンドレベルで脳振盪が疑われていて，病院受診の結果，医師から脳振盪ではないと診断された場合もこの規定は適応され続けることになった．

ここで重要なのは，脳振盪の復帰を管理する医師の存在と，受傷した選手の年代である．

選手が成人であり（国内では大学生以上），かつ段階的復帰リハを医師が管理する場合（チームドクターがいる場合），受傷後24時間安静にして症状がなければ（レベル1），次のレベル（レベル2）に進む．そして各段階で脳振盪症状の再発が認められなければ，最短1週間で復帰できる（図2）．選手が成人であり，医師が復帰を管理しない場合（つまり専属のチームドクターがいない場合）は，

最初の病院受診後14日間の安静の後に，図3の段階的復帰リハを行っていき，各レベルで脳振盪症状を評価し，問題がなければ最短19日で復帰となる．

次に，成人以下の選手について述べる．選手が高校生の場合は，脳振盪からの復帰を管理する医師（チームドクター）がいてもいなくても，まずは14日間の安静が必要となる．その後，チームドクターまたは脳振盪に詳しい医師の診察を受けて問題ないと判断されれば，レベル2へ進み，症状の再発がなければレベル5まで進む．ここまでは，成人でチームドクターがいない環境での復帰リハの流れと変わりはない．しかし，高校生の場合は若年者であることから，より慎重な復帰が求められるため，成人同様の受傷後19日で復帰することは許されていない．高校生の年代は，レベル6に進むのは受傷後最短で21日と決められている．つまり，レベル5まで順調に回復していても（18日間経過），レベル6に進むまでにはさらに3日間必要ということである．このことは，高校生年代にかかわる医師およびメディカルスタッフは，十分に注意しておく必要がある．つまり，高校生の2週間程度の期間で行われるトーナメント形式の全国大会において，一度「脳振盪の疑い」として現場で判断された選手は，大会期間中の試合出場は何があっても不可能になるということである．また，2012年にチューリッヒで行われた第4回の「Consensus Statement on Concussion in Sport」[8]を受けて，まだ神経学的に未成熟な幼少期の脳振盪を慎重に対処するため，中学生以下（15歳以下）の段階的復帰プログラムにおいては各段階を2日間（48時間）かけることを，IRBのガイドラインに2013年12月より追加した（図3）．つまり，中学生以下の選手は脳振盪後の経過に問題がなければ，最短で受傷後23日で復帰することになる．さらにIRBは，第4回「Consensus Statement on Concussion in Sport」において脳振盪の回復の評価として，従来から用いていた「Sports Concussion Assessment Tool（SCAT）2」から改訂された「SCAT 3」を回復の評価として用い，12歳以下には小児用SCAT 3を用いることも脳振盪のガイドラインに追加した．

図4 International Rugby Bord 脳振盪ポスター

今回の脳振盪の規定改定には大きく2つのポイントがある．1つ目のポイントは，現場レベルでは脳振盪と思われていても，実はそれ以上の重篤な急性硬膜下血腫等の重症頭部外傷が起きていることがあり，そういった疑いのある選手にプレーの継続を止めさせるために退場させ，その後速やかに病院を受診させて，画像検査を含めた精密検査を施行し，正確な診断を受けることが必要であることを認識させるためである．2つ目のポイントは，脳振盪であっても症状の十分な回復をみないで復帰させると，「Second Impact Syndrome」「繰り返し脳振盪」「脳振盪後症候群」等の問題が生じることがあるので，脳振盪と診断されても症状の回復を待って，慎重に対応する必要性を認識させるためである[9,10]．IRBは加盟国全体にこのことを広めるため，2013年12月より図4に示すポスターを各国の言語で作成し，ラグビーにおける脳振盪への対処についての啓発活動を行っている．

a) 両上肢支持にてスクラム姿勢.
b) バランスボールを利用したスクラム姿勢.
c) スクラム姿勢をとって四つ這いで移動（前・左右）.
d) 1対1でのスクラム姿勢.

図5　スクラム姿勢を利用したリハビリテーション

膝関節靱帯損傷からの復帰

　ラグビーによる下肢の外傷は，他の部位に比較して多く発生しており，そのなかでも前十字靱帯（ACL）損傷や内側側副靱帯（MCL）損傷等の膝関節靱帯損傷は，大腿四頭筋挫傷やハムストリングスの肉ばなれとならび頻度が高い[9]．奥脇は，中学生，高校生のACL損傷の種目別発生頻度において，男子ではラグビーが最も多いと報告している[11]．ラグビーにおけるACL損傷の受傷起点は，大まかにはコンタクトによるものと，コンタクトを伴わないものの2つに分けることができる．ラグビーはタックルを受けたり，密集で人に乗られたりする等，不可抗力的に受傷してしまうことがあるため，バスケットボール等のコンタクトを伴わない競技に比べて，リスクは高くなると考えられる．

　ACL損傷だけではなく，ラグビーではMCL損傷も多く発生する[12-15]．MCL損傷の原因は膝外反を強制されるようなタックルを受けたことによるものが多い．これらMCL損傷の中にはACL損傷と合併した複合靱帯損傷も存在する．

膝関節靱帯損傷のAdaptation Rehabilitation

　Medical Rehabilitationの中で，staticなスクワットができるようになればスクラム姿勢を開始する．スクラム姿勢とはラグビーにおいて多くの動作の基本姿勢になるため，普段スクラムを組むことのないポジションの選手にも行わせる必要がある（図5a）．初めは壁や手すりを使って上肢支持にて姿勢

水の振動による不定期な負荷が体幹へかかり，このときに膝関節を内外側に動揺しない安定させた状態を維持させることを目的とする．
体幹部にコンタクトを受けた際の膝関節の内外反を防ぐための基礎訓練．

図6　水入りバランスボールでのランジ動作

を維持し，経過とともに不安定要素を加えていくとよい．スクラム姿勢の際には股関節屈曲60～90度で膝関節は屈曲60～90度とし，下肢のアライメントは膝関節を内外反しないようにし，下腿は外旋しないよう注意が必要である．安定した姿勢をとることができるようになれば，次にバランスボールを使用して，上肢支持にてスクラム姿勢をとらせる．これは下肢筋力強化だけではなく，体幹筋も同時に強化することができる有効なメニューである（図5b）．Knee Bent Walkがメニューに導入される時期には，四つ這いでスクラム姿勢を意識したまま前進や左右へと移動する動作も行わせるとよい（図5c）．この動作は肩甲帯を含めた体幹筋の強化だけではなく，体幹部分と骨盤部分の連動と強化につながる．また，リハを行っている選手が2名以上いる場合は，ポジションに関係なく1対1でスクラムを組むのもよい（図5d）．

　ジョギングが始まるころには，水の入ったバランスボール等を用いて不安定な負荷が加わるようにして，それらを左右に振りながらランジやランジウォークを行わせる（筆者は水の入ったビア樽等も使用することがある）（図6）．このリハでは水の振動により予想外の外力が体幹部にかかり，そのときに膝関節を内外反方向に動揺させないで，股関節と足関節を含めた足部でコントロールし，膝関節を安定させた状態を維持させることが重要である[16]．これは体幹部分に相手からコンタクトされたときに，膝崩れを起こさないで前進する動作をつくるための基礎トレーニングである．

　ラグビーは切り返しが多いスポーツなので，ジョグレベルのスピードでマーカーやラダーを用いて切り返し動作やターン動作を徐々に導入し，その際に下肢のダイナミックアライメントに注意をして，再発予防のための動作の基礎をつくることが重要である．また，同時期にはアスレティックリハとして，フットワークを踏ませながらの1～3分間を1ラウンドとして10～15ラウンドのボクササイズ（必ず足は止めないでフットワークを入れる）や，10～20mの距離をジョギングで往復しながら，腕立て伏せや腹筋等を行わせるサーキットトレーニングを取り入れ，スピードを上げなくても心拍を上げるようなトレーニングを行い，ラグビーに必要なフィットネスレベルを上げる必要がある[17]．

　筋力が回復し，ダイナミックなトレーニングが開始されるころには，徐々にコンタクトダミーに対してのタックルやコンタクトプレーを開始し，コンタクト以外の練習への参加を許可する．フォワードの選手であれば，対人以外のスクラムマシーンでのスクラム練習から参加を許可する．コンタクト

a）片側の上肢だけのタックル

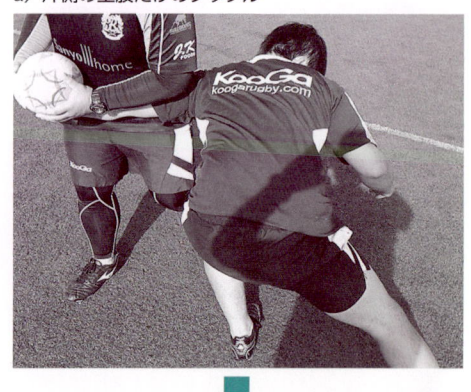

b）両上肢を使用したタックル

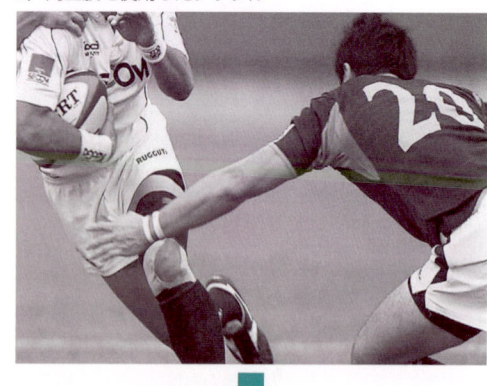

肩甲上腕関節が過度な外転・外旋位に強制され，危険肢位へ誘導されるタックル．

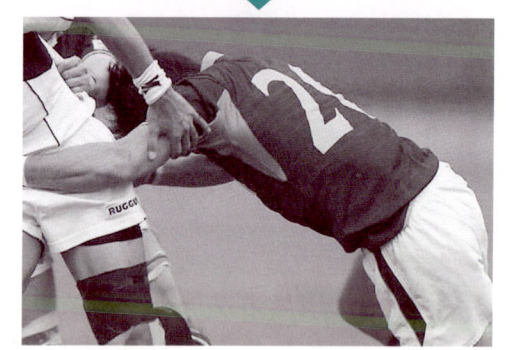

肩甲上腕関節屈曲位であり，脱臼危険肢位を取る可能性が低く，体幹で相手を捕らえることができるタックル．

©JRFU（写真提供：セコムラガッツ）

図7　タックルの際の危険肢位

プレーのリハを開始する場合は，まずはコンタクトすることから開始して，問題なく経過したらコンタクトを受ける側に回ることを筆者は勧めている．

肩関節脱臼からの復帰

　ラグビーにおいて，肩関節の外傷・障害の多くはタックルをした際に発生している[18,19]．特に肩関節脱臼は，タックルの際にタックラー（タックルする選手）に多く発生している．肩関節脱臼の発生原因の多くは，タックラーのタックルスキルに問題があることが多い．そこで，筆者は反復性肩関節脱臼の術後や肩関節脱臼の保存療法のリハのなかで画像データを用いて，タックルスキルの指導も並行して行い，自ら危険肢位に誘導しないよう教育を行い，再受傷させないことを目標にリハを行っている．

肩関節脱臼からの Adaptation Rehabilitation

　図7aのように相手を目視しないでタックルする側の上肢を相手に伸ばすことは，肩関節脱臼を誘発する危険肢位へ誘導してしまうため，非常にリスクが高いタックルとなる[20]．そこで図7bのように，タックル時に両側の上肢を使用することが重要となってくる．タックルにおいての基本は，両肩関節

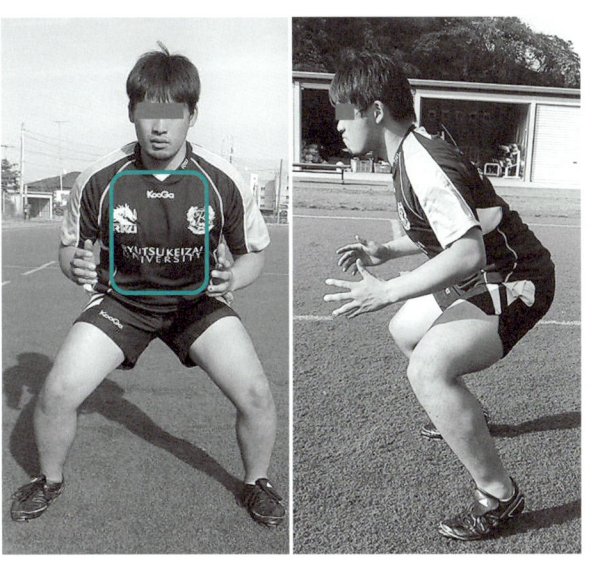

脇を締め，重心を前足部に位置させ，相撲を取るような姿勢を基本とする．肩関節と股関節で形成されるスクエアを相手に向けることが重要である．

図8 基本的なコンタクト姿勢

相手の前進に対応．

2人1組になり，5m程度の距離をとり向かい合い，一方の動きを他方が鏡に映されるように真似て動くトレーニング．

相手のカットインに対応．

図9 ミラーイメージトレーニング

(山田，2008)[22]

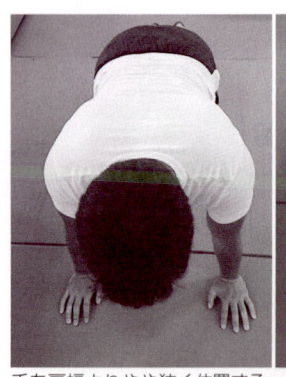

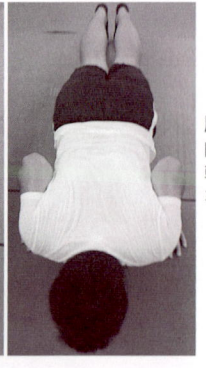

肘関節屈曲時，体幹に肘部を密着．

手を肩幅よりやや狭く位置する．
a）前鋸筋を中心とした肩甲骨周囲筋強化

手を肩幅より広く位置する．
b）大胸筋および肩甲骨周囲筋強化

図示した姿勢から頭部を手に近づけるように肘関節を屈曲．
c）僧帽筋を中心とした肩甲骨周囲筋強化

図10 肩甲骨周囲の筋力を強化する腕立て伏せの例

と両股関節を結んだ四角形（「スクエア」）を，ボールキャリヤーに対して正対させることである（図8）．これによりコンタクトの際に，相手に下肢からの力を無駄なく伝えることが可能になる．また，両上肢を使用することにより，肩甲上腕関節が屈曲方向に位置し，過度な外転・外旋位のような危険肢位にならないため，肩関節脱臼の再発予防には非常に有効である[20-22]．これらのイメージをつくっていくために，図8にあるようなstrong positionといわれる基本姿勢をとって「スクエア」を意識しながら，相手とコンタクトするためのミラーイメージトレーニングを行う（図9）．これは特にコンタクトしないで行えるリハなので，肩関節脱臼のリハの初期から導入できる．

　タックルダミー等へコンタクトを行う際には，十分な筋力の回復が重要である．筆者は荷重が可能な時期より3種目の腕立て伏せを行わせ，上肢の筋力だけではなく肩甲帯周囲の強化も行っている（図10）．また，前述のバランスボール等を利用したスクラム姿勢や四つ這いで前進や横歩き等を行うことも有効である．

　筋力が回復してきたらタックル動作を再開するが，その際に肩関節脱臼再発防止のため，前述のようなスクエアをターゲットに向けて，さらに両上肢の使用を学習させるために，図11のようにタックルする肩と反対側の上肢を伸ばして，タックルダミーにパンチするようにしてコンタクトさせる．タックル側と反対側の上肢を相手に伸ばすと，体幹のスクエアは，自然に相手のほうに向けられるた

非タックル側の上肢は前方へパンチを打つように相手に向かって伸ばしていく．この動作によりタックル時に両上肢を使用することを意識できるため，肩関節脱臼の予防になる．また，スクエアが相手に向き，効果的なタックルにつながる．

図11　タックルの練習　　　　　　　　　　　　　　　　　　　　　　　　　　（山田，2008)[22]

タックルダミーを用いて行うフロントスクワット．ラインアウトでジャンパーをリフトする役割の選手に行うだけでなく，体幹深部の固定筋の収縮を意識できない選手にも有効である（水入りのバランスボールを用いてもよい）．

図12　ラインアウトでのリフティング動作

Key Words

Safety=High Performance

ラグビーやアメリカンフットボールにおいて，安全な技術はパフォーマンスにおいても有効であることがスポーツ医学の調査や実験において証明されている．現場指導者は「安全な技術」というとあまり関心を示さないことが多いが，「パフォーマンスにとって有効」というと関心を示す．そこでメディカルスタッフが，重症外傷の安全対策を現場に落とし込むうえで，この言葉が重要なスローガンとなる．

め，外傷予防とパフォーマンスの両方の観点から，有効な動作を獲得することができる．

また，ラインアウトに参加して人を持ち上げる役割の選手の場合は，まずタックルダミー等を人と仮定して，持ち上げる動作をサーキットトレーニング等の種目に入れるのもよいと考えられる（図12）．このトレーニングは体幹筋がうまく機能しない選手にもフロントスクワットとしてトレーニング処方することができる．

❖ おわりに

ラグビーに復帰するための adaptation rehabilitation をいくつか紹介した．前述したように，ラグビーは非常に激しいコンタクトと高いレベルでのランニングフィットネスを求められる．その競技に復帰するためには athletic rehabilitation で筋力やフィットネスを回復させるだけでは十分ではなく，ラグビーに特化した動作を行い，そのなかでダイナミックアライメントを修正していくことが重要であると思われる．また，いずれの段階でも頸部周囲の筋力のトレーニングは，欠かしてはならない．

ラグビーにおいてスポーツ外傷・障害発生の少ない動作は，有効なパフォーマンスにつながるという「Safety＝High Performance」という言葉を，そのリハにあたるものは常に念頭に置いて選手を復帰に導いてもらいたい．

（山田睦雄）

文献

1) Austin D et al：The physical demands of Super 14 rugby union. J Sci Med Sport **14**：259-263, 2011.
2) Bathgate A et al：A prospective study of injuries to elite Australian rugby union players. Br J Sports Med **36**：265-269, 2002.
3) McIntosh AS et al：Rugby injuries. Med Sports Sci **49**：120-139, 2005.
4) Brooks JH et al：A prospective study of injuries and training amongst the England 2003 Rugby World Cup squad. Br J Sports Med **39**：288-293, 2005.
5) Best JP et al：Rugby World Cup 2003 injury surveillance project. Br J Sports Med **39**：812-817, 2005.
6) Fuller CW et al：International Rugby Board Rugby World Cup 2007 injury surveillance study. Br J Sports Med **42**：452-459, 2008.
7) McCrory P et al：Consensus statement on concussion in sport - The 3rd international conference on concussion in sport held in Zurich, November 2008. Br J Sports Med **43**：76-84, 2009.
8) McCrory P et al：Consensus statement on concussion in sport：The 4th International Conference on Concussion in Sport held in Zurich, November 2012. Br J Sports Med **47**：250-258, 2013.
9) Tareg B et al：Second Impact Syndrome. West JEM **10**：6-10, 2009.
10) Zemper ED：Catastrophic injuries among young athletes. Br J Sports Med **44**：13-20, 2010.
11) 奥脇 透：中高生の部活動における外傷統計．日臨スポーツ医会誌 **19**(4)：94, 2011.
12) Kaplan KM et al：Rugby injury a review of concepts and current literature. Bull NYU Hosp Jt Dis **66**(2)：86-93, 2008.
13) Brooks JH et al：Epidemiology of injuries in English professional rugby union：part 1 match injuries. Br J Sports Med **39**：757-766, 2005.
14) Brooks JH et al：Epidemiology of injuries in English professional rugby union：part 2 training injuries. Br J Sports Med **39**：767-775, 2005.
15) Schick DM et al：Injuries during the 2006 Women's Rugby World Cup. Br J Sports Med **42**：447-451, 2008.
16) Eaton C, George K：Position specific rehabilitation for rugby union players Part Ⅱ：Evidence-based examples. Phys Ther Sport **7**：30-35, 2006.
17) Lee AJ et al：Influence of preseason training, fitness, and existing injury on subsequent rugby injury. Br J Sports Med **35**：412-417, 2001.
18) Headey J et al：The epidemiology of shoulder injuries in English professional rugby union. Am J Sports Med **35**(9)：1537-1543, 2007.
19) John HM et al：Recent Trend in Rugby Union Injuries. Clin Sports Med **27**：51-73, 2008.
20) 山田睦雄・他：画像による動作分析 コンタクト動作．スポーツ損傷予防と競技復帰のためのコンディショニング技術ガイド，文光堂，2011, pp157-165.
21) 山田睦雄・他：ラグビーにおける Shrug-motion の効果について．流通経済大学紀要：131-138, 2005.
22) 山田睦雄：コンタクトアスリートにおける外傷性肩関節不安定症 ラグビー選手のタックルと外傷性肩関節不安定症について―正しいスキルとアスレティック・リハビリテーション．臨スポーツ医 **25**(7)：709-718, 2008.

Column

アメリカンフットボールでの脳振盪後の対応

　ラグビーと同様に脳振盪を受傷するリスクが高いスポーツとしてアメリカンフットボールがある．アメリカンフットボールでの脳振盪の取り扱いについて，ここ数年大きな動きがある．

　元アメリカプロフットボール（NFL）の選手たちが，引退後に認知障害等の脳振盪の後遺症に苦しんでいる現状があり，NFL側を相手取り集団訴訟を起こしたのである．結果は，2013年8月29日にNFL側が原告側に7億6500万ドル（約752億5,000万円）を支払うことで和解した．この和解は原告だけではなく，脳振盪の後遺症が医学的に認められる元NFL選手すべてが対象となるものであった（Wall Street Journal紙より）．このような結果になったのは，脳振盪に関してのさまざまな研究が進んだ結果といえるだろう．また，アメリカンフットボールのように脳振盪の頻度が比較的多いと思われるスポーツは，脳振盪およびそれらに関連する頭部外傷に関する医学的な知識を持つことが大切であると認識させられる一件ともいえるだろう．アメリカではこの流れとともに，もう1つ「ザッカリー・ライステッド法」も話題になっている．この法律は2006年に中学生だったザッカリー・ライステッド君がアメリカンフットボールの試合において，脳振盪を受傷したにもかかわらず継続して試合出場した結果，重度な頭部外傷を負い現在も後遺症に苦しんでいることを契機に，本人と家族が脳振盪の恐ろしさを啓発するために活動した結果，成立したものである．この法律の内容は，主にユース年代の選手や家族，指導者へ向けられており，主に次の3点が柱になっている．

①ユース年代の選手や家族，指導者は脳振盪の危険性について学び，正しい知識を身につける必要がある．

②ユース年代の選手たちに脳振盪の疑いがあった場合は，試合または練習に戻ってはいけない．

③有資格の医療の専門家が，脳振盪を負った選手，もしくは疑いのある選手のフィールドへの復帰を認めるには，数週間等，十分な日数を空けなければならない．

　この法律は全米50州のうち2012年までに41州で導入されており，スポーツの脳振盪を巡る問題は全米へと拡大している．また，NFLもこの法律の導入に積極的に関与している．

　わが国のアメリカンフットボールでも2013年9月，日本アメリカンフットボール協会安全対策委員会より脳振盪の取り扱いについて，医務担当者が選手の脳振盪または脳振盪の疑いについて判断すること，その対象となった選手は専門家に適切な評価を受けて段階的に復帰すること，少なくとも同じ日に試合または練習に戻ってはならないといったことを盛り込んだ内容の通達が出ている．

〔山田睦雄〕

⑥ テニス

外傷・障害の特徴

　テニス特有のスポーツ外傷・障害の特徴について，2002年7月～2003年7月まで日本テニス協会ドクター・トレーナー部会（旧医事委員会）によるアンケート調査が行われた[1]．これは京都府立医科大学のアンケート調査表に基づいて行われた．この調査では18歳以下（ジュニア），19～39歳，40歳以上（シニア）に分けて検討している．

　それによると外傷・障害は1,553名中949名（61.1%）に認め，外傷は694名（44.7%）に認めた．発生年齢別の外傷部位別では，18歳以下（ジュニア）では足関節が22.7%，手関節19.8%，腰13.6%，肘10.6%，膝6.1%で，19～39歳は足関節27.3%，手関節12.7%，下腿11.1%，腰8.8%，肩7.6%，膝6.5%，40歳以上（シニア）では足関節20.7%，下腿19.5%，肘18.4%，膝9.6%，手関節8.3%であった（図1）．外傷では各年齢層とも足関節部に高頻度であった．障害の経験は1,553名中573名（36.9%）に認め，発生年齢別の障害部位は，ジュニアでは肘22.4%，腰19.4%，手関節14.9%，肩9.0%，膝9.0%，下腿3.0%であり，19～39歳では肘27.5%，手関節18.3%，腰15.1%，肩13.0%，膝12.1%，シニアでは肘41.2%，膝14.1%，手関節13.3%，腰11.0%，肩9.1%であった（図2）．障害においては各年齢層で肘の障害が高率であり，シニアの肘の障害はジュニアの約2倍の頻度であった．

テニス肘[2-4]

　ここではテニス障害として頻度の高い肘の障害について詳述する．いわゆるテニス肘（上腕骨外側上顆炎）はシニア選手に比較的多く，またテニスにおいては30歳以降で始めた人に多くみられる．テニスプレー時の症状としてはシングルバックハンドストローク時のインパクトの瞬間に肘外側部痛を生じる．近年は若年者にダブルバックハンドストロークが多くなり，その頻度が低下しているが，一方，運動量が少なくて済むシングルバックハンドストロークはシニアに多い．特に初心者が手関節で無理してストロークする，もしくは上級者のオーバーユースにより生じる．

　診断は比較的容易であるが，問診と圧痛部位が重要である．圧痛は上腕骨外側上顆の短橈側手根伸筋（extensor carpi radialis brevis；ECRB）起始部に著明である．疼痛誘発試験としては，手関節背屈時に抵抗を加えて肘外側部の疼痛を誘発するThomsen testや，中指伸展時に抵抗を加えて疼痛を誘発するmiddle finger extension test等がある．また，慢性あるいは難治例になった症例では前腕回内・伸展して行うfringe impingement testにより肘関節に疼痛を生じる．画像診断では肘関節単純X線撮影を施行するが，異常所見はみられないことが多い．ただし，症状が慢性化した例では上腕骨外側上顆部石灰化像をみることがある．また，MRI検査ではECRB起始部の輝度変化をみることもある．

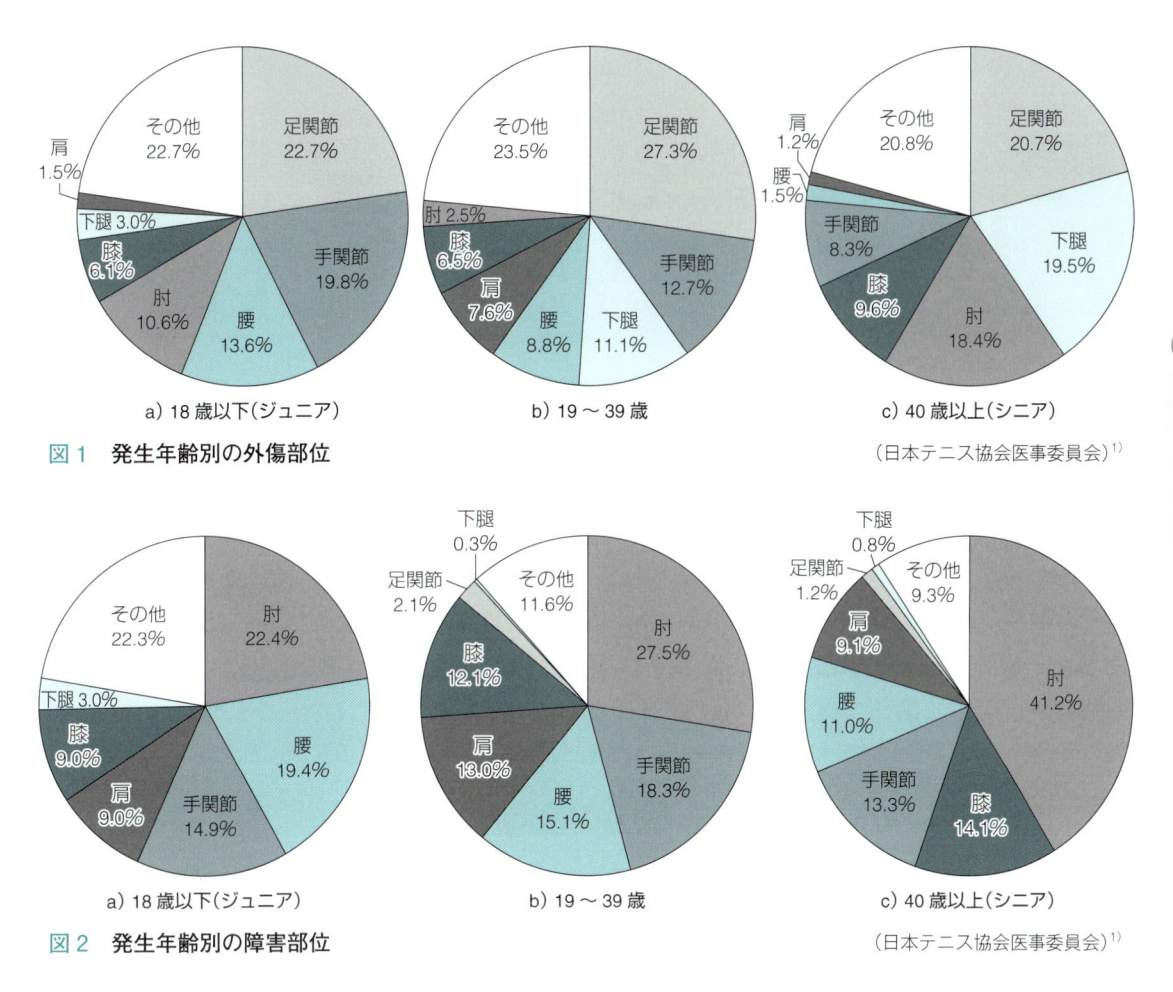

図1 発生年齢別の外傷部位　　　　　　　　　　　　　　　　　　　　　　　　　　　　（日本テニス協会医事委員会）[1]

a) 18歳以下（ジュニア）
b) 19〜39歳
c) 40歳以上（シニア）

図2 発生年齢別の障害部位　　　　　　　　　　　　　　　　　　　　　　　　　　　　（日本テニス協会医事委員会）[1]

a) 18歳以下（ジュニア）
b) 19〜39歳
c) 40歳以上（シニア）

　治療についてはまず保存療法を行う．症状が急激に発症する急性期ではプレーを中止し，局所の安静を図る．また，後述するリハは特に重要である．保存療法に抵抗する例では手術療法を検討するが，近年，低侵襲手技で早期スポーツ復帰を期待できる鏡視下手術が行われている[5]．

三角線維軟骨複合体損傷に伴う遠位橈尺関節不安定症[3,6]

　テニスでは手関節運動，前腕回内外の回旋運動は必須の要素で，前腕の回旋は尺骨を軸として遠位橈骨尺関節での動きを主としている．したがって，三角線維軟骨複合体（triangular fibrocartilage complex；TFCC）は遠位橈尺関節の安定化に重要な構造である．テニス等のラケットスポーツでは繰り返される手関節の負荷から TFCC 損傷をきたす．

　近年，テニス用具，コートの材質の進歩により，より回転がかかったボールを打つ選手が増加している．上級者ではグリップを厚く握り，ボールの後ろ側をこすり上げ，左腰に向かってコンパクトにフォロースルーするトップスピンであるワイパースウィングが一般的である．特に，テニスでよりトップスピンを打つ場合，手関節は回外位から回内位となるが，遠位橈尺関節は回外位で安定する．遠位橈尺関節に不安定性を生じている場合，回内位で遠位橈尺関節の不適合を生じる．外傷等により

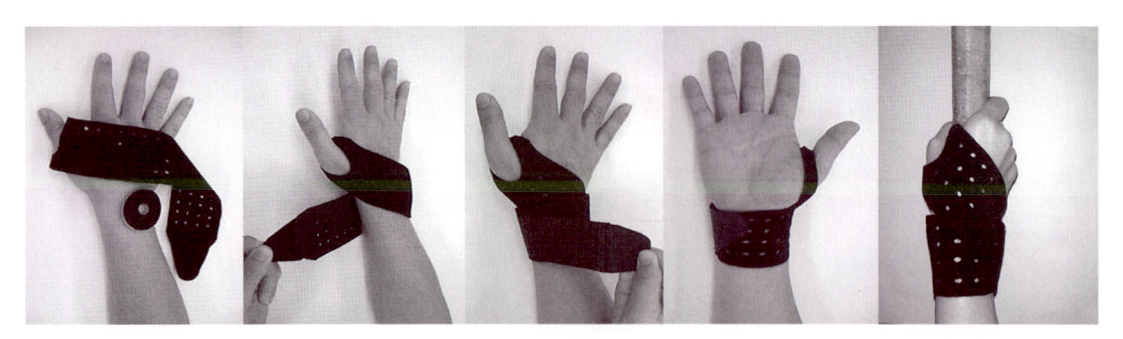

(別府, 2006)[3]

図3 遠位橈尺関節障害に対する装具

TFCCの関節円板に断裂や穿孔をきたすと手関節尺側部痛をきたす.

また,損傷が深部の三角靱帯に及ぶと遠位橈尺関節の不安定性をきたし,尺骨頭の背側亜脱臼や脱臼にまで至ることがある.これらの状態に至ると,症状としては手関節尺側部痛をきたし,手関節運動時に痛みが誘発されやすくなる.また,前腕回内外運動時にも疼痛が誘発される.保存的治療は遠位橈尺関節内へステロイド剤注入を試みる.さらに遠位橈尺関節に不安定性を生じている場合は,遠位橈尺関節の装具(図3)で固定し,遠位橈尺関節の安定化を図る.これらの治療でも難渋する例では,関節鏡を用いたTFCC部分切除や靱帯再建術,また尺骨短縮骨切り術等の手術的治療を選択する.

テニス肘のリハビリテーションと患者指導[2]

(1) 急性期

テニス肘の急性期においては,炎症の沈静化を図ることが第一であり,基本的な安静として手関節背屈筋群をリラックスさせる固定用の装具(図4a)やアイシング等の物理療法(図4b)を併用する.テニスは1〜2週間程度中止することが望ましい.テニス以外でも疼痛が出現しているような場合は,肘関節伸展＋前腕回内＋手関節背屈で負荷がかかる動作を回避させる疼痛回避動作(やかんは反対の手に持つ,キーボード操作中は手関節の下にクッションを置く等)を指導する.

(2) 亜急性期

亜急性期には,損傷されたECRB付着部の創治癒促進のために血行を改善させ,伸張性のある組織へのリモデリングを促すことが重要である.温熱等の物理療法を併用しながら,手関節背屈筋群および掌屈筋群のストレッチング(図5a)を開始し,同筋群の等尺性収縮を用いた筋力トレーニング(図5b)を順次導入していく.筋力トレーニングの際には,肘および前腕の肢位の変化による筋力値の違いや疼痛の出現程度を評価しておき,筋力値の改善と疼痛の改善を目安に,テニスへの復帰時期や内容を検討する.

この時期の疼痛改善は,早急なテニスへの復帰や日常生活での使用制限解除を招きやすく,炎症を再燃させたり慢性化させたりするピットホールとなるため注意が必要である.患者には鎮痛されていても組織はリモデリング途上であることを十分に説明し,疼痛回避動作の励行とともに,炎症のサインを見逃さず,アイシング,リラクセーション,ストレッチング等の自己管理を徹底させることが重要となる.

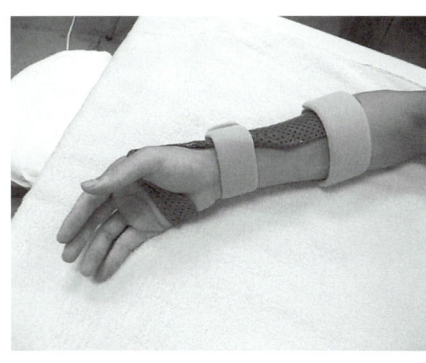

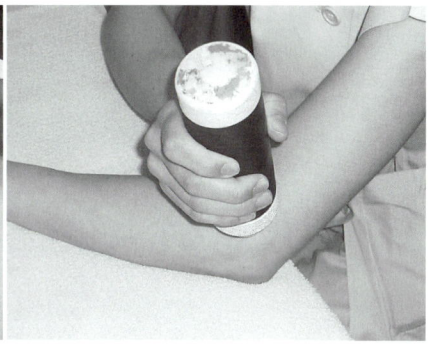

a）手関節背屈固定のスプリント　　　　　　　b）上腕骨外側上顆部へのアイシング

図4　急性期の手関節背屈固定スプリントとアイシング

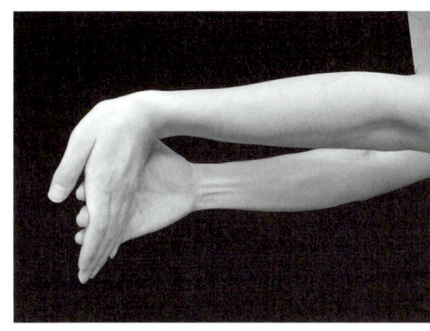

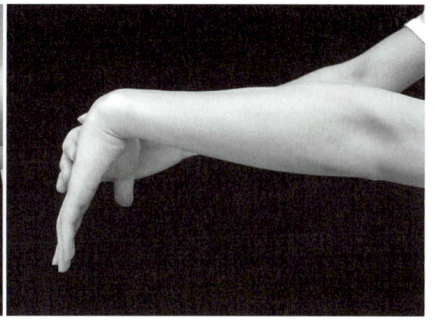

a）手関節背屈筋群/掌屈筋群のストレッチング

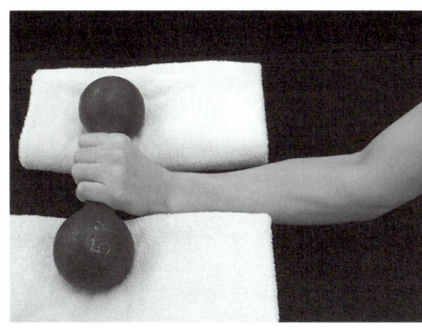

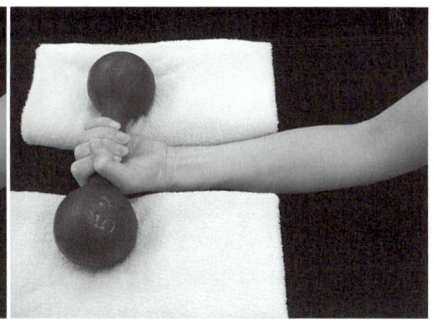

b）手関節背屈筋群/掌屈筋群の等尺性筋力トレーニング

図5　亜急性期の手関節背屈筋群/掌屈筋群のストレッチングと筋力トレーニング

（3）復帰時・予防

　テニスへの復帰と再発を予防する段階では，ラケットスイングを開始し，軽いインパクトから徐々に負荷を増していく．復帰の際にはテニス肘バンド（図6）と手関節背屈補強のためのテーピングを装着し，ECRB付着部への負荷をできる限り軽減したうえで，練習やゲームへの参加を許可する．練習前にはウォームアップとして手関節背屈筋群のみならず，全身のストレッチングやリラクセーションを行い，練習後には上腕骨外側上顆部へのアイシング等のクーリングを行うよう指導する．筋の伸張性を十分に維持し，相対的な負荷量軽減のために筋力トレーニングを継続し，再発予防には亜急性期同様，疼痛に対するきめ細かな自己管理が重要であることを指導する．

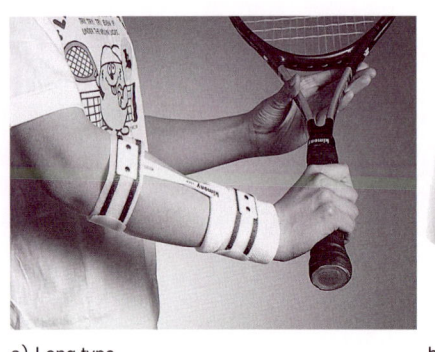

a) Long type　　　　　　　　　　b) Short Type

図6　テニス肘装具の種類　　　　　　　　　　　　　　　　　　　　（別府，2003）[2]

三角線維軟骨複合体損傷後のリハビリテーションと患者指導[3,6]

　TFCC損傷後は比較的自発痛が少なく，回内外強制や手関節尺側への軸圧外力が疼痛刺激となる．疼痛や腫張を認める急性期には，上腕からの中間位でのギプス固定を2～3週間施行し，局所の安静を保つ．その後はサポーターや装具，スプリント（図3）を装着することが有効である．装具，スプリントはTFCC損傷に伴う疼痛の改善の他，遠位橈尺関節の不安定性に起因する滑膜炎を防止できる．日常生活動作においては可能な限り疼痛誘発動作（重いものを持つ，手関節尺屈を強制する等）を回避することを指導する．

　亜急性期には手関節の固定を継続しつつ，徐々に固定部の柔軟性の維持と筋力，握力の強化訓練を開始する．尺側手根伸筋および尺側手根屈筋（flexor carpi ulnaris；FCU）を中心とした手関節背屈筋群および掌屈筋群のストレッチングを行い，同筋群の等尺性収縮を用いた筋力トレーニングを順次導入していく．特にFCUは手関節尺側の安定性に影響するため，選択的に行うようにする．ただし，疼痛の再燃には十分な注意を払い，プログラム中に疼痛が出現するようならば負荷量を減らす等の対応が必要である．日常生活動作が疼痛なく安定して可能となれば，日常生活内での固定は除去する．

　テニスへの復帰と再発を予防する段階では，手関節装具を装着したうえでラケットスイングから開始し，徐々に練習やゲームに復帰させる．再発予防には，手関節を固定制動するテーピングを継続することが重要であり，加えて過負荷にならないよう練習の量や頻度，プレーのスピード等をコントロールするといった自己管理が重要であることを指導する．

　最後に，スポーツ外傷・障害の予防には，念入りな準備体操，日常的な筋力低下の予防，さらに筋力，柔軟性，骨密度等のメディカルチェックが必要である．また，外傷・障害後には十分な休養，外傷・障害部位を完治させることが必要である．

〔別府諸兄　新井　猛　田中雅尋　大森みかよ〕

文献

1) 日本テニス協会医・科学委員会：テニスによる，外傷・障害に関するアンケート集計報告：http://www.jta-tennis.or.jp/tennismedical/
2) 別府諸兄：第10回テニスメディカルセミナー CD-ROM テニスエルボーの予防と対策，日本テニス協会医事委員会，2003.
3) 別府諸兄：スポーツによる手関節痛とテニス肘の診断と治療．Sports Journal 270：43-48, 2006.
4) 安藤 亮，別府諸兄：特集 クラブ活動における上肢障害の管理 テニス肘．MB Orthop 21(13)：55-60, 2008.
5) 新井 猛，別府諸兄：Ⅶ手関節・肘関節鏡下手術とそのスキル Advance 3 上腕骨外側上顆炎に対する手術適応と術式．スキル関節鏡下手術アトラス 手・肘関節鏡下手術（別府諸兄編），文光堂，2011，pp235-239.
6) 別府諸兄：第25回テニスメディカルセミナー CD-ROM テニスにおける手関節痛について，日本テニス協会医事委員会，2008.

バドミントン

バドミントンの歴史

　バドミントン（Badminton）は1870年頃にイギリスで始まったスポーツである．インド（当時イギリスの植民地であった）から帰還したイギリス人兵士が現地の余暇として楽しんでいた遊びを紹介したことが始まりといわれる．イングランド南西部のグロスタシャー州，ボーフォート公爵の邸宅「バドミントン邸」でシャンパンの栓に鳥の羽根を刺したものをテニスラケットで打って見せたのが起源で，そのため「バドミントン」という名がついたといわれる．

　1899年にはロンドンで第1回全英オープンが行われ，1934年に世界バドミントン連盟が誕生した．わが国では1921年頃に持ち込まれたものの，太平洋戦争の影響で日本バドミントン協会が設立されたのは1946年である．1970年代に湯木博恵，徳田敦子，米倉よし子ら女子選手が全英選手権で優勝したこと等が契機となり，さらに1990年代の陣内貴美子，最近では，いわゆる「オグシオ（小椋久美子・潮田玲子の女子ペア）ブーム」もあり，日本での競技人口は飛躍的に増加し22万人を超えたともいわれている．オリンピック競技としては1972年のミュンヘンオリンピック（中山紀子が女子シングルスで金メダルを獲得），1988年のソウルオリンピック（松野修二・松浦進二のペアが男子ダブルスで銅メダルを獲得）で公開競技として行われ，1992年のバルセロナオリンピックより現在まで正式種目として採用されている．2012年のロンドンオリンピックで藤井瑞希・垣岩令佳ペアが女子ダブルスで銀メダルを獲得したことは記憶に新しい．

競技特性

　縦13.4 m，横6.1 m（シングルスでは5.18 m）のスペースを高さ1.5 m（中央で1.524 m，両端で1.55 m）のネットで2つに仕切り，ネットを挟んで，シャトルをラケットで打ち合う．全種目3ゲームで2ゲーム先取のスポーツで，各ゲーム21点先取で行われ，ラリーポイント方式が2006年から採用されている．「バトミントン」とよばれることが多いが，正しくは「バドミントン」である．

　バドミントンラケットの重量は，カーボン製フレームの登場等，技術の目覚ましい進歩で85g前後にまで軽量化されている．一方，シャトルは直径25～28 mmの半球状のコルクに62～70 mmの範囲の同じ長さのガチョウの羽根（ガチョウは試合用で，廉価なものにはアヒルの羽根を使用）を同心円状に16枚取り付けたもので，重さも4.74～5.50 gと規定されている．つまり，バドミントンというスポーツの特性を列挙すれば，①比較的狭いコート内での競技，②コートがネットで仕切られているノンコンタクト（非接触型）スポーツ，③ラケットやシャトルは軽量であるため，上肢より下肢の障害の頻度が高い，④スマッシュ時のシャトルの初速度は時速300 kmを超えるといわれ俊敏性が要求されるスポーツであるといえる（表1）．

表1 バドミントンの競技特性

1. 比較的狭いコート内での競技である．
2. コートがネットで仕切られているノンコンタクト（非接触型）スポーツである．ダブルスの場合の味方ペアとの偶発的接触事故を除けば，基本的に接触によるスポーツ外傷は起こらない．
3. ラケットやシャトルは軽量であるため，上肢より下肢の障害の頻度が高い．
4. スマッシュ時のシャトルの初速度は時速300 kmを超えるといわれ俊敏性が要求されるスポーツである．その一方で，羽根による空気抵抗でシャトルの終速は初速の3分の1以下となり，他のラケットスポーツに比べ緩急の変化が著しい．

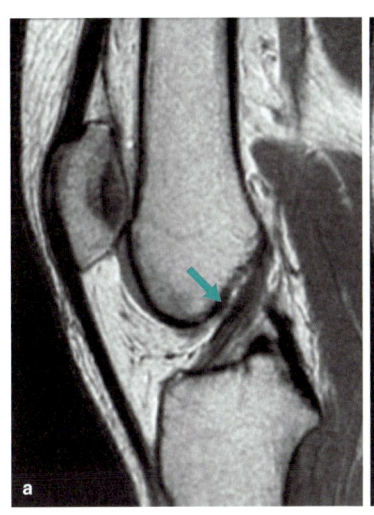

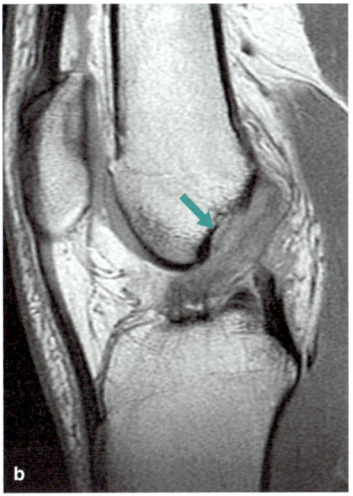

a) 正常のACL．
b) 断裂したACL（矢印）．

図1　膝関節前十字靱帯断裂のMRI像

　競技人口の増加も相まって，レクリエーションとしてのバドミントンは手軽なスポーツとして認知されているかもしれないが，競技としてのバドミントンはラリーポイント制が採用された後でも，運動強度が高く過酷なスポーツである．実際，ロンドンオリンピック銀メダリストの藤井瑞希選手は，オリンピック後の2012年12月の全日本選手権女子ダブルス決勝で右膝前十字靱帯（ACL）を断裂し途中棄権し，優勝を逃している．

スポーツ外傷・障害の部位と種類

　まず，スポーツ外傷とスポーツ障害の違いを理解することが大切である．スポーツ外傷とはスポーツの試合中，または練習中に1回の強い外力で発生するものをいう．他のプレーヤーとの接触や転倒，急な方向転換等によるものが多く，骨折，脱臼，捻挫，打撲，靱帯損傷，腱断裂がこれに相当する．一方，スポーツ障害とは日々のトレーニングや練習の中で，局所に反復性の小外力が加わって発生するもので，いわゆるoveruse syndrome（使い過ぎ症候群）である．疲労骨折，野球肘，腱鞘炎，ア

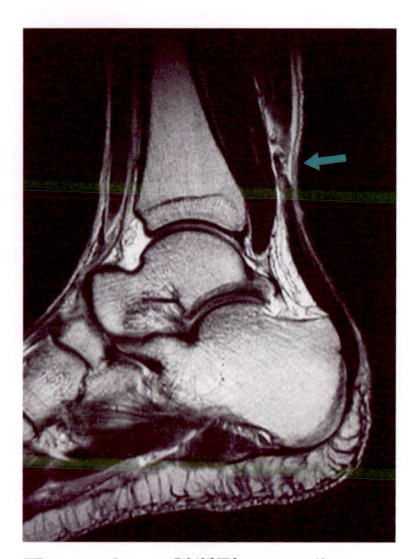

図2 アキレス腱断裂のMRI像

表2 バドミントンのスポーツ外傷とスポーツ障害

スポーツ外傷	スポーツ障害
1. 足関節捻挫	1. 上腕骨外側上顆炎（テニス肘）
2. 腓腹筋肉ばなれ	2. 肩インピンジメント症候群
3. 膝関節靱帯損傷	3. アキレス腱周囲炎
4. アキレス腱断裂	4. 足底腱膜炎
5. 急性腰痛症	
6. 眼球打撲	

キレス腱周囲炎等がこれに相当する．

　諸家の報告によれば[1-3]，バドミントンにおけるスポーツ外傷には，①足関節捻挫，②腓腹筋肉ばなれ，③膝関節靱帯損傷（図1），④アキレス腱断裂（図2），⑤急性腰痛症，⑥眼球打撲が多い．スポーツ障害としては，①上腕骨外側上顆炎（テニス肘），②肩インピンジメント症候群，③アキレス腱周囲炎，④足底腱膜炎等が多い（表2）．これらのスポーツ外傷・障害の頻度や治療法の詳細に関しては，医師によって手術法，後療法にさまざまな工夫がされており，それぞれの成書に委ねたい．

　バドミントンのフットワークの特徴は，相手のドロップショット等，ショートサービスラインより前方のネット際のシャトルは利き手側の足を大きく踏み込んで打つ一方で（図3a），相手のクリアーショット（高く足の長いショット）に対してはバック・バウンダリー・ライン付近まで後退し，利き手側の足が後方になる形で構え，その後わずかにジャンプしながら左右の足を前後に入れ替え，ストロークし着地する特徴がある（図3b）．この特徴的な動作が足関節捻挫等，下肢の外傷が多い原因と考えられる．特に後方に下がりながら利き手側の足で踏ん張る動作はアキレス腱断裂を起こす危険の高い動作である．バドミントンのシャトルは男子のトップレベルでは時速300 kmを超えると先述したが，これはスポーツ競技の中で最も早い初速といわれている．その一方で，羽根による空気抵抗でシャトルの終速は初速の3分の1以下となり，またシャトルの滞空時間もスマッシュショットで0.2秒，ドロップショットで約1秒，クリアーショットで3秒と放たれるショットの種類でかなりの開きがみられ，他のラケットスポーツに比べ緩急の変化が著しい．つまり，選手は瞬時の判断と動作がプレー中に求められ，また予想しないシャトルの対処を急な方向転換を伴うフットワークで補うため，下肢の外傷・障害が多いと考えられる．

正しいフォームでスポーツ障害を防ぐ

　ここで注意すべき点を挙げておく．特にアマチュア愛好家の初心者で手関節掌側の尺側手根屈筋（FCU）腱に痛みを訴える場合がある．これは正しいストローク・フォームでスイングできていない

ドロップショット等ショートサービスラインより前方のネット際のシャトルは，利き手側の足を大きく踏み込んで打つ(a)．
相手のクリアーショットに対しては，バック・バウンダリー・ライン付近まで後退し，利き手側の足が後方になる形で構え(このときにアキレス腱断裂を起こしやすい)，さらにその後，わずかにジャンプしながら左右の足を前後に入れ替え，ストロークし着地する(b)．
前方のショット，後方のショットいずれもリスト・スタンドが保たれている(矢印)．

図3　バドミントンのフットワークの特徴

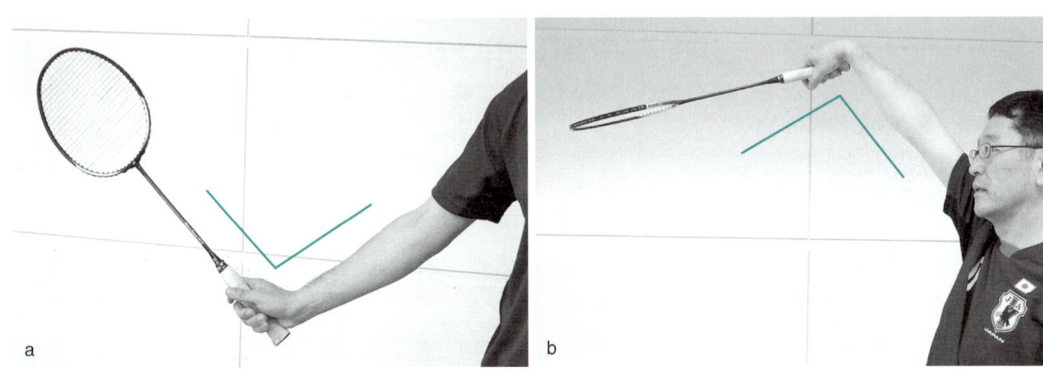

a) ラケットと前腕でVの字ができるようにリスト・スタンドをつくることが重要．
b) 誤った打ち方：手首のスナップを使っては力強いショットは打てない．

図4　バドミントンのスイングの基本

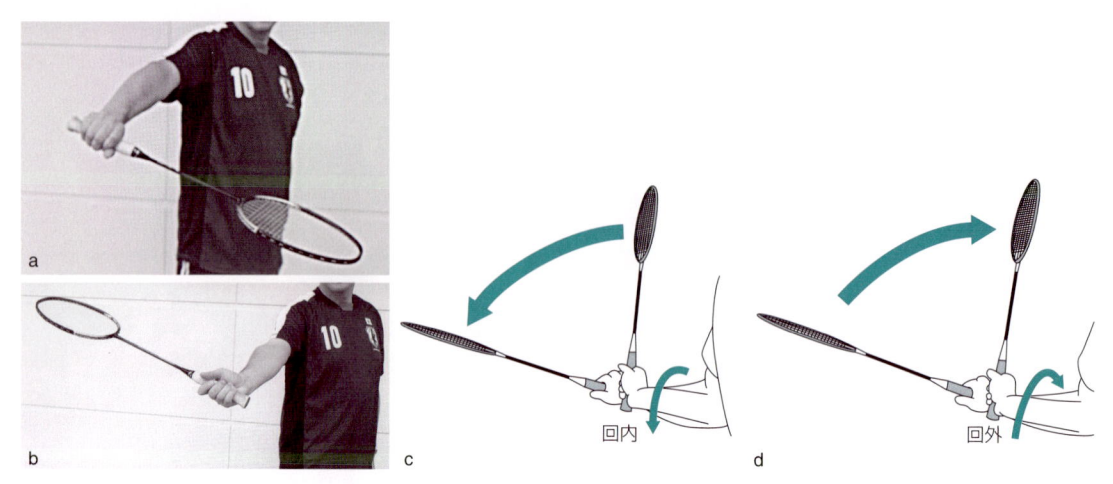

前腕を1本の長い軸として回内(a, c), 回外(b, d)させて, ラケットのヘッドを右左に回転させる. リスト・スタンドをしてラケットを立てて前腕を回内するのがフォアハンド・ストロークであり, 逆に回外すればバックハンド・ストロークになる.

図5 バドミントンのスイングの基本　　　　　　　　　　　　　　　　　　(c, dは, 阿部・他, 1985, 文献4を改変)

がための, FCU腱炎であって, フォームを是正する必要がある. つまり, 阿部一佳氏らが著書『基本レッスン バドミントン』(1985年, 大修館書店)[4]の中で述べているように, 「一流のバドミントン・プレーヤーは手首のスナップを使っていない. 手首のスナップでパワーを生み出していない」のである. これは少しわかりにくい表現ではあるが, 「スポーツ医学においては, スナップとは手関節の背屈掌屈ではなく, 前腕の回外回内である」と考えると理解できる.

つまり, バドミントンのスイングの基本は, ①ラケットと前腕でVの字ができるように, リスト・スタンドをつくること (図4a), ②前腕を1本の長い軸として回内 (図5a, c)・回外 (図5b, d) させて, ラケットのヘッドを右・左に回転させること, の2点である. リスト・スタンドしてラケットを立てて前腕を回内するのがフォアハンド・ストロークであり, 逆に回外すればバックハンド・ストロークになる. つまり, FCU腱炎を訴えることは, 羽根つき遊びのように(図4b), 手関節の掌屈力(つまり手首のスナップ力)でフォアハンド・ストロークを行っていることを意味するので, フォームの改造を助言する必要がある. むしろ, 「バドミントンなのにテニス肘(上腕骨外側上顆炎)になってしまいました」と訴えるプレーヤーは正しいストローク・フォームで打てているということになる.

(仲村一郎)

文献

1) 井上禎三：バドミントン愛好者の外傷・障害. 臨スポーツ医 17：877-881, 2000.
2) 荻内 隆・他：一流バドミントン選手の外傷・障害特異性. 日整外スポーツ医会誌 18：343-348, 1998
3) 内田英司：バドミントン. ナショナルチームドクター・トレーナーが書いた種目別スポーツ障害の診療(林 光敏, 岩崎由純編), 南江堂, 2007, pp180-185.
4) 阿部一佳, 渡辺雅弘：基本レッスン バドミントン. 大修館書店, 1985.

8 卓球

❖ はじめに―競技特性と問題点

卓球は直径40 mm, 重さ2.7 gの球を使い, 速度と回転量が求められる球技で, パワーは重要だが, それ以上にいかにスピードやスピンをうまくコントロールするかが勝敗の鍵を握る. 反射的なボディワークとピッチが要求され, 幼少期から競技を開始するほうが有利といわれている. 日本の卓球競技の現状は, 小学生が全日本選手権一般の部で勝利し, 高校生が日本代表となることも珍しくなく, 競技開始の低年齢化が急速に進んできている. 日本卓球協会スポーツ医・科学委員会の調査では, 1992年の小学生全国大会出場選手の競技開始年齢は, 9歳をピークとして8〜10歳の占める割合が70.9%であったが, 2008年には6歳をピークとして5〜7歳が73.6%を占めるまでに低年齢化してきた[1]. 同時に, 練習量の増加も顕著であり, オーバーユースに伴う障害増加が懸念され, 子どもたちに対する適切な指導や対応が望まれる.

■ 外傷・障害の発生頻度と部位

卓球は外傷が少なく, 一般的に安全なスポーツと認識されている. 石川らは, 大学の体育実技中のスポーツ外傷で, 最も危険性の低かった種目が卓球であったと報告した[2]. しかし, 競技レベルが高い選手層の障害発生は意外と多い. 1989〜1991年に行われた志田らの報告[3-5]によると, 全国大会レベルの競技者である大学生の48.5%, 中学生の23.8%, 小学生の15.2%で障害がみられた. 障害部位で最も多かったのは, 大学生は腰部, 中学生は膝関節, 小学生では足関節・足であった. このうち, 小学生の障害部位の詳細を図1に示す. さらに, それ以降の調査結果を考慮して外傷・障害の好発部位として挙げられるのは, ①日本代表レベル：肩と腰部, ②社会人・大学生・高校生：腰部と肩,

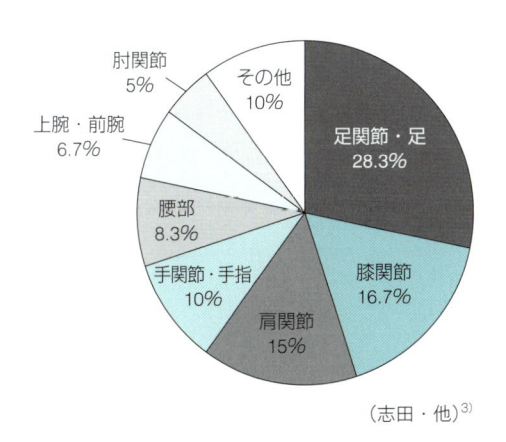

(志田・他)[3]

図1 卓球競技での障害部位（小学生）

③中学生・小学生：肩と下肢である．

　現代卓球は，球に前進回転を加えるドライブ主戦の攻撃型が主流であり，腰の回転を軸に，肩・肘・手関節の複合動作でスイングしている．状況に応じて肩・肘・手関節主体の打法を使い分け，台から離れると肩関節，台の近くでは肘関節，台上では手関節を中心とした打法が多くなってくる．球に回転を与えるための前腕の回旋動作が加わり，これらの動作の繰り返しが障害を引き起こす．

　競技開始の低年齢化によるオーバーユースとともに，近年はラケットの両面にラバーを貼るシェークハンドラケットが主流となり，用具が重くなっていることも子どもたちの上肢の障害に影響している．上肢障害は卓球の競技成績に最も反映しやすいため，以下は代表的な上肢の障害についての評価とリハを中心に概説する．

障害の評価・診断

（1）肩関節周囲の障害

　同じラケット競技であるテニスのサーブやバドミントンのスマッシュのようなオーバースロー動作に類似した動きはほとんどないが，オーバーユースによる肩関節周囲の痛みの訴えは多い．山隈らは，スポーツ外来受診患者のうち，種目別にみた受診者に占める肩疾患患者比率は，卓球が最も多かったと報告している[6]．

　成人の多くは肩峰下滑液包炎や腱板炎が原因のインピンジメント症候群である．一方，成長期の子どもたちは，まず骨端障害を考慮すべきである．中でも，急速に身長が伸びる時期の男子選手では，軽度の上腕骨近位骨端線離開は多いと考えられ，症状を繰り返して骨端線部の炎症が慢性化していることもある．症状はいずれもプレー中の肩痛が主体であるが，引っかかり感を訴えることも多い．腱板炎では大結節周囲に圧痛を認めることがあり，NeerやHawkinsのインピンジメントテストが陽性となる場合が多い．腱板損傷の有無は，棘上筋や棘下筋の抵抗テストで評価し，MRI撮影を行って診断する．上腕骨近位骨端線離開は，骨端線部に一致した圧痛を認め，両側の肩関節単純X線の比較で診断が可能であるが，早期にはMRIでの骨髄浮腫像も認められる．

　卓球における肩障害では，原則として外科治療は必要ない．適切な練習制限で改善することが多いため，早期診断が重要で，肩の安静の必要性を十分に説明したうえで，具体的な安静期間とその間の練習方法を提示することが肝要である．

（2）肘関節周囲の障害

　肘関節周囲の疼痛としては，テニスと同様に上腕骨外側上顆炎が挙げられ，卓球では中高年の愛好者に多くみられる．ほとんどが加齢に伴う変性が基盤にあり，バックハンド動作での内反ストレスを

Key Words

リストワーク
　テニスや卓球等のラケット競技では，打球に回転を与えるための手首の使い方（リストワーク）が非常に重要である．特に，"回転を制する者は試合を制す"と考えられる現代卓球では，リストワークが選手の生命線ともいえる．トップ選手が神業のように回転を操り生み出されるサービスは，初心者にとってはまさに"魔球"で，返球することはほぼ不可能である．一方で，激しいリストワークの連続により手関節を痛め，引退していく選手も存在する．

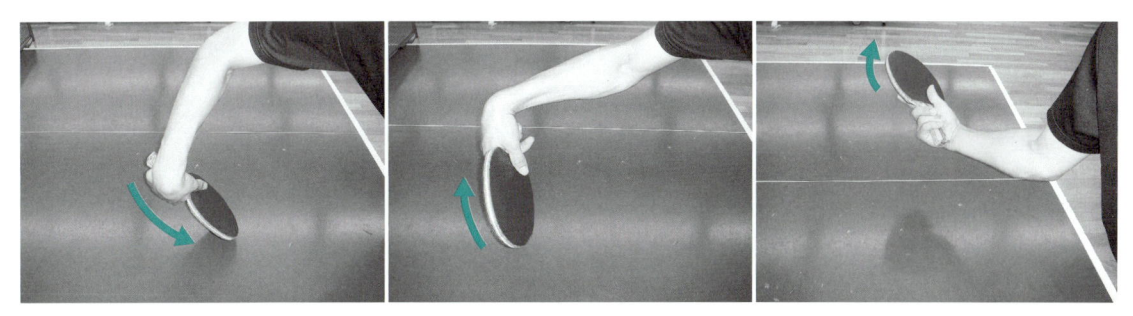

レシーブで多用されるようになった"チキータ"打法は肘を体から離し，手首を内側にしっかり捻ってバックスイングをとる．その後，ボールの横をこすり上げながら手首を元に戻すので，手関節の回旋動作が激しい．

図2　"チキータ"打法の連続写真

繰り返すことにより，短橈側手根伸筋（ECRB）の外側上顆付着部近傍での障害が起こる．問診と圧痛部位の確認が重要だが，手関節背屈時に抵抗を加えて肘外側部の疼痛を誘発するThomsen test等の誘発テストが診断に有用である．

内側障害として，フォアハンド強打を繰り返すことによる慢性的な外反ストレスが生じ，尺骨神経炎の症状を認めることがある．これは練習量の多い上級者にみられるが，外側障害に比べると頻度は少ない．明らかな尺骨神経麻痺を認めることは稀だが，練習後に前腕尺側から環・小指の痺れを認める場合は注意しなければならない．尺骨神経障害を疑った場合は，肘周辺の圧痛点，Tinel様徴候や知覚障害領域の確認を行う．

ごく稀であるが，成長期のパフォーマンスの高い選手に上腕骨小頭障害が隠れている．肘関節の障害も，多くは保存治療で対応可能であるが，上腕骨小頭障害は進行すると手術も必要になってくるため，肘関節の可動域制限を認めた場合，画像診断で除外すべきである．

（3）手関節周囲の障害

卓球において手関節は掌背屈動作よりも回内外動作や橈尺屈動作が多く，繰り返される手関節への刺激は想像以上である．特に，近年レシーブで多く使用される"チキータ"という打法は手関節への負担が大きい（図2）．多くは尺側部痛が問題となり，障害として三角線維軟骨複合体（TFCC）損傷や尺側手根伸筋腱鞘炎が代表的である．両者の鑑別は必ずしも容易ではなく，手関節尺屈強制で尺側部痛の出現をみるulnocarpal stress test，遠位橈尺関節の不安定性をみるballottement test，合掌回外テストや圧痛点等で評価し，関節造影やMRIで診断を立てていく．多くは保存治療に反応するが，TFCC損傷の難治例では手関節鏡による評価や手術が必要となる．

ネット際のプレーが勝敗を大きく左右する卓球では，手関節の障害がパフォーマンスを低下させ，肩や肘の障害以上に練習の継続が困難になってくることが多い．

上肢障害のリハビリテーションと競技復帰への指導

上肢障害の治療の多くは保存的に行われるため，肩，肘，手関節を統合して上肢全体のリハとして考えることが大切である．

急性期はこまめなアイシングによる炎症の鎮静化を行い，装具やサポーター等を使用し，適切に局所安静を図る．TFCC損傷の急性期で疼痛が強い場合には，2〜3週のギプス固定も検討する．さらに，

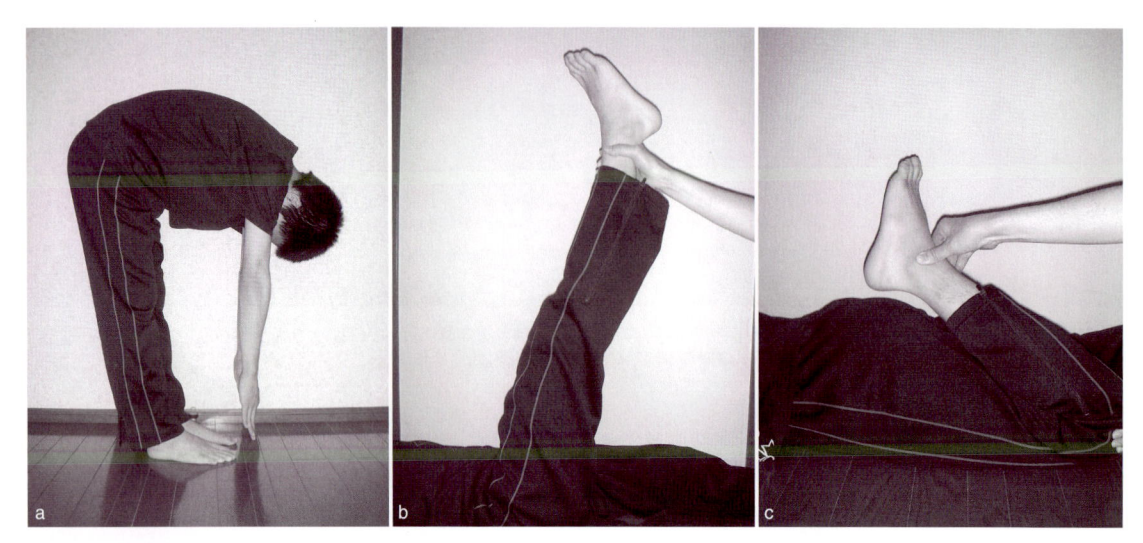

a) FFD：腰背筋やハムストリングスのタイトネスをみる．
b) SLR test：ハムストリングスのタイトネスをみる．
c) 踵殿間距離：大腿四頭筋のタイトネスをみる．

図3 タイトネステスト

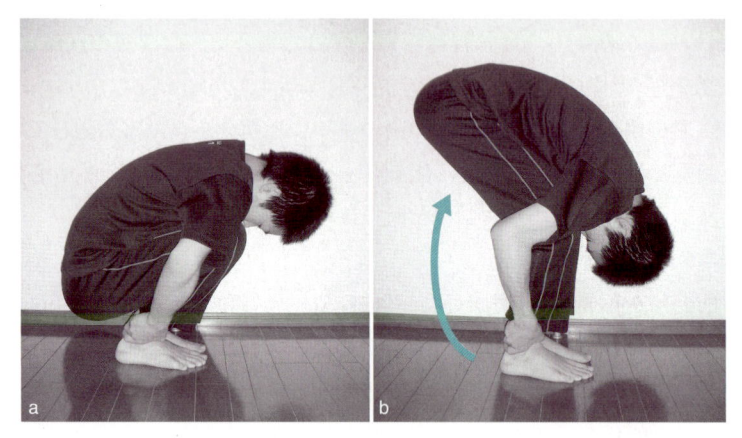

a) 開始姿位：しゃがみ込んだ状態で足首を手で握る．
b) 最大膝伸展位：胸と大腿をくっつけた状態で膝を徐々に伸展していき，最大伸展位で5秒間静止する．
　これを5回繰り返し，1日朝晩を含めて2セット以上行うように指導する．

図4 ジャックナイフストレッチ

　疼痛を誘発する動作について理解させ，日常生活で避けるように指導する．上肢以外の練習休止期間を長期化しない工夫は必要で，場合によってはモチベーションを維持させるために，非利き手で練習させることもある．上肢に障害を抱える多くの選手が，体幹の柔軟性低下も認めるため，柔軟性のチェックと改善は重要である．指床間距離 (finger-floor distance；FFD)，下肢伸展挙上テスト (straight leg raising test；SLR test)，踵殿間距離を計測して（図3），タイトネスが存在する場合は，西良らが腰痛を予防するために啓発しているジャックナイフストレッチ[7]を積極的に指導するとよい（図4）．この時期に，健側上肢や下肢中心のストレッチングと筋力トレーニング，体幹のバランス訓練をでき

片脚で立ち，両手を横に広げてバランスをとりながら反対の脚を前に上げて上体を反らし，3秒間静止する(a)．
次に，上体を前傾させて脚を後ろに上げて飛行機のようにバランスをとり，3秒間静止する(b)．
これを左右の脚で繰り返す．

図5　片脚バランス練習（シングルレッグデッドリフト）

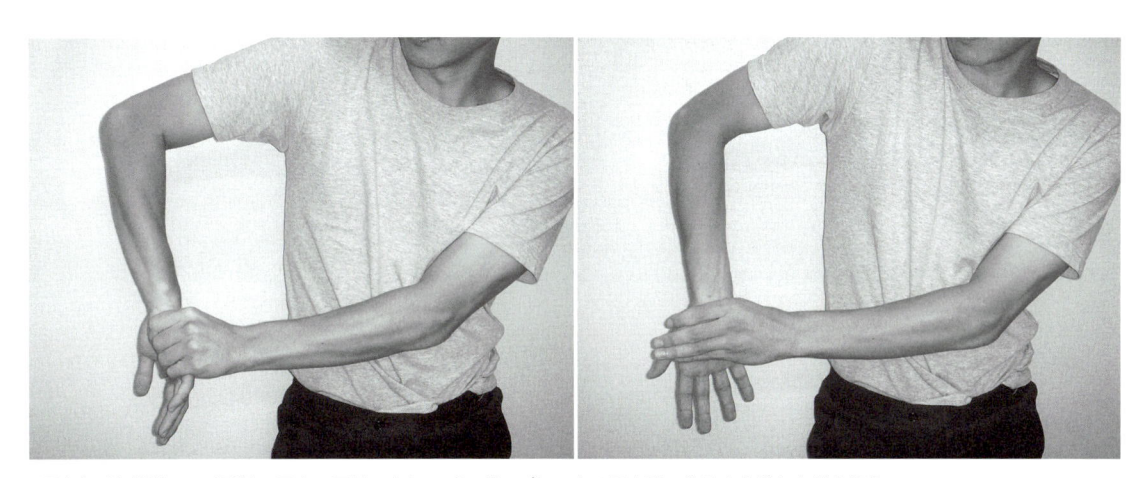

肩を上げた状態での手関節の回内・回外ストレッチング．プレー中の肩や肘の位置を意識しながら行う．

図6　ストレッチングの実際

るだけ多く取り入れる．特に小児の場合は巧緻性が重要で，バランスボードやボールを用いて体幹の安定性が得られるような練習や片脚バランス練習（図5）等を行うとよい．

　急性期を過ぎれば，患側上肢のストレッチングや関節可動域改善に時間をかける（図6）．同時に，等尺性収縮を用いた筋力トレーニングを導入していく．打球感が大切な競技であるため，日常生活動作で疼痛がなくなれば，関節の動きを抑えた打球練習（ブロック練習等）から再開して，打球感を取り戻すように努める．この時期は，可能であれば装具やサポーターを装着しておく．その後，チュー

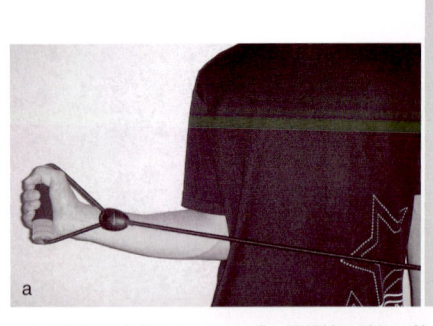

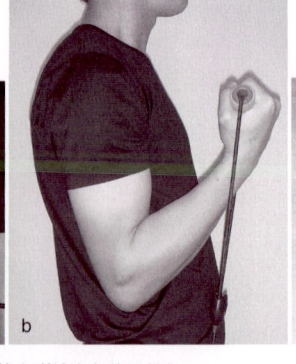

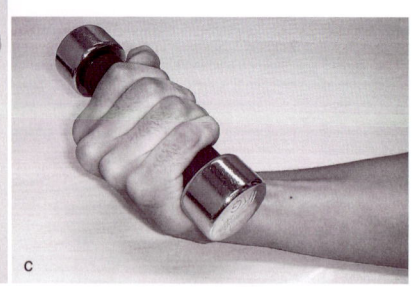

a) 肩関節の外旋トレーニング：肩関節は腱板の筋力訓練を主体に行う．
b) アームカール：背筋を伸ばし，肘を動かさないように意識して行う．
c) リストカール：尺側手根屈筋の強化を中心に行う．

図7　筋力トレーニングの例

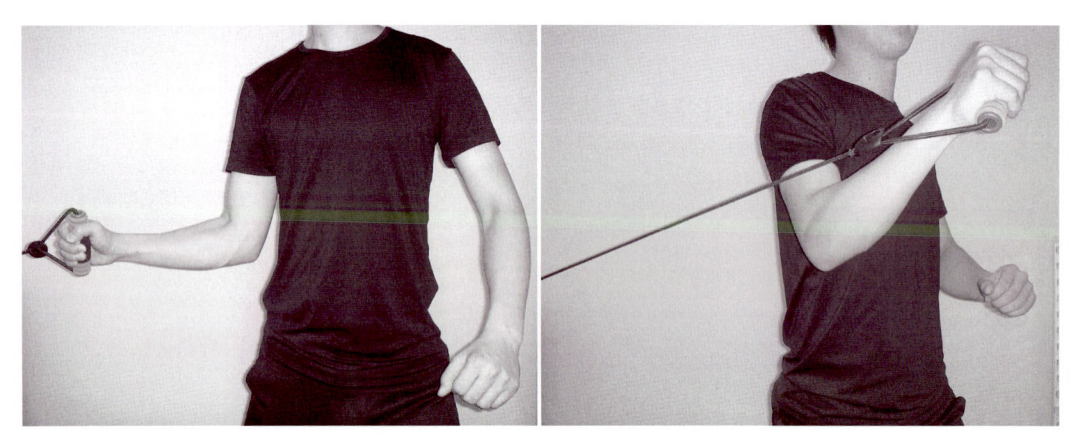

チューブを使用した体全体でのフォアハンドのスイング．1セット20回を2〜3セット行う．

図8　チューブスイング

ブやダンベルを用いて筋力トレーニングを行い（図7），実際のスイングに近い動作トレーニングも行う（図8）．打球練習では障害を認める関節に負担の少ない打法から，練習時間を制限して，疼痛の再燃がないことに十分な注意を払い，徐々に強い球が打てるように競技復帰を進めていく．

　卓球はパワー系競技ではないため，パワートレーニングを重視する必要はないが，上肢の可動域制限は競技成績の低下に直結するので，痛みを出現させないように可動域の改善を目指す．特に手関節はサーブやレシーブで大きな動きが求められ，手関節障害は競技復帰の観点から肩，肘の障害以上に慎重に進めていくべきである．

　また，障害の発生には練習環境が大きくかかわっている．競技レベルの高い子どもたちは，必然的に自分よりレベルの高い年長者と練習する時間が多くなる．たとえば，球の威力が勝っている相手に対し，卓球台から離れて肩中心の遠心力で最大限の力強い打球を繰り返していれば，肩の骨端障害が発生しやすくなる．障害をもった選手の関係者は練習方法だけではなく，練習相手の選択にも注意が必要である．

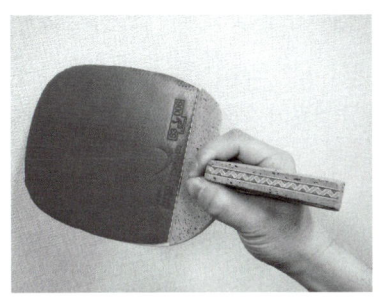

a) ラケット表面の握り方
母指と示指を屈曲させてペンを持つようにラケットを握っている.

b) ラケット裏面の指の位置
中指，環指を軽く屈曲してラケットの裏面を支えている．
小指は環指に添えているだけのことが多い．

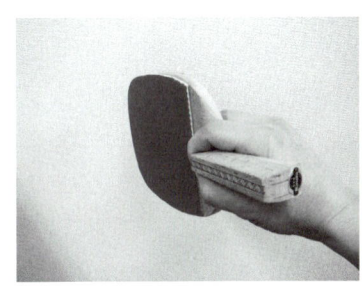

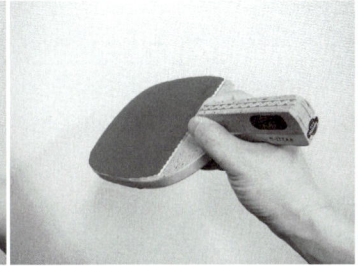

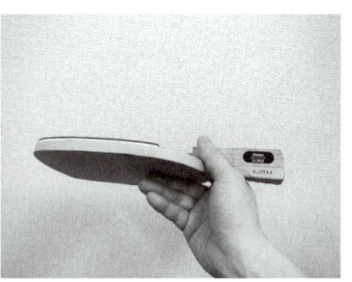

c) バックハンド系打法への切り替え
フォアハンドからバックハンド(ショート)への切り替えで母指が立つことも多い．

図9　ペンホルダーグリップ

脳への影響と高齢者

　卓球は"チェスをしながら100m競争をするような競技"とたとえられることがある．非常に素早い複雑な反応が要求され，脳の作用と身体の機能が求められるからである．以前から脳に好影響を与えるスポーツとして注目され，海外でも代表的な"Brain Sport"と考えられている．わが国の研究で，卓球が脳血流を増加し，脳を活性化することがこれまでに明らかにされてきた[8,9]．さらに，宮本らは卓球の熟練度によって脳賦活部位が変動すると報告している[10]．競技としての卓球は瞬発力や持久力を必要とされるが，一方で，ゲーム性を有するレクリエーションとしての側面がある．比較的簡単に行える運動として，脳血管疾患患者へのリハに卓球が取り入れられ，"卓球療法，卓球リハ"として報告されている[11,12]．

　1988年にラージボール卓球が考案されたが，これは直径44mm，重さ2.2～2.4gと通常の卓球より大きくて軽いボールを使用し，ネットを高くすることでラリーが続きやすいように工夫されている．全国大会やレディース大会も行われ，中高年層を中心に普及し，高齢者にも生涯スポーツとして広く楽しまれている．前述のように卓球が脳によいスポーツと考えると，安全で手軽なスポーツとして高齢者の認知症予防に大いに期待がもてる．

　高齢者の卓球における障害で，これまで述べた以外に比較的多くみられる問題は，指狭窄性腱鞘炎(ばね指)と膝関節障害である．若い選手層がシェークハンド主体のラケット選択であるのに対して，

中高年層ではペンホルダーの比率が増えてくる．ばね指の症状を有する競技者の多くはペンホルダーグリップであり，中高年層でのばね指が目立つ．ペンホルダーは母指，示指，中指でラケットを強く把持し，シェークハンドに比べて指先に力を加えながらラケット角度をコントロールする傾向が強く，フォアハンドとバックハンドの切り替えに伴う指の動きが大きい（図9）ことも原因になっていると考える．根本的にはオーバーユースであるので，楽しくスポーツを継続するために，適度な練習時間を設定することが大切である．膝関節痛を訴える競技者は中高年層の女性に多くみられるが，卓球特有の障害とはいえず，加齢に伴う変形性関節症が主原因と考えられる．膝の屈伸動作が大きいカット主戦の競技者に多い傾向がある．対策として，膝周囲筋の筋力強化の継続が重要である．

❖ おわりに

　日常の障害予防が最も大切であるが，疼痛や異常を感じた場合，早期に専門医の診断を受けることが競技者にとって重要である．コンタクトスポーツではないため，異常を自覚しながら漫然とプレーを続けている場合が多い．そのため，指導者が異常をいち早く察知し，診断を受けた後にプレー継続の可否を決定する必要がある．他のスポーツ種目と比較しても，競技スポーツから愛好者レベルまで幅広く親しまれている球技であり，プレーのレベルや年齢等によって指導法も大きく異なっている．診療を行うにあたって，本人のプレー状態を十分に理解しながら治療方針を決定し，リハを指導してほしい．

（小笠博義）

文献

1) 小笠博義，森 照明：全日本選手権出場小学生選手の傷害調査．日本卓球協会スポーツ医・科学委員会報告 平成21年度研究報告，2010，pp26-29．
2) 石川 旦，中島寛之：体育実技中のスポーツ外傷の種目別頻度．体育学紀要 23：55-60，1989．
3) 志田幸久・他：卓球選手のスポーツ障害と疾患．日本卓球協会スポーツ医・科学委員会，pp28-33：http://www.jtta.or.jp/SportsScience/ssc/1989/1989.htm
4) 志田幸久・他：卓球選手のスポーツ障害と疾患について（第2報）．日本卓球協会スポーツ医・科学委員会，pp15-18：http://www.jtta.or.jp/SportsScience/ssc/1990/1990.htm
5) 志田幸久・他：卓球選手のスポーツ障害と疾患について（第3報）．日本卓球協会スポーツ医・科学委員会，pp11-13：http://www.jtta.or.jp/SportsScience/ssc/1991/1991.htm
6) 山隈維昭・他：スポーツ選手における肩関節障害について．肩関節 15(2)：273-277，1991．
7) 西良浩一，間瀬泰克：装具療法—腰椎（腰痛対策における）．MB Orthop 23(5)：219-226，2010．
8) 森 照明：中高年の健康スポーツとしての卓球．臨スポーツ医 16(9)：1078-1080，1999．
9) 佐藤智彦・他：卓球療法患者における脳血流変化の検討．日臨スポーツ医会誌 8(4)：S62，2000．
10) 宮本淳一・他：卓球運動における脳賦活部位．日臨スポーツ医会誌 17(1)：24-29，2009．
11) 佐藤智彦・他：リハビリテーションにおける卓球療法の効果—中枢神経疾患患者に対する理学療法への試みとして．臨スポーツ医 15(11)：1297-1300，1998．
12) 森 照明，佐藤智彦：脳疾患患者への卓球リハビリテーション．医事新報 4023：19-22，33-36，2001．

9 ゴルフ

はじめに

　大勢の人の参加するスポーツとなったゴルフは最も危険なスポーツといわれることもある[1]．ゴルフ場での心筋梗塞や脳出血による死亡例が多いためである．もちろん，ゴルフが危険という意味ではなく，危険な人がゴルフをしているという意味である．これはゴルフが運動強度が低く，歩くスポーツだからである．運動不足の生活習慣病に対してゴルフ等の軽運動が推奨されて，高血圧，高脂血症，ひいては心疾患を抱えながらゴルフをする人も多い．運動器の生活習慣病というべき腰痛や膝痛等，いわゆる変性疾患を抱える人はロコモティブ症候群とよばれるが，推定人口は4,500万人ともいわれ，高齢者となるとかなりの確率で該当する．ゴルファーのリハを行うときは内科，整形外科の疾患の有無を確認しながら指導する必要がある．本項では運動器のゴルフ障害について運動療法を中心に述べる．

スポーツ障害の特徴

　打球して歩くというゴルフにはスイングによる障害と歩行障害がある[2]．

(1) スイングによる障害

　スイング障害としてグリップする手指の障害からはじまり，肘，肩の障害が上肢の障害としてあり，スイングの中で回転する体幹の障害が，首，腰に多くみられる．下肢の障害は股関節の障害，特に右打者の左股関節の障害がみられる．また，本来，屈伸が機能である膝関節を捻るスイングで膝関節の軟骨障害をきたしたり，体重移動が足りずに下腿三頭筋で蹴るためにふくらはぎの筋肉の障害をきたす例もみられる．こうした技術的な誤解を解くことがスポーツ障害対策のひとつの大事な目的となる．このためには，ゴルフの技術指導を授けることが必要であるが，現実には病院とゴルフ練習場との連携がとられているところは稀であり，本人の努力が必要になる．

(2) 歩行障害

　一方，歩くことができなくなるのがロコモティブ症候群であるが，腰部脊柱管狭窄症や変形性膝関節症等，いわゆる足腰が痛むようになってゴルフをするのに困ると訴える患者も多くなった．結局，ゴルフを諦めてしまう人も多い．中には諦められずにゴルフのために手術を受ける人たちもいる．手術をためらう人たちに対して，外科的に対処する前に基本的な運動療法を行うと改善する例も経験しており，これについて紹介する．

評価・診断

　通常の診断に加えて，本人のレベル，練習量を聞き，体力，技術の評価が求められる．技術的な問

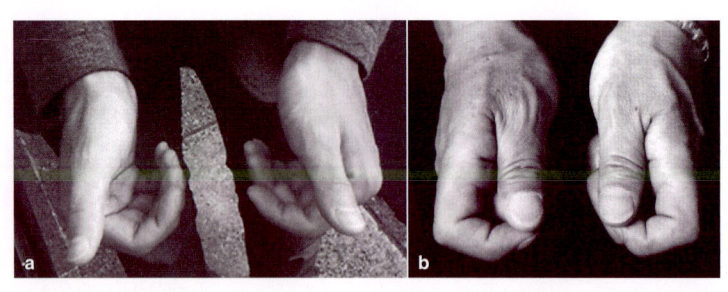

上肢の障害は技術的要因が大きい．グリップを見ると腕前がわかるといわれる．
a は学生ゴルフ部員，b はプロのグリップのイメージ．障害を抱える人は母指，示指に力を入れて握っている．

図1　グリップのイメージ

表　ゴルフの障害（右打者を想定）

上肢の障害
　左小指屈筋腱の狭窄性腱鞘炎
　左母指屈筋腱の腱鞘炎，IP 関節痛
　左右母指伸筋腱の狭窄性腱鞘炎，ド・ケルバン病
　左尺側手根部痛いわゆるリストの痛み
　有鉤骨鉤の疲労骨折
　左右前腕の長母趾伸筋腱の腱鞘炎
　右上腕骨内上顆炎
　左右上腕骨外上顆炎
　左右変形性肘関節症
　左右肩周囲炎，腱板損傷

体幹の障害
　肩こり，頸部痛，背部痛，第7頸椎，第1胸椎棘突起疲労骨折
　第1肋骨疲労骨折
　左第5，6肋骨の疲労骨折
　腰痛，変形性脊椎症，腰部脊柱管狭窄症

下肢の障害
　左変形性股関節症，股関節周囲痛
　左右膝痛，変形性膝関節症，膝関節の半月損傷
　腓腹筋痛，腓腹筋部分断裂，アキレス腱炎，アキレス腱断裂

靴の中の足の障害
　マメ，タコ等足の皮膚の障害，足底筋膜炎，足関節障害

図2　肩周囲炎に対するハーネス

題点を抱えながら，練習量をこなさないと上手にならないと思っている人には，使い過ぎ（オーバーユース）症候群について説明し，技術的なアドバイスを受けるよう指導する必要がある．体力，筋力の低下に気づかずに若いときと同じ練習をして相対的な使い過ぎ症候群になる中高年には，体力，筋力の基本トレーニングを受けることを指導すべきである．

ゴルフを熱心に練習する人たちに見られる疾患を表に示し簡単に述べる．

(1) 上肢の障害

上肢の障害は技術的な要因が大きい．グリップの悪い人に多いのが，体重移動の少ないいわゆる手打ちというスイングであり，肘や肩にも障害の危険が大きい．図1bは母指と示指の間でグリップするプロのイメージであり，大学ゴルフ部員のグリップでは力が入ってしまう．

いわゆる五十肩といわれる肩の障害がみられる．ゴルフのせいか明らかではないことも多い．ゴルフによる場合は体重移動の少ない打ち方で肩関節に過度なメカニカルストレスがかかったためであることが多い．筆者の対策は図2の屈曲と外転を制限したハーネスをつくり，スカプラプレーン（肩

図3　腰痛対策

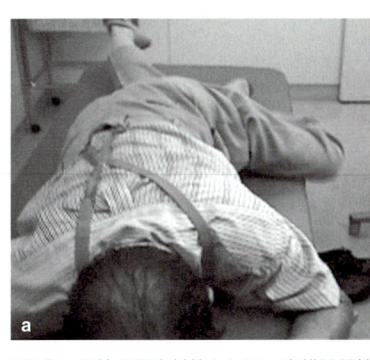

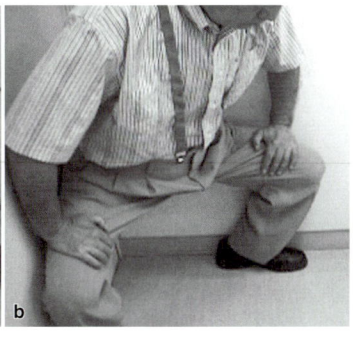

72歳，男性の腰痛対策として，脊椎股関節の連動トレーニング（腹這いで回復体位をとる，a）と，アライメントのよいスクワット（壁のコーナースクワット，b）を指導し，3カ月でゴルフに復帰させることができた．

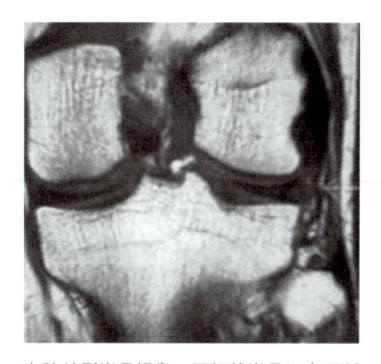

図4　膝痛（42歳，男性）

左膝外側半月損傷．円板状半月に水平断裂を認める．体重移動のないスイングにより膝を捻ったためと診断．ゴルフおけさを教えて改善した．

甲骨面）での挙上下垂のスイングを指導することで，上腕の上げ過ぎ，振り過ぎに気づかせる．図2の症例はこの装具をつけることですぐにゴルフができるようになった．肩の痛み，可動域制限も2カ月で解消した．

（2）体幹の障害

「肩こり，頸部痛，背部痛」，これらもゴルフと関係ない多くの人にみられるもので，長時間の座業姿勢の中で重い頭と上肢を支えるシステムの疲労とされている．ゴルフスイングにおいても同じことがいえる．後述の「ゴルフおけさ」（p81）という頭と上肢の連動を教えることで対策となる．

腰痛はゴルファーでなくても多くの人が悩んでいる疾患であり，腰痛を抱えている人がゴルフをやっている場合も多い．しかし，ゴルフスイングを繰り返す練習により過労性の腰痛をきたす例も多い．どちらにしても，ゴルフスイングと脊椎，骨盤，股関節の正しい知識と腰痛体操，無理のないスイング，歩き方の理解が対策となる[3,4]．中高年のゴルファーでは変形性脊椎症や腰部脊柱管狭窄症が歩行障害をきたすことがある．こうした例には図3のような脊椎と股関節のスムーズな連動と，立位で必要な筋力とバランスをトレーニングするスクワットを指導している．

（3）下肢の障害

中高年の歩行による障害として膝の痛みは多い．ゴルフスイングで膝に痛みが出る例で，テークバックからトップまでの相で右膝を内側に入れ，膝関節外反して構える人がいる．当然膝には外反外旋の捻る力がかかる．膝蓋大腿関節，半月，膝関節にメカニカルストレスが大きくかかる．この構えは"knee in-toe out"といわれる危険な構えである．歩くときにも足部の回内が大きく，膝の回旋も大きくなる．膝は屈曲伸展する機能が主であり，回転は股関節にて行うという解剖学的な理屈を教えることが必要になる．図4は外側半月の水平断裂の中年男性であるが，後述のアライメントを教えるスクワットにより手術なしでゴルフに復帰した．

（4）靴の中の足の障害

歩くスポーツであり，不整地を歩いたり，不整地でのスイング等も必要になるのがゴルフである．靴の役割は大きい．靴と足のミスマッチでタコや水疱等が生じる以外にも，膝の痛み，腰の痛みにも関係する．信頼できる店で自分の足に合った靴を選ぶことも大切である．

治療方法

　ゴルフの障害の多くは使い過ぎ症候群である．スポーツ後，疲労後の痛みがまず初期に起こり，スポーツ中の痛みとなると進行しているという警告である．対策はなぜ痛いのかを振り返り，正しい診断と原因の追及を行う．痛いことをしないという原則を守り，スイングの誤解による障害があるなら，スイングを変えるべくしかるべきティーチングプロに付くべきである．歩行障害があるなら，カートを使い痛むところを保護しつつ，アライメントよく立つスクワット等基本のトレーニングを行う．具体的には，日々の生活の中でスクワットを定期的に行う．そして，背骨を動かす，股関節の可動域を広げることである[5]．

リハビリテーション処方の内容と注意点

(1) スクワット

　スクワットはトレーニングの王様といわれおなじみのものであるが，体幹，下肢の正しいアライメントのスクワットは指導も実行もなかなか難しいものである．そこで，壁のコーナーを使ったコーナースクワットを指導する（図3）．部屋の隅等のコーナーに立ち，左右の壁に足を平行に置く．尻をコーナーに着けてハーフスクワットしたとき，膝が壁から離れないように指導する．多くの人は膝が壁から離れて膝を捻る立ち方，曲げ方をしている．このマルアライメントに気づかせ，1回に10スクワット，1日に10セットを運動処方として始める．

　よいアライメントでできるようになったら，重りを持って行う．10回連続してできる限界の重さ（10RM）を求めて1セット8回を1日1回行う．10RMの40％の重さで10回を1セットにして，3セット繰り返す．

　並行して，片足立ちと片足を踏み込むレッグランジを指導する．歩く基本技術である．このときも，よいアライメントの指導が不可欠である．アライメントよく片足で立ち，片足を踏み込んでいくと膝も腰も痛まないという例も多い．

(2) 脊椎下肢の連動トレーニング

　頸部痛や腰痛の原因は脊椎の動きがスイングの中で上下肢の動きと連動しないことにある．高齢者や障害者は立位で重い頭や振り込む上肢の重さを支えきれなくなっている．この運動に耐えるためにはトレーニングが必要である．まず，重力の影響を避けて臥位でのトレーニングから始める．腹臥位は中年期を過ぎると脊椎の可動性が低下してやりにくくなると考えられる．そこで，半腹臥位，反側臥位である回復体位を教える．救命処置で知られる回復体位は急性腰痛の人でもできる体位であり，顔を左右に動かし，体幹の向きを変える．股関節，膝関節を大きく動かす全身運動である．この動きを進めて匍匐前進，後進を教えている．

　さらに腹臥位で，膝を曲げ下腿を左右に倒す運動を勧めている．車のワイパーの動きに似ていることから，「ワイパー体操」と名づけている．右に倒すと右股関節の内旋であり，左に倒すと左股関節の内旋である．スイング動作の本質が指導できる．股関節と骨盤，腰椎，さらに肩甲骨以下の上肢の連動を指導できる．図5は長年腰痛に悩んでいたプロゴルファーであり，この体操を続けることで，無理のないスイングをみつけ，腰痛をコントロールできるようになった．

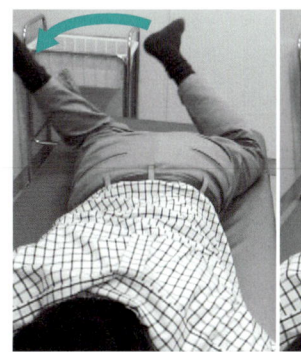

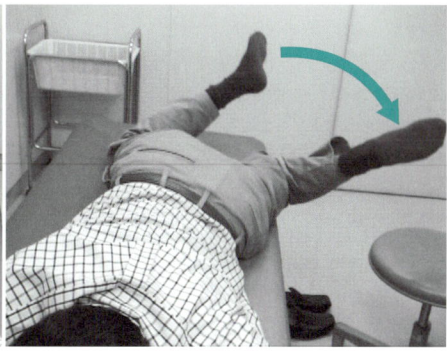

腹臥位で膝を直角に曲げ左右に下肢を倒すと，脊椎，骨盤，股関節がスムーズに連動する．疼痛はない．この動きが腰に無理のないスイング動作そのものであることを指摘した．やがて長年抱えていた腰痛をコントロールできるようになった．

図5 某プロゴルファーに教えた脊椎と股関節を連動するワイパー体操

(3) スカプラプレーンエクササイズ

肩肘の障害は上腕を過回旋してしまうことに起因する．肩甲骨の薄い骨（肩甲翼）を広げた面（肩甲骨面，スカプラプレーン）に沿って挙上，下垂すると回旋筋群にメカニカルストレスが最も少なくなるとされている．スポーツ動作もこの面に上腕があるのがよいとされている．リハでもこの原理が生かされている．トライセプスカールは三頭筋のトレーニングであるが，肩甲骨面で行う．相撲のてっぽうに代表される肩周りの筋力トレーニングもこの肩甲骨面で行う．

(4) ゴルフおけさ A

ゴルフスイングの指導はインストラクター，ティーチングプロに任せるべきだが，解剖学，生理学からスイングの基本動作を教えるドリルとして「ゴルフおけさ」を考案し，ゴルファーに指導している．

直立し，足を広げ顔を右に向ける．右90度先を見るとき，両手を揃えて目の高さまで上げる．手を下ろしながら，顔と身体を左へ回す．左90度の先を見るとき，両手を目の高さに上げる．この動作を繰り返す（図6）．

目が先に，次に顔（頸椎）が動くと，身体（脊椎，股関節）は自然な動きで連動する．右を向いたときに右足に体重移動を感じられ，膝には回旋ストレスはなく，股関節の内旋を感じられる．左を向いたときには同様のことが左側で感じられる．スイング動作の基本である体重移動である．これだけでも体をほぐす効果があるが，次の段階に進む．

(5) ゴルフおけさ B

目を正面の目標に置き，顔を正面に向けてゴルフおけさ A の左右への動きを繰り返す．頸椎と胸椎以下股関節との間で逆回転をすることになる．足りなくなった体幹の動きを補うよう，肩甲骨以下を protraction する（前鋸筋を使って前に伸ばす）．テークバック，つまり右に回したときは左肩を顎の下まで回す．このとき，左肘は伸び，右肘は畳まれ非対称性緊張性頸反射の姿勢になるともいえる（図7）．

この後，ゴルフおけさは，リストターンや体幹を前傾するドリルも用意があるが，ティーチングプロに任せることにしてここまでとする．

- 目と顔と身体を一緒に回す．
- 手は目の高さまで上げて下ろす．肘を曲げ，力を抜いて上げる・下ろすを繰り返し，左右のボディターンをしっかりと理解する．
- 右に向いたときに右の膝が動かないこと．
- 左に向いたときは左の膝が動かないこと．

図6　ゴルフおけさ A—顔と手を同期して行う

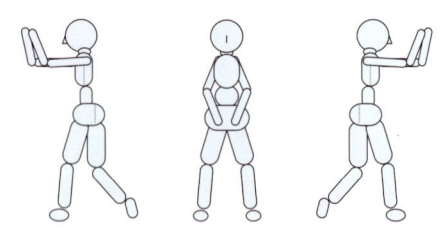

- 目と顔と身体を分離して回す．
- 目線を正面に固定する．
- 手は目の高さまで上げて下ろす（Aと同じ場所）．
- 目は正面を見つめる．
- 身体が右を向いたとき，顔は左を向くことになる．
- 胸椎はAのときほど右に向けない．手をトップまで上げるには，左の肘を伸ばして肩甲骨を動かして左肩を顎の下まで持ってくる．
- 身体が左を向いたときは右肘・右肩甲骨を動かして右肩を顎の下まで持ってくる．
- リズミカルに力を抜いて，上げる・下ろすを繰り返す．

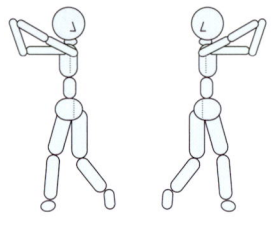

図7　ゴルフおけさ B—顔は正面に保つ

患者への指導方法・予防

　これまで述べたスクワットと脊椎股関節の連動を行うことは二足直立歩行するヒトの動きに必要なトレーニングとなる．体力に応じて負荷を強める．継続すれば予防にもなる．

スイング指導

　ゴルフ障害は身体の構造に合わないスイングを繰り返し行う技術的問題に基づくことが多い．スイング指導は外来，リハの場では限界があるが，練習場のティーチングプロやインストラクターにスポーツ障害および身体の構造を理解させる必要もある．練習現場に健康管理を行うトレーナーもいて，スポーツドクターとの連携がとれることが望まれる．

（渡會公治）

文献

1) 吉原　紳：ゴルフ　一番危険なスポーツ，飛鳥新社，1997．
2) 渡會公治：ゴルフとスポーツ障害・外傷．治療 88：1709-1717, 2006．
3) 渡會公治・他：ゴルフによる体幹部のスポーツ障害．臨スポーツ医 11：151-158, 1994．
4) 渡會公治：スポーツ医学から見た腰痛対策—根治療法：身体の上手な身体の使い方を身につける．MB Orthop 18：22-29, 2005．
5) 渡會公治：上手なからだの使い方，北溟社，2006, pp135-139．

10 体操競技

障害の特徴

　日本体操協会には，体操競技，新体操，トランポリン，一般体操が所属している．今回，体操競技の障害特徴について調査した．

　国立スポーツ科学センター（JISS）で，2002年9月～2013年8月の11年間に国際大会出場前にメディカルチェックを受けた選手の障害を調査し，治療もしくは経過観察を要するとされた障害を集計した．同一選手が同じ年に複数のメディカルチェックを受けていた場合は，年1回のみ障害部位を集

a）男子体操

2002～2013年　11年間
延べ選手数　　58名
延べ件数　　344件

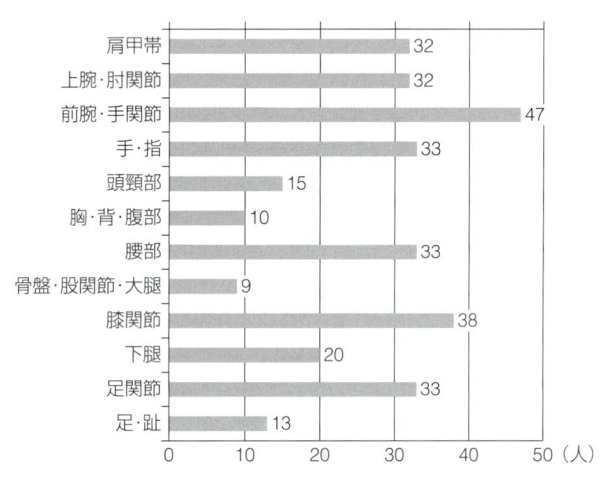

部位	人数
肩甲帯	32
上腕・肘関節	32
前腕・手関節	47
手・指	33
頭頸部	15
胸・背・腹部	10
腰部	33
骨盤・股関節・大腿	9
膝関節	38
下腿	20
足関節	33
足・趾	13

b）女子体操

2002～2013年　11年間
延べ選手数　　37名
延べ件数　　337件

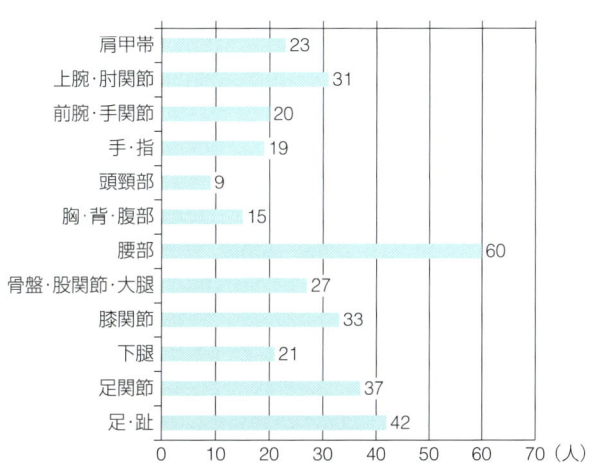

部位	人数
肩甲帯	23
上腕・肘関節	31
前腕・手関節	20
手・指	19
頭頸部	9
胸・背・腹部	15
腰部	60
骨盤・股関節・大腿	27
膝関節	33
下腿	21
足関節	37
足・趾	42

図1　国際大会に参加した体操選手の障害（JISSでのメディカルチェック）

計した．障害を有した延べ選手数は男子58名，女子37名であった．男子では上肢（手関節，前腕，肩，肘関節），腰部，膝関節の障害が多く，女子では腰部，下肢障害が多い傾向にあった（図1）．男子の障害では，手関節の障害が多かったが，手関節の障害が数年にわたり要治療，経過観察として問題となっており，同じ選手で複数回カウントされていた．それと比較し，肩関節の障害は同一選手で複数回カウントされた選手がいなかった．

同様に，横浜市スポーツ医科学センター（YSMC）を受診した体操競技を行う患者の障害部位を集計した．同センターは一般の人に対してスポーツ診療（クリニック），体力測定，スポーツ教室を通して医学・科学的に健康や体力づくりを行う施設である．1998～2013年の16年間に体操競技による外傷や障害でのリハ受診者は男子346名，女子1,070名で小中学生の受診が多く，JISS同様に男子では上肢障害，女子に腰部，下肢の障害が多かった（図2）．

体操競技の男子は床運動，鞍馬，吊り輪，跳馬，平行棒，鉄棒の6種目，女子は跳馬，段違い平行棒，平均台，床運動の4種目が行われている．男子は上肢で支持する競技が多いため，上肢の障害が

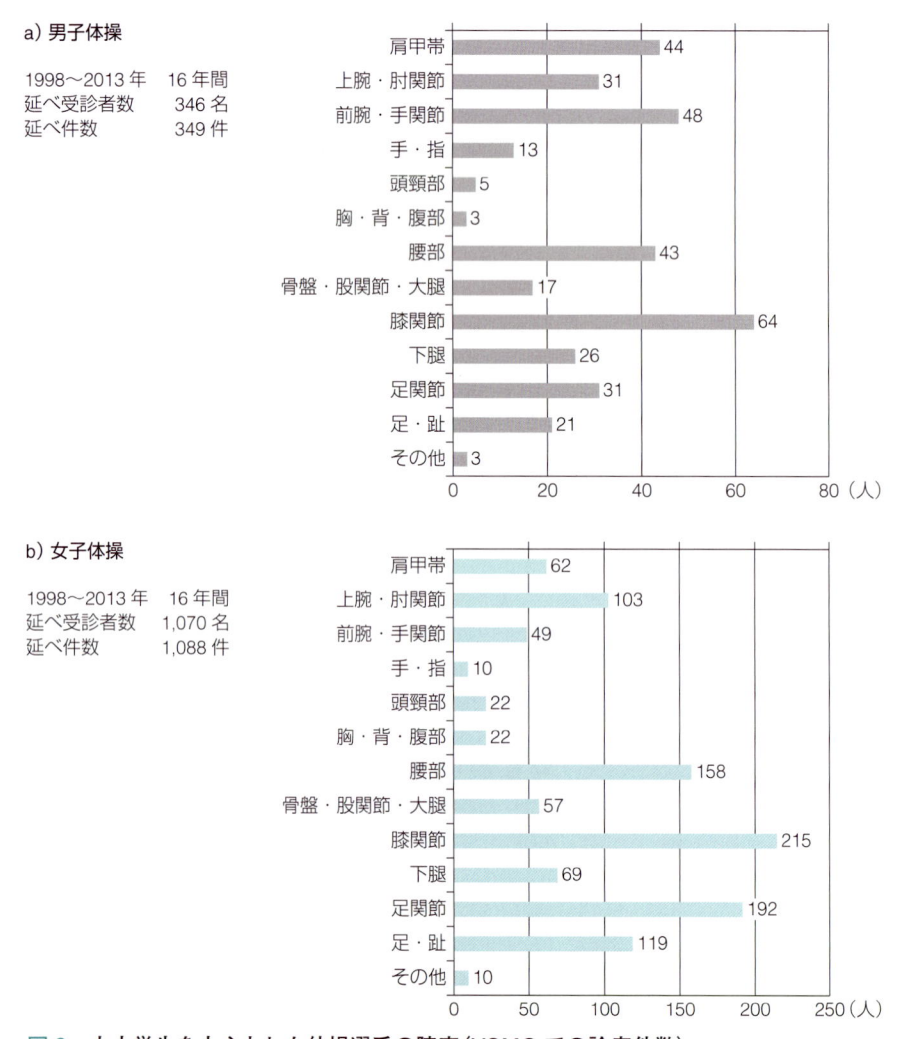

図2 小中学生を中心とした体操選手の障害（YSMCでの診療件数）

a) 男子体操
1998～2013年　16年間
延べ受診者数　346名
延べ件数　349件

部位	人数
肩甲帯	44
上腕・肘関節	31
前腕・手関節	48
手・指	13
頭頸部	5
胸・背・腹部	3
腰部	43
骨盤・股関節・大腿	17
膝関節	64
下腿	26
足関節	31
足・趾	21
その他	3

b) 女子体操
1998～2013年　16年間
延べ受診者数　1,070名
延べ件数　1,088件

部位	人数
肩甲帯	62
上腕・肘関節	103
前腕・手関節	49
手・指	10
頭頸部	22
胸・背・腹部	22
腰部	158
骨盤・股関節・大腿	57
膝関節	215
下腿	69
足関節	192
足・趾	119
その他	10

多い．体操競技は倒立をはじめとする上肢で支持をする運動を行うため，上肢の障害は競技を続けるために大きな問題となる．鏡視下手術の発展は目覚ましいものがあるが，まだまだ肩関節術後は競技復帰することが難しく，障害を予防することが重要である．

体操競技は演技の難しさ，構成，安定性を点数化する採点競技である．技の難しさを難度という．現在，A〜I難度までに分類され，それぞれの技に0.1〜0.9点が配点されている．演技中の10個の技の合計点数に演技の完成度を評価するスコア等が加算され，合計得点によって競われる．1998年にスーパーE難度，2006年よりF・G難度，2013年より女子にI難度が導入された．これにより難度が高い技ほど高得点が期待されるため，高い難度の技に挑戦する選手が増加している．今後，脊椎損傷を含め，外傷・障害が増加しないよう指導者を含め注意が必要である．

肩甲帯のリハビリテーション

肩甲帯のリハは肩関節の障害時に行われるのみならず，肘関節，手関節等の上肢障害のときに行う．上肢障害のリハとしては肩甲帯の可動性が十分にあることと安定性（スタビリティー）が重要である．肩甲骨の動きが制限され不安定であると，その動きの代償として肘関節，手関節に過度の屈伸や回旋を強いないと技をこなすことができない．そのため，肩関節のみならず肘関節，手関節の障害の原因になると考えられる．

(1) 肩のセルフチェック

体操競技ではアウター筋の発達により肩関節の可動域が制限されていることが多い．

肩関節の障害予防には十分に可動域を確保しなければならない．

①壁や床に背中をつけて，両側の肩甲骨がしっかりと壁面もしくは床面についている状態を保ちながら両上肢を外転させ，耳の外側まで挙上させた際，左右差なく肩甲骨が壁面についているか，問題なく挙上できるかを確認する．壁面から浮くようであれば，肩甲骨の可動性が低下している（図3）．

②肩を最大可動域で可動させた（上肢をグルグルと回す準備体操）とき，もしくは平行棒等を使用

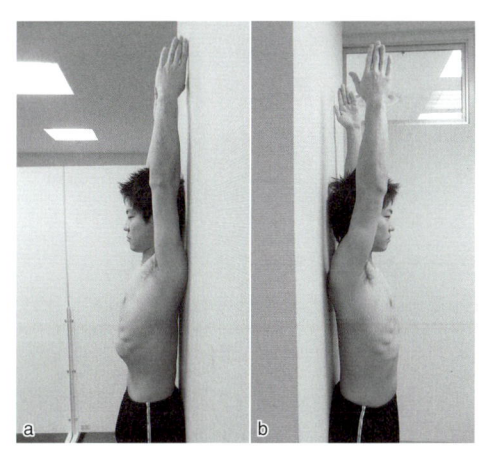

左肩(a)は肩甲骨が壁面についている状態で肩関節が最大挙上しているが，右肩(b)は肩甲帯の可動性が低下している肩甲骨が壁面から離れてしまっている．

図3　肩のセルフチェック

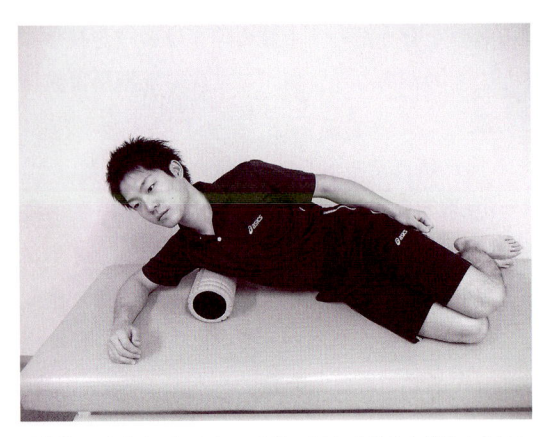

円筒状のデバイス(ストレッチポール)に体重をかけるようにしながら，前鋸筋をほぐす．

図4　肩甲骨周囲筋ストレッチング A

壁を用いて肩関節を最大挙上位とし，さらに肘関節を屈曲することで上腕三頭筋を伸張させる．

図5　肩甲骨周囲筋ストレッチング B

し両上肢支持位で身体を倒立までした際に痛みや違和感が出現するようであれば，肩峰下関節で肩板を挟み込んでいる（インピンジメント）可能性がある．違和感がなくなるまで肩のストレッチングやリラクセーションを要す．

(2) 肩関節のストレッチング（図4, 5）

可動域を改善させるために前鋸筋や上腕三頭筋のストレッチングを行う．肩甲骨周囲筋ストレッチング A は側臥位で筒状のポール（ストレッチポール）を使用し，前鋸筋に刺激を与えながらストレッチングを行う．このように何かで刺激しながらストレッチすることが効果的である．

肩甲骨周囲筋ストレッチング B は肩関節を最大挙上させ，肘を屈曲させることにより上腕三頭筋を伸張させる．図5のように壁を使用して肩関節をより屈曲させるとよい．肩甲帯の可動性には鎖骨下の小胸筋，頸部後方の僧帽筋，頭板上筋のマッサージも行うとよい．

練習前後にストレッチングを行い，肩関節可動時に左右差や制限がないことを確認する．

(3) 肩甲骨周囲筋のトレーニング（図6）

肩関節のスタビリティーを増加させるためにインナーマッスルの強化は重要である．チューブやボールを使用し個々のインナーマッスルをトレーニングする方法があるが，指導者やトレーナーがいないと，実際に動かしたいインナーマッスルが可動しているか確認することは難しい．特に体操選手は三角筋が発達しており，インナーマッスルを意識することが難しい．

図6のように肩関節のスタビリティーを意識させるために，肩甲骨は菱形筋を収縮させ内側にしっかりと寄せた状態でチューブを引く．菱形筋を強化するとともにインナーマッスルを緊張させ，肩甲骨を寄せる感覚を養う．この方法は，選手本人が肩甲骨の位置を意識しやすく，複合的にインナーマッスルを強化できる．トレーニングは，20回×3〜5セット程度を目安とし，軽い負荷のチューブを用いて行う．

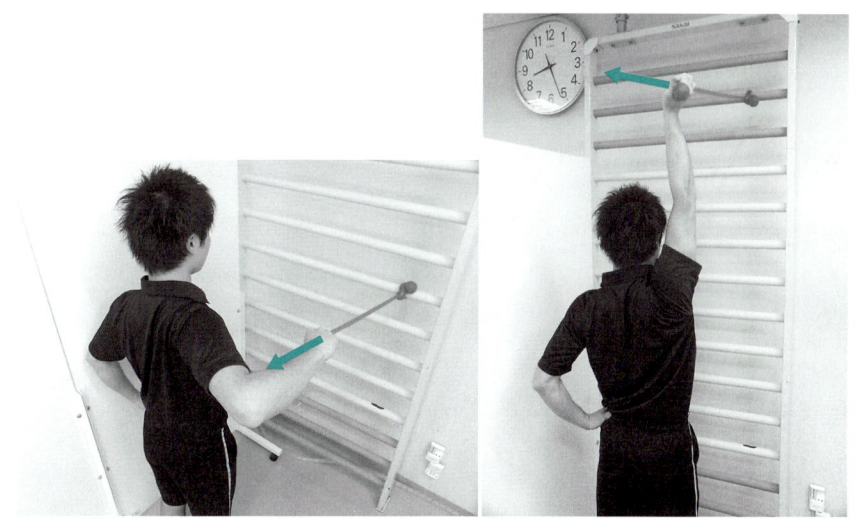

肩関節の外転角度を変化させながら，チューブ抵抗下で肩甲骨内転筋群のトレーニングを行う．

図6　肩甲骨周囲筋トレーニング

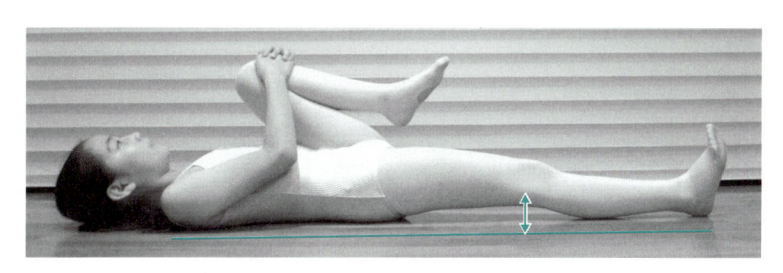

伸展した下肢の膝が浮いた距離を測定する．腸腰筋の固さの指標となる．

図7　股関節セルフチェック

体幹のリハビリテーション

　腰部，下肢の障害時に特に行うリハである．股関節のストレッチング法と体幹筋の強化について述べる．

(1) 股関節のセルフチェック

　体操選手は柔軟性があると思われがちだが，股関節の柔軟性が低下していることがある．股関節の柔軟性が低下すると腰部に過度のストレスがかかり腰痛を引き起こし，また着地時の衝撃を吸収する際に股関節の動きが不良であると膝や足関節に負担がかかる．

　背臥位で左股関節最大屈曲（膝関節屈曲位），右股関節伸展時に左股関節（鼠径部）に違和感が出ないか，もしくは右膝が床から浮いてしまわないか確認する．左右を確認し，屈曲した股関節の違和感が出るようであれば大腿前面筋の固さ，伸展した下肢の膝が床から浮くようであればその下肢の腸腰筋の固さが生じている（図7）．左右差のないように，股関節周囲が満遍なく柔らかいことが障害予防に重要である．

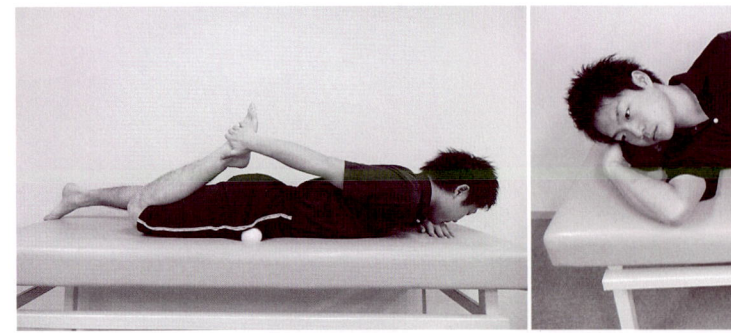

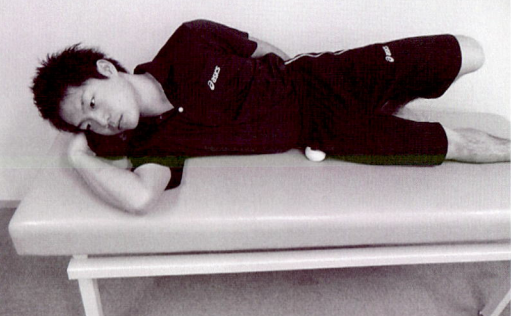

大腿直筋や大腿筋膜張筋の位置にボールを入れ，体重をかけながら股関節前面の筋をほぐす．

図8　股関節ストレッチング

バランスボール等を用いて，不安定な状況下で身体を支持するトレーニングを行う．

図9　体幹トレーニング

(2) 股関節のストレッチング (図8)

図8のように大腿直筋や大腿筋膜張筋をストレッチし，ボールを使用し刺激すると効果的である．図ではテニスボールを使用している．はじめは痛みを伴うことがあるが，徐々に慣れてくる．

(3) 体幹のトレーニング (図9)

体操競技では着地の正確性も競技の点数の大きな要素である．回転性の動き，倒立等，どの動きも体幹のスタビリティーがないとしっかりと保持できず安定して行えない．

体幹筋のトレーニングとして最も基本的な運動は深呼吸で，腹横筋を意識させるものである．肘立て位で腹横筋と殿筋を緊張させるスフィンクスのポーズがある．肘立て位から肘を伸展し上肢支持とし，図9のように上肢も不安定な状態で行うと難易度がさらに上昇する．体操競技を行っている選手であれば難しい状況でのトレーニングもできるようになりたい．

女性アスリートの三徴候

女性アスリートの練習が増えると，運動による消費カロリーが増し低栄養状態となると，代謝やホルモンの機能が阻害され，無月経となる．摂食障害，月経異常，骨粗鬆症は相互に影響しており，

1980年代より女性アスリートの三徴候といわれている[1]．特に減量を必要とする競技，長距離走女子選手や審美系の新体操に多くみられる．

2005年に新体操指導者に対して行ったアンケート調査（有効回答149名）によると，新体操女子選手に無月経（原発性無月経，続発性無月経）の経験者が51.7％で，一般の女子高校生の無月経経験者の4.6％[2]と比較して多いことがわかった．無月経の原因は体重の減少，練習量の増加，環境の変化によって引き起こされていた．新体操指導者のアンケート調査では，選手時の無月経が骨折や妊孕性を損なうとはいえないという結果であった[3]．

しかしながら，無月経は代謝やホルモンの低下を意味し，エストロゲン低下は10代で形成される骨塩量に影響を及ぼし，骨密度のピークボーンマスが低下し骨粗鬆症を発症する．これにより疲労性骨折を繰り返すこともある．また，ジュニア期から低栄養であると子宮，卵巣の発達に影響し，妊孕性が低下する．エストロゲンとプロゲステロンの分泌異常があると子宮がんの発症リスクを高める[4]．

摂食障害は一般に間違ったダイエットや自分の体型イメージと理想とのギャップが大きいと起こりやすく，食思不振，拒食症や過食等がみられる．食欲の低下は，体力の低下，脱水，疲労，集中力やモチベーションの低下，うつ，電解質の異常，情緒不安定，睡眠不足を引き起こし，コンディション不良のためパフォーマンス低下を引き起こす．

無月経に陥った選手は，練習や大会に参加するときにそのほうが楽であると思うことがある．また，競技種目によっては指導者が月経の発来による体型の変化を望まないこともある[5]．骨粗鬆症，疲労性骨折や妊孕性，子宮がんの発症リスク等の問題を知らずに放置してしまうことがある．

治療方法

まず行うのは食事と練習強度の見直しであるが，改善がなければ産婦人科を受診し，ホルモンの血中濃度検査，必要に応じてホルモンの補充療法等を行いたい．

女性アスリートの三徴候は，十分な食事の摂取，練習量の軽減，精神的ストレスの軽減，体重の増加により回避することができる．毎日の体重，体温，摂取カロリー測定等で早期に選手の体調不良を発見したい．選手が引退後，骨粗鬆症，不妊，がんの発症等の問題に直面することがないよう啓発していきたい．

〔瀬尾理利子　高橋佐江子　木村　佑　小野田桂子　奥脇　透〕

文献

1) Grooms AM：The female athlete triad. *J Fla Med Assoc* **83** (7)：479-481, 1996.
2) 辻岡三南子・他：女子高校生における続発性無月経．慶應保健研 **21**(1)：2003.
3) 瀬尾理利子・他：新体操選手における無月経と現役引退後の妊孕性および骨折との関係について．日臨スポーツ医会誌 **21**(4)：5228, 2013.
4) 綾部琢哉：ダイエット．産と婦 **75**(5)：550-554, 2008.
5) 難波　聡：無月経への対策．日臨スポーツ医会誌 **21**(3)：2013.

11 陸上競技

❖ はじめに─陸上競技によくみられる外傷・障害

　陸上競技は走る，投げる，跳ぶというように運動動作が多岐にわたっており，それに伴い外傷・障害も数多くみられる．また，競技種目により，障害に異なる特徴がみられる点が他の競技の場合と大きく異なる点である．

　陸上競技によくみられる外傷・障害としては，肉ばなれ，膝関節慢性障害，シンスプリント，疲労骨折，アキレス腱炎，足底腱膜炎等が挙げられる．このうち，肉ばなれ以外はいわゆる使い過ぎ（オーバーユース）により生じている．陸上競技の外傷・障害としては急性，外力（筋力を含めて）が大きく関係する「外傷」より，慢性的に小さな外力，ストレスが発症に関与した「障害」のほうが多くみられる．

　本項では，陸上競技に多くみられる代表的な外傷・障害についていくつか触れ，それに対するリハ治療を，障害名や障害部位別に簡単に述べることとする．

▌種目別にみた外傷・障害

　陸上競技における外傷・障害は競技種目が多いため多岐にわたるが，下肢に多く発症し，特に下腿，足部の障害が目立つ．ラグビーやバスケットボール等のコンタクト系では外傷が約8割を占めるが，陸上競技の場合は外傷が少なく，使い過ぎによる障害が多いのが特徴である．

　陸上競技で多くみられる代表的な外傷・障害を，種目別に分類した(表)．短距離・ハードル系では，ハムストリングスの肉ばなれが圧倒的に多いことが特徴的であり，他に成長期における骨盤周囲の剥離骨折が目立つ．ともに強大な筋力が発症に関与している．

　中・長距離系では，走り過ぎにより疲労骨折やシンスプリントが問題となる．膝関節周囲の慢性障害も多くみられるが，下腿から足部にかけての障害が特徴である．疲労骨折は女子長距離ランナー，特に摂食障害，生理異常，骨粗鬆症を伴ったランナーに多くみられる．

　跳躍系では，遠心性筋収縮が関係するジャンプ等が原因で肉ばなれを生じている．短距離同様の外傷・障害がみられるが，踏み切り動作等で足関節を捻挫する例も多い．

　投てき系は他の種目と違い，投げる動作が入るため，肩や肘・手関節障害がみられるが，他に慢性的な腰部障害も多い．

▌外傷・障害予防，コンディショニング，メディカルチェック

　スポーツ外傷・障害の要因は，体調，精神状態，技術，種目特性，ストレッチング・アイシング・筋力トレーニング，ウォームアップ・クールダウン等のコンディショニング，トレーニング（強度，

表　種目別の代表的な外傷・障害

短距離・ハードル	中・長距離
肉ばなれ　※圧倒的に多いことが特徴 シンスプリント（過労性骨膜炎） 疲労骨折 アキレス腱炎 剥離骨折（骨盤周囲） 腰部障害 足関節捻挫 膝蓋腱炎（ジャンパー膝） 膝関節靱帯損傷	疲労骨折　※比較的多いことが特徴 シンスプリント 膝関節周囲の慢性障害 （ランナー膝，腸脛靱帯炎，鵞足炎， 　タナ障害，膝蓋腱炎等） 足底腱膜炎 アキレス腱炎 後脛骨筋腱炎 腓骨筋腱炎 腰部疾患（坐骨神経炎）
跳躍	投てき
肉ばなれ シンスプリント ジャンパー膝（膝蓋腱炎） 疲労骨折 足関節捻挫（踏み切り等） 足底腱膜炎 アキレス腱炎 剥離骨折（骨盤周囲） 腰部障害	やり投げ肘 肩腱板損傷 肘・手関節障害 腰部障害（腰椎椎間板ヘルニア） 肉ばなれ

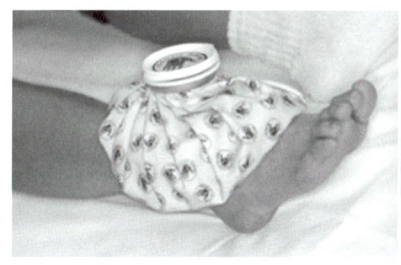

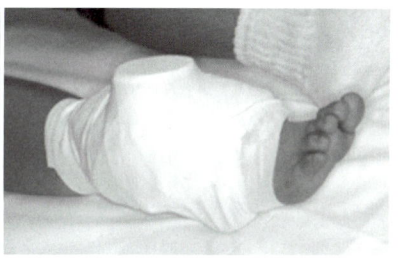

図1　アイシング，圧迫，固定，安静

頻度，質，量），環境（気温湿度等の天候，路面，用具）等多岐にわたる．これらの要因が複雑に絡み合って，またときには単純な要因で外傷・障害が発症する．そのさまざまな要因の中で，スポーツ外傷・障害の予防に重要なのは何かという問いに，「アイシング」「ストレッチング」「筋力トレーニング」「メディカルチェック」を挙げる選手や指導者は多い．

（1）アイシング

　アイシングは外傷の急性期の応急処置だけでなく，慢性障害の治療，予防のひとつとしても行われている（図1）．アイシングの効果を予防の点からみると，スポーツ中のアイシングは筋温の上昇を抑制し，体力の消耗を防ぐ効果がある．スポーツ後のアイシングは使い過ぎた組織の炎症を軽減し，新陳代謝の低下とともに疲労回復にも役立つとされる．アイシングにより筋疲労の軽減や慢性疼痛の軽減が得られる．

時間の目安：左右それぞれ 10〜15 秒

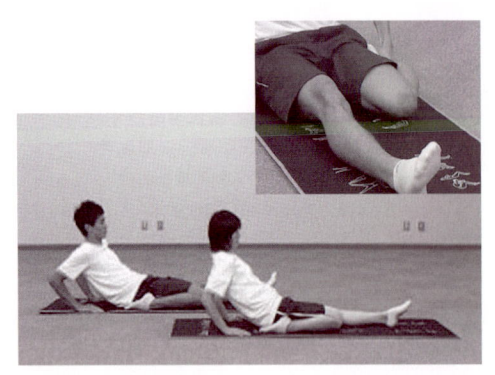

〈負荷を弱めたい場合〉

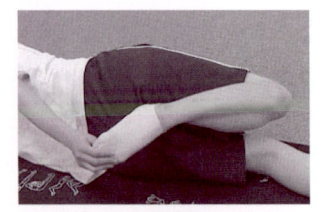

横向きでつま先を持ち，
踵をお尻に引き付ける．

座位で片方の膝を曲げ，
腕で体を支えながら伸ばす．

〈負荷を強めたい場合〉

上体を後ろに倒す．

〈さらに負荷を弱めたい場合〉

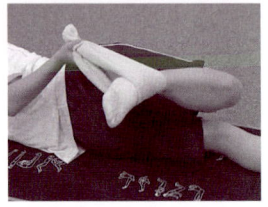

タオルを使用し曲がる範囲で行う．

図2　大腿四頭筋のストレッチング

　皮膚表面を急激に冷やす市販の冷却剤や固く凍った氷よりも，溶けかかった氷を勧める．損傷部位は皮膚表面ではないため，じっくり冷却したほうがよいためである．アイシングを行うとそのうち感覚が麻痺してくるが，感覚がなくなり，色調が真白になり，血流がないときは，凍傷を引き起こす危険があるため，アイシングを中止する必要がある．
　現在，アイシングの重要性は認識されているが，しかし実際は，選手はケガをしない限りはあまりアイシングをしないのも事実である．

(2) ストレッチング

　ストレッチングは，静的ストレッチングと動的ストレッチングに大別される．
　静的ストレッチングでは反動を利用せず，ゆっくりと筋を伸張するため，筋損傷を起こすことなく，安全に柔軟性を得ることができる（図2）．通常は10〜15秒前後，痛みを感じる手前の心地よい程度で静止すればよい．
　より専門的なレベルに達したアスリートでは，反動を利用した動的ストレッチングも重要である．このストレッチングでは主要な筋群だけでなく拮抗筋群の収縮弛緩を利用している．この相反抑制により伸張反射による筋収縮を抑制できる．動的ストレッチングは単関節の屈曲・伸展だけではなく回旋にも有効であり，全身の複合運動のストレッチングが可能である．静的ストレッチングだけではパフォーマンスが低下することがあり，競技前には動的ストレッチングも必ず行うようにする．
　スポーツ後は，筋の興奮性を沈静化させ，リラックス効果を得るために静的ストレッチングだけで十分である．

(3) 筋力トレーニング（図3）

　外傷・障害を予防するためには筋力は重要である．スポーツ復帰のためにも筋力の回復は重要な条件となる．肉ばなれの発症にはさまざまな要因があるが，そのうちのひとつとして筋力のアンバラン

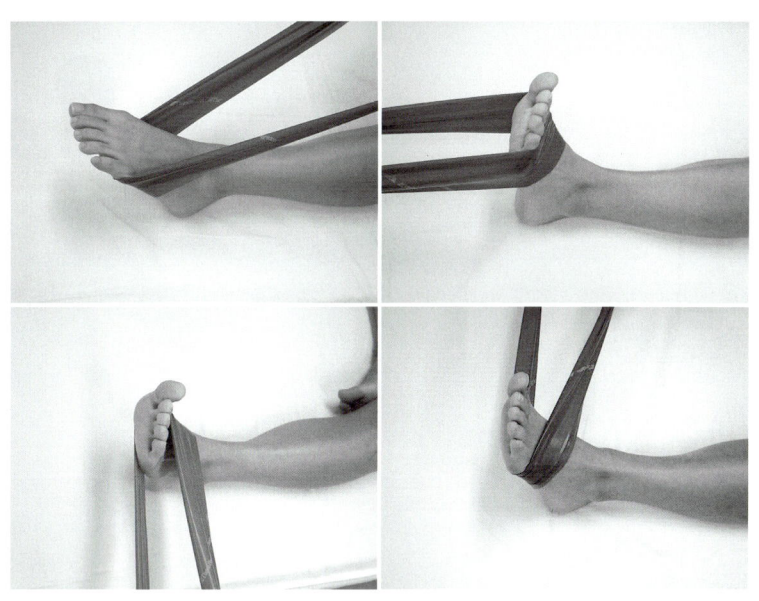

図3　足関節の筋力トレーニング─足関節のチューブ訓練

スも指摘されている．外傷・障害を予防するためには，筋力トレーニングは大きな鍵となるが，具体的な実施方法は個々の項目を参照されたい．

(4) メディカルチェック

外傷・障害の予防，コンディショニング把握のため，メディカルチェックは重要である．メディカルチェックでは，既往歴の把握，アライメント（四肢や関節の軸）や全身関節弛緩性のチェック，現在の外傷・障害のチェック，隠れたマイナス因子の把握，アンチドーピング対策等を行う．これにより，今後起こしやすい障害を把握して，予防策として筋力訓練や競技種目に合った練習を組み立てることができる．さらに，メディカルチェックの実施は，アスリートが自分の状態を把握して，それを正確に第三者に伝える能力を鍛えることにも役立つ．

(5) 全身関節弛緩性とタイトネスチェック

メディカルチェックでは，全身関節弛緩性をチェックするとよい．全身関節弛緩性は7項目にて判定する（図4）．それぞれの項目が両側で可能なときを1点，半側のときを0.5点として，7項目中4点以上を全身関節弛緩性陽性とする．関節は大きな可動域と強い筋力を備えていることが重要である．関節が硬い選手はストレッチングをきちんと行い，柔軟性の低下や可動域の低下と関連した外傷・障害を予防することが大切である．逆に関節の柔らか過ぎる選手は外力への抵抗が弱いため，筋力を十分に鍛えて，過剰な関節の動きを強制された結果生じる靱帯損傷等に備える必要がある．

全身関節弛緩性は単関節の弛緩性を調べているが，複合的なタイトネスチェックとしては下肢伸展挙上テスト（SLR），尻上がりテスト（hip heel distance；HHD測定）等がある．SLRテストは図5に示したようにハムストリングスの硬さをチェックするもので，仰臥位で下肢を他動的に（踵部分を持ち上げながら）挙上する．外傷・障害を起こす前にチェックしておくと，コンディショニングを把握し，外傷・障害からの復帰の目安とすることができる．

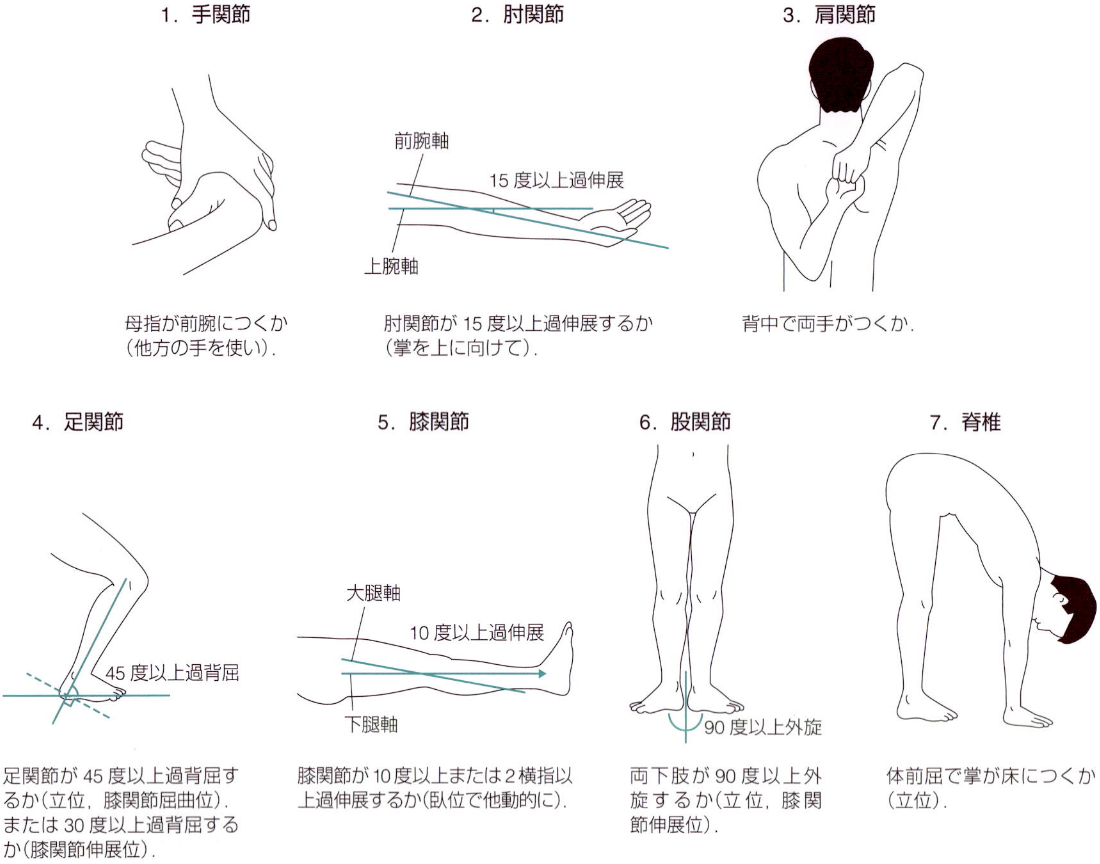

1. 手関節
母指が前腕につくか（他方の手を使い）．

2. 肘関節
前腕軸
15度以上過伸展
上腕軸
肘関節が15度以上過伸展するか（掌を上に向けて）．

3. 肩関節
背中で両手がつくか．

4. 足関節
45度以上過背屈
足関節が45度以上過背屈するか（立位，膝関節屈曲位）．または30度以上過背屈するか（膝関節伸展位）．

5. 膝関節
大腿軸
10度以上過伸展
下腿軸
膝関節が10度以上または2横指以上伸展するか（臥位で他動的に）．

6. 股関節
90度以上外旋
両下肢が90度以上外旋するか（立位，膝関節伸展位）．

7. 脊椎
体前屈で掌が床につくか（立位）．

図4 全身関節弛緩性 7項目

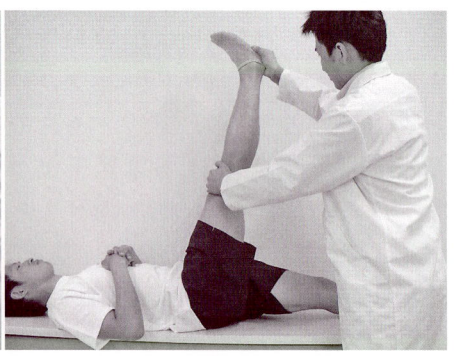

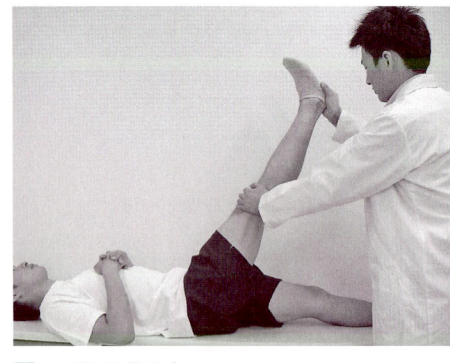

図5 SLRテスト

　尻上がりテストは，大腿四頭筋の硬さをチェックする．腹臥位にて，足甲等をもち，他動的に膝関節を屈曲させ，踵を殿部に近づける．膝関節の屈曲角度により重症度の判定材料とし，殿部が持ち上がる前までの踵から殿部の距離（HHD）を測定する．SLRテスト同様，事前のコンディショニングの把握，スポーツ復帰への目安をつけることができる．

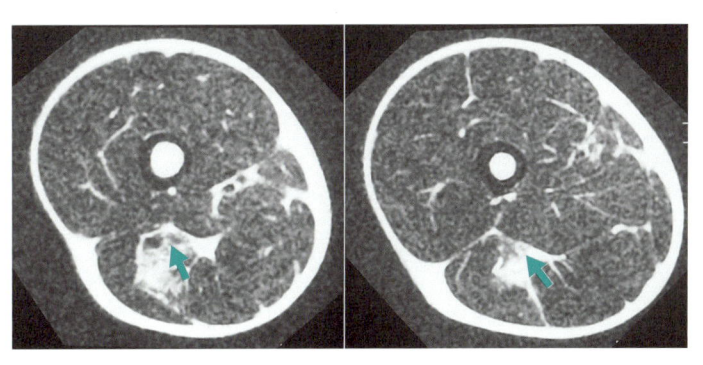

矢印：出血部位.
図6 肉ばなれのMRI（大腿二頭筋，軽症例）

肉ばなれ

　筋肉，筋膜の部分断裂を一般に肉ばなれというが，その程度はさまざまである．急激な筋収縮活動に伴って生じるが，遠心性筋収縮の関与が大きい．肉ばなれは陸上では短距離走やハードル競技で生じることが多い．短距離走では疾走中に（主に接地前後に），ハムストリングスによる股関節伸展中に，脚を早く前に出そうと大腿四頭筋による股関節屈曲および膝関節伸展作用が生じる[1]．このときハムストリングスには遠心性筋収縮が生じており，羽状筋であるハムストリングスは筋腱移行部等で筋膜の出血や部分断裂を生じる．大腿二頭筋に最も多くみられる．筆者の例では，ハムストリングスの肉ばなれは全体の88％を占めているが，これは陸上競技部員が多いせいもあり，他の施設より発生率が高い．

　診断は，現病歴，局所圧痛，陥凹等を参考とし，画像診断ではMRIが非常に有用である（図6）．理学所見では前述のSLRテストが有用である．重症例では膝関節の進展でさえ困難なときがあるが，SLRテストでの下肢の挙上程度（伸展度）が回復の目安となる．

　本症における治療は保存療法，アスレティックリハが主体となる[2]．

　急性期にはRICE処置を基本とし，組織修復，抗炎症，鎮痛効果を期待して，ときに低周波治療を併用する．SLRテスト等にてハムストリングスの伸展時痛が軽快したのち，運動療法を開始する．非荷重訓練から順次，荷重訓練へと移行していく．具体的には腹臥位での股関節伸展訓練，ブリッジ等を行う．SLRにて健側との差がほぼ消失したら，ランニング，レジスタンストレーニングを開始する．非荷重でのプローンレッグカール，荷重でのスクワット等が行われる．必要に応じて，PNF（proprioceptive neuromuscular facilitation）等の強調訓練等も併用する．ランニングメニューに関してはコーチの意見を優先する．

　上記のように急性期から回復期まで段階的にリハを行うが，復帰までの期間は肉ばなれの損傷程度により大きく異なる．軽症例では2〜3週間での復帰が可能であるが，重症例では数カ月を要することも少なくない．遠心性筋収縮力が十分に回復してからの復帰が大切である．肉ばなれにおけるリハの一例を図7[3]に示す．

経過内容	24〜72時間	1週	2週	3週	4週
疼痛の評価		圧痛減少 → 伸展痛消失	↗ 求心性抵抗運動時痛消失	↘ 遠心性抵抗運動時痛消失	↗ 運動時(ランニング)痛消失
物理療法	RICE＋微弱電流	温熱療法(ホットパック、交代浴) 電気療法(超音波、低周波) 鍼灸療法 →			
ストレッチング		スタティックストレッチング →	PNFストレッチング →	ダイナミックストレッチング →	バリスティックストレッチング
筋収縮形態		等尺性収縮 → 求心性収縮		→ 遠心性収縮	
持久力 心筋持久力 筋持久力		エアロバイク → エアロバイク(アイソキネティックモード) →			
ランニング		歩行 → ジョギング →	ランニング →	スプリント →	スタートダッシュ 加速走
協調性トレーニング (神経-筋)		BOSU → バランスボール		→ エルゴメータ立ちこぎ	

図7　肉ばなれのリハビリテーション

(増田, 2011)[3]

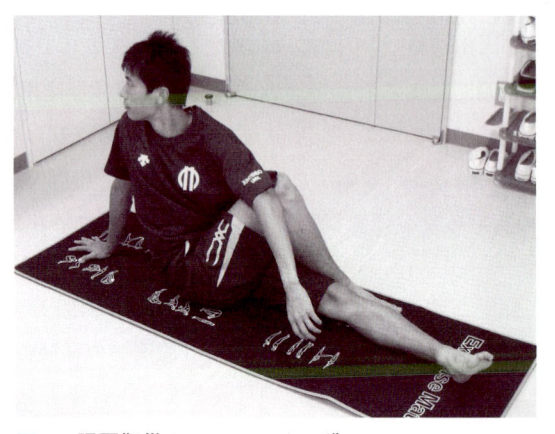

図8　腸脛靱帯のストレッチング

膝関節慢性障害

　オスグット病，ジャンパー膝（膝蓋腱炎），膝蓋骨亜脱臼症候群，タナ障害，鵞足炎等の膝関節慢性障害は他のスポーツ種目でもよくみられるが，陸上競技においては腸脛靱帯炎が特徴的に多くみられる．腸脛靱帯は膝関節の外側に位置し，大腿骨外側上顆の部分でいわゆる摩擦を起こして腸脛靱帯炎が発症する．同部位を圧迫しながら膝関節を伸展させると，局所に疼痛を訴える（grasping test）．長距離ランナーに圧倒的に多く発症する[4]．

　治療としてはランニング中止，走行路面チェック，アライメントをみての足底板処方等がなされるが，リハとしてはストレッチング（図8）が主となる．ときに局所注射，解離術等の手術も考慮されるが，その適応はほとんどない．

シンスプリント

シンスプリントは，過労性脛部痛，過労性骨膜炎ともよばれる．下腿下1/3付近，脛骨後内側中心のさまざまな程度のスポーツ活動と関連した痛みの総称である．骨膜を含めた筋腱の炎症である．通常走らない限りは疼痛は生じないが，Walshら[5]の分類にみられるstage 4は安静時でさえ疼痛がみられ，後述する疲労骨折との鑑別が問題となる．

主に中・長距離ランナーに生じる．女子の発生率が高い[6]．シンスプリントはあまりトレーニングされていないアスリートに多くみられるとの意見もあり，選手は「素人病」といわれるのを嫌がり，本症を隠すことがある．

治療は保存的に行う．本症では発生部位との関係から，長趾屈筋や後脛骨筋の硬さがみられることがあり，これらの緊張を解くリハ，ストレッチングが推奨される．アスレティックリハとしては着地の衝撃を和らげるため，KBW（knee bent walk）等を行う．

疲労骨折

疲労骨折は，ランニング等によりごく小さな外力が繰り返し作用する結果，骨に微小骨折様の変化を生じ，ときに完全骨折に至ることもあると定義される．16，17歳をピークとするが，大学生，実業団選手を多く診察する筆者の統計では18歳に発症のピークがみられる．脛骨（図9），中足骨（図10）に多くみられるが，下肢だけではなく，上肢や胸郭にも稀にみられる．本症は摂食障害，生理異常（主に無月経），骨粗鬆症を伴った女子ランナーに生じやすい（female athlete triad）．いったん生じると治癒するまで，2，3カ月を要することが多く，長距離ランナーでは重大な障害である．

筆者の調査では早期診断例はランニングへの復帰が早かったため[7]，早期診断を重視している．早期診断には骨シンチグラフィー，MRIが非常に有用である．骨シンチグラフィーでは必ず陽性所見

Key Words

走ることと障害

今，ランニング，いわゆる「走る」人は，非常に多くみられる．しかしそれに伴い，ランニング障害も頻発している．2013年，日本体力医学会と日本陸上競技連盟医事委員会は下記の「マラソンに取り組む市民ランナーの安全10か条」を作成している．安全な走りのために参考にしてほしい．

〈マラソンに取り組む市民ランナーの安全10か条〉
1. 普段から十分な栄養と睡眠をとりましょう．
2. 喫煙習慣をやめましょう．
3. メディカルチェックを毎年受けましょう．
4. 生活習慣病がある方は，かかりつけ医とよく相談しましょう．
5. 計画的なトレーニングをしましょう．
6. 気温，湿度に適したウエアの着用と，適切な水分補給をしましょう．
7. 胸部不快感，胸痛，冷や汗，フラツキなどがあれば，すぐに走るのを中断しましょう．
8. 足，膝，腰などに痛みがあれば，早めに対応しましょう．
9. 完走する見通しや体調に不安があれば，やめる勇気を持ちましょう．
10. 心肺蘇生法を身につけましょう．

（日本体力医学会，日本陸上競技連盟医事委員会）

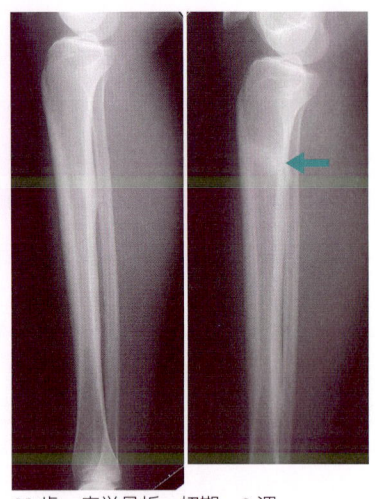

図9　脛骨疲労骨折の初期（3週）

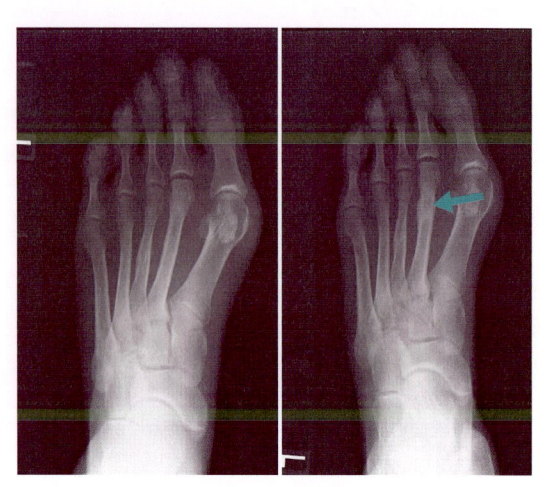

図10　中足骨疲労骨折（第2中足骨）

を呈する．それに対し，MRIも有用であるが，部位によっては必ずしも陽性所見を呈さないため注意を要する．脛骨下部の疲労骨折ではときにシンスプリントとの鑑別が問題となるが，通常シンスプリントでは，骨シンチグラフィーははっきりした陽性所見を呈さないため鑑別できる．現在，骨粗鬆症の把握，疲労骨折の早期診断のため骨代謝マーカーを利用している[8]．疲労骨折では特に骨吸収マーカーが高い数値を示す．

　疲労骨折における治療は，脛骨中央例，第5中足骨例を除いて保存的に治療する．治療の根本は安静，ストレッチング，筋力トレーニングである．走ると痛いため，ランニングは中止することが多い．しかし，痛くなければ歩いてもよい．プールウォークも推奨する．

アキレス腱炎・付着部炎

　アキレス腱炎はより詳細に分類すると，アキレス腱の実質が損傷されるアキレス腱炎と，その周囲が炎症を起こすアキレス腱周囲炎に分けられる．また，アキレス腱付着部では繰り返しの牽引力が誘因となる付着部炎[9]と，突出した踵骨後上突起が原因となる滑液包炎に分けられるが，本症の原因はさまざまであり，一概に原因を突き止めるのは容易ではない．

　本症における痛みは，朝または階段昇降時に多くみられる．診断において筆者は，同部のつまみ動作による痛みの再現を重視している（two finger squeeze test）．

　治療は保存療法が主となるが，ときに局所注射も行われる．ステロイドと局所麻酔薬の併用はよく行われるが，頻繁に行うことは推奨できない．そのような例には最近ヒアルロン酸の局所注射も行われるようになった．付着部炎の難治例には手術（踵骨後上突起の切除，滑液包炎の切除）が行われることもあるが，その適応は慎重でなければならない．通常行われる保存療法では安静，運動量の減量，ストレッチングが基本となる．アキレス腱を構成している下腿三頭筋に拘縮傾向がみられるため，同部のマッサージ等のケアを勧める．下腿のカーフストレッチングとしては，膝関節を伸展してのスト

時間の目安：左右それぞれ 10〜15 秒　　①気をつけの姿勢から，片方の脚を後ろへ引く．

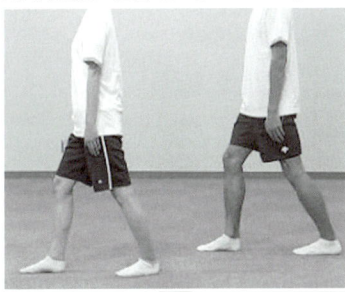

膝を伸ばして行う場合は，腓腹筋　｝が伸張
膝を曲げて行う場合は，ヒラメ筋

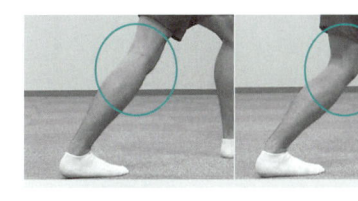

②両手をもう一方の膝の上に置き，前方に体重をかける．伸びる感じが得られるところで止め，じんわり伸ばす．

悪い例　後ろ足の踵が浮く，つま先が外側に向く．

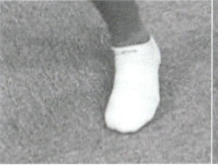

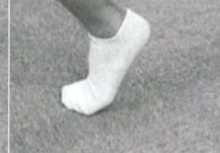

図 11　カーフストレッチング（下腿三頭筋）

レッチングと，膝関節を屈曲してのストレッチングの双方を行うとよい．前者では二関節筋である腓腹筋が伸張され，後者では単関節筋であるヒラメ筋がよく伸張される（図 11）．

（桜庭景植）

文献

1) 伊藤 亮・他：100 m 中間疾走局面における疾走動作と速度の関係．体育学研究 43：260-273, 1998.
2) 白木 仁：ハムストリング肉離れ　肉離れを防ぐリハビリテーション．臨スポーツ医 25（臨時増刊号）：86-92, 2008.
3) 増田雄一：復帰を目指すスポーツ整形外科（宗田 大編），メジカルビュー社，2011, p280.
4) 増島 篤：腸脛靱帯炎．整・災外 25：1833-1838, 1982.
5) Walsh W et al：Musculoskeletal injuries in sports. The team physician's handbook, Hanley & Belfus, 1990, pp251-258.
6) Plisky MS et al：Medial tibial stress syndrome in high school cross-country runners：incidence and risk factors. J Orthop Sports Phys Ther 37：40-47, 2007.
7) 桜庭景植：成長期のスポーツ損傷と障害　部位別にみた成長期のスポーツ損傷と障害　疲労骨折．整・災外 43：1195-1205, 2000.
8) 桜庭景植, 石川拓次：女子長距離ランナーの骨塩量および骨代謝マーカーと疲労骨折に関する研究．デサントスポーツ科学 29：183-189, 2008.
9) 熊井 司：アキレス腱付着部障害．足の外科の要点と盲点（山本晴康編），文光堂，2006, pp348-353.

Column

箱根の山はキビシイ……

　通称，箱根駅伝，「東京箱根間往復大学駅伝競争」は，1920年に始まった．始まりのきっかけは，アメリカ大陸を継走での横断を実施するためとのことであるが，要するに強い長距離選手，マラソンランナーをつくることが目的であった．

　1912年，ストックホルムでのオリンピックに，日本人として初めてのマラソンランナーとして，金栗四三氏が出場した．前年の予選会では驚異的な記録をつくっていたが，オリンピックでの初マラソンは，高温下での途中棄権であった．行方不明ともいわれたが，実際は脱水による意識障害であったと考える．その金栗氏が，日本でも世界に通じるマラソンランナーをつくろうと始めたのが箱根駅伝のきっかけでもある．

　その駅伝はいまや日本の正月の風物詩となっている．今，まさに一富士二鷹三茄子で，富士山を一番早く見るチーム，箱根の山を制するチームが勝利を収めている．かつては当大学にも元祖「山の神」がいたが，今は……である．

　とにかくたくさんの人が見ている．最近は正月に暇な人も忙しい人も，現場にもよく来ている．以前は沿道で「スイマセン〜，関係者ですので」と言ってスイスイ前に出られたものであるが，今は「何言ってるの，私たち，1時間前からここにいるのよ！！」と，何重にも並んでいる観客の前に出るのは難しくなった．業者，テレビ局の宣伝もすごい．これは大学でも同じような意味合いを持つようになった．どこの大学も，箱根駅伝への力の入れ方はすごい．そして箱根駅伝選手は，大学の看板を背負うような形にもなった．とにかく大学の名誉を賭けた戦いにもなっている．二十歳前後の学生が担うには重過ぎる期待かもしれない．元来は日本から強いマラソン選手を出すために始まった駅伝であるが，今はその目的もいくらか薄れただろうか，別の意味での戦いになり，日本の名物行事になっている．

　と，愚痴っぽく言ったが，関係者は本当に大変である．やるっきゃないという感じである，こちらは．暮れも正月もない．選手をピークコンディションにもっていくため，コーチ陣は1年中必死である．しかし，それだけスタッフが目一杯精力を注ぎ込み，選手たちも実力以上（？）に頑張るため，大きな故障が絶えない戦いにもなっている．

　今は大きな故障といえば，そのほとんどが脱水，疲労骨折である．日本では冬でも脱水は起きる．特に気持ちが舞い上がっている選手たちは，水分を摂っているようであまり摂っていない．そして，大会前に走行量・質ともにマックスに練習してきているので，疲労骨折が絶えない．近年の箱根駅伝でのリタイアはほとんどが脱水と疲労骨折のためである．このような状況に，世間では「こんなに故障が多くて，大学は何の管理をしているのか」と大きく新聞でも報じてくれるが，こちらスタッフからみると，スイマセンと思いつつも「世間が箱根駅伝をスター化するから

こうなっちゃったんだ」と，臍を嚙む思いをしている人もいること，わかってください．あまり大きな声では言えない愚痴です．

　しかし，とにかく日本の長距離選手，マラソンランナーが箱根駅伝から多数出ているのも事実である．しっかりと日本のために，日本のスポーツのために一役を担わなければならない大会でもある．学生に長距離ばかり走らせて，その後伸びないという批判もあるが，今はマラソンもスピード化がどんどん進んでいる．愚痴ばかり言わず，日本のマラソンの将来のため，マラソンサポートの医科学スタッフとして，これからももう少し頑張りたい．

（桜庭景植）

Column

フィールド競技における外傷・障害の特徴

　陸上競技はまさしく走る，投げる，跳ぶ，というスポーツ動作の基本を主とする競技である．走るという根本的な動きを主とするトラック競技においては，走行距離の差は大きいが，肉ばなれを除いてそのほとんどが下肢の障害である．特に下腿から足の障害が多い．それに対し，フィールド競技は投げる，跳ぶという動きが主であり，トラック競技とは外傷・障害の種類が異なる．

　跳ぶ動作には遠心性の強い筋収縮が関与していることが多い．トラック競技のハードル系（障害系）同様，大腿部の肉ばなれを生じるが，ハムストリングス以外，大腿四頭筋や内転筋群にも肉ばなれは生じる．下腿三頭筋の肉ばなれも生じるが，跳躍系ではいわゆるカーフ（ふくらはぎ）に強い負荷がかかり，アキレス腱炎等を生じることが多い．

　同じ跳躍動作でも横に跳ぶ・遠くに跳ぶ走り幅跳び，三段跳びでは，ジャンパー膝，アキレス腱炎，足底腱膜炎や踵部挫傷（いわゆる踵を潰す）が特徴的に多い．また，三段跳びでは膝関節への荷重負荷が大きく，ジャンパー膝や何らかの膝内障を生じる．

　高く跳ぶ走り高跳び，棒高跳びでは，道具を使うか否かの問題はあるが，ともに踏切時に足関節の靱帯損傷を生じやすい．特に助走ミス等では注意が必要である．全身関節弛緩性との関連をみると，関節の柔らかい選手に起こりやすく，予防を含めて，関節周囲の筋力強化は大切である．走り高跳びでは，助走最後のキック足は過度に外反していることが多い．通常の足関節内反捻挫と状況が異なるので注意を要する．外側の前距腓靱帯等が損傷されるのではなく，内側の三角靱帯損傷や足関節の脱臼骨折が生じる．道具を使い，高く跳ぶ棒高跳びでは，通常の跳躍系とは異なり，手関節捻挫や肘関節靱帯損傷等が生じる．また，いわゆる腰痛，筋筋膜性腰痛症等が多く，着地の未熟な選手では頸椎捻挫もみられる．障害の予防を含めて体幹，腹筋強化が求められる．

　投げる動作の投てき競技では道具を使い，その重量，質も異なるため，それぞれ特徴があるが，ともに共通している障害は腰部障害である．腰椎椎間板ヘルニア等の器質的疾患もあるが，筋筋膜性腰痛症，いわゆる腰痛が多い．高頻度にみられるが，効果的な予防法は難しい．また，回転動作に伴って，足関節の捻挫もよくみられ，半月板損傷等の膝関節慢性障害も多い．砲丸投げでは，重量のある砲丸を背屈した手関節に乗せるため，尺側の三角線維軟骨複合体（TFCC）損傷を生じやすい．やり投げでは，投球動作と同じ障害として「やり投げ肘」が生じる．やりを投げるとき，肘関節内側には加速期に牽引力，引っ張り張力が働き，靱帯損傷が生じる．外側には圧迫剪断力が加わり，骨軟骨損傷を生じる可能性があるが，骨成長期以前より本格的にやり投げを行う選手はいないため，離断性骨軟骨炎等はほとんどみられない．ハンマー投げでは腰痛，膝関節障害も多いが，手指の障害は慢性的にみられる．余談ではあるが，ハンマー投げの室伏広治選手の手指のマメは勲章と思えるほどのものである．

（桜庭景植）

12 水泳

外傷・障害とその特徴

　水泳は，五輪種目として競泳（オープンウォーター含む），シンクロナイズドスイミング（以下シンクロ），水球，飛込の4種目が実施されており，その外傷・障害の特徴は競技特性によって多岐にわたる．

　半谷らは，国立スポーツ科学センタークリニックを受診した水泳選手の外傷・障害罹患部位を，種目別に比較検討している[1]（図1）．種目別の罹患部位としては，競泳では腰・肩・膝，シンクロでは肩・腰・膝，水球では肩・手・腰，飛込では腰・肩・肘の順で外傷・障害数が多い結果となっている．すなわち，4種目を通じて腰，肩の外傷・障害発生率が高い傾向が示されている．

　その内容は，競泳では障害がほとんどであり，腰部の障害としては椎間板障害，椎間関節障害，仙腸関節障害，筋筋膜性腰痛，肩部ではインピンジメント症候群が，また膝関節は平泳ぎでのウィップキックの繰り返しによって生じる内側側副靱帯（MCL）損傷が多い結果となっている．

　シンクロでも，外傷より障害の発生が多く，長時間の水中練習が影響していると考えられる．しかし，近年では競技動作がよりダイナミックになっており，膝の外傷や急性腰痛等も増加傾向にある．

　水球では腱板損傷や肩関節唇損傷が多く，泳動作に加え投球動作の影響が推察される．また，コンタクトスポーツであることから骨折，脱臼といった外傷も多い．

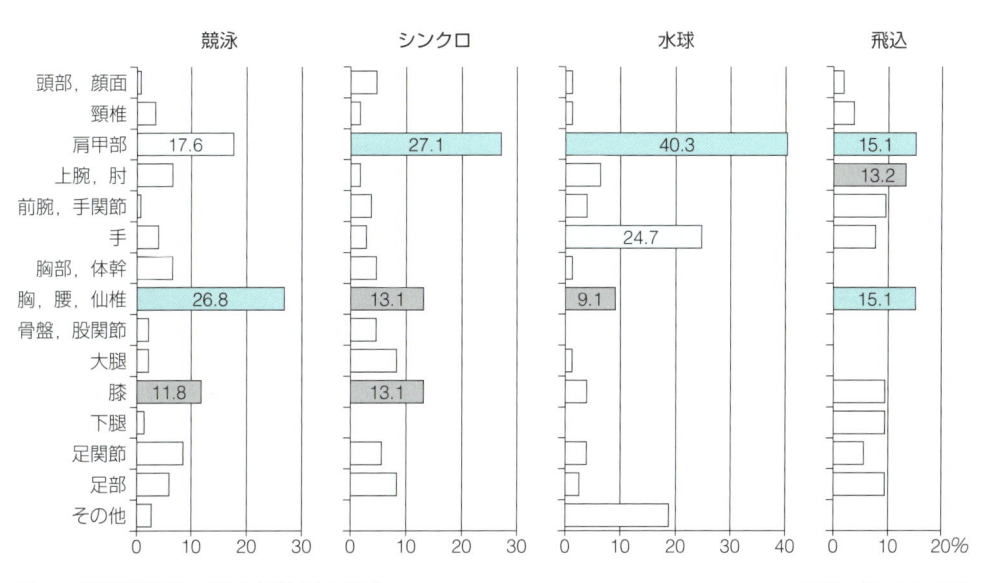

図1　競技別外傷・障害部位別の割合　　　　　　　　　　　　　　　　　　　　　　（半谷・他，2010）[1]

a) 骨盤が安定した状態でのキック動作

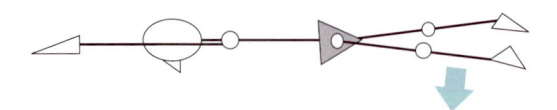

b) 骨盤が不安定な状態でのキック動作

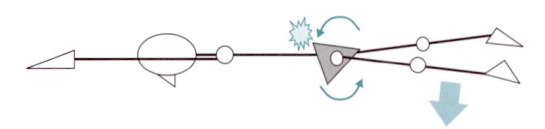

図2　キック動作における腰痛発生モデル

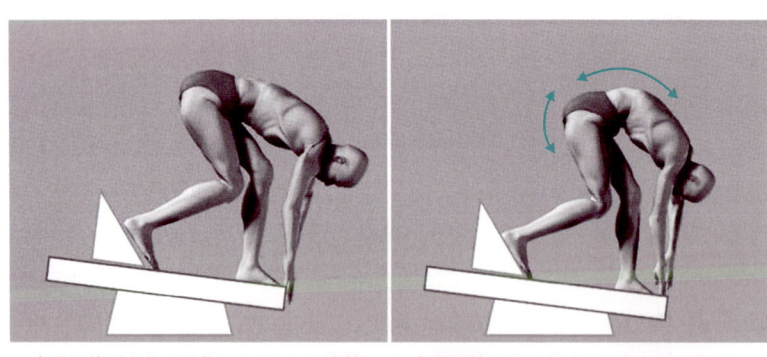

a) 股関節が十分に屈曲したスタート姿勢　　b) 股関節屈曲可動域が低下し，腰部が屈曲強制されたスタート姿勢

図3　スタート姿勢と股関節可動域

　飛込では，入水時の衝撃による肩関節脱臼や亜脱臼，また手関節の外傷・障害が多い傾向が認められた．

発生機序

(1) 腰痛

　一般に，競技レベルの高いスポーツ選手では，椎間板変性，ヘルニア，分離症の発生率が高いとされており，水泳選手においても椎間板変性割合が高いことが報告されている[2]．

　水泳動作の中で椎間板変性を促進している可能性のある動作としてキック動作が挙げられる．図2aは骨盤が安定した状態でのキック動作を示している．一方，図2bは骨盤が不安定な状態でのキック動作図である．股関節の屈曲伸展運動と同時に，骨盤の前後傾運動が過剰に生じ，腰椎の過伸展が強制され，L5～S1間に屈曲伸展ストレスが生じる．中島らによれば，キック動作時に体幹深部筋が活動することにより，このL5～S1間のストレスは軽減することが確認されており，キック動作時における体幹筋による骨盤固定能力が求められる[3]．

　一方，スタート台からのスタート，およびターン時の壁蹴り局面にて腰痛発症が認められる場合は，屈曲ストレスが想定される（図3）．スタート，ターンいずれの場合も，股関節屈曲位から伸展パワ

図4　飛込の入水姿勢

ーを発揮する局面で腰椎に屈曲強制が生じ腰痛発生が認められる．よって，股関節の屈曲可動性が求められ，屈曲可動域の減少が腰椎の屈曲ストレスを生じることになる．

　また，Naritaらは，飛込選手の肩関節の柔軟性と腰痛発症の関係を比較検討し有意な関連が認められたことから，肩関節の可動性低下による腰椎代償運動が入水時の腰痛発症の一因であるとしている[4]（図4）．

（2）肩関節痛

　泳動作におけるストリームライン（p108参照），また飛込における入水姿勢のいずれの場合においても，肩甲上腕関節に対するストレスを回避するためには胸郭の可動性，胸椎伸展の確保が重要となる．

　矢内によれば，クロールにおけるリカバリー期の水平外転は肩甲面を超えて背側に可動することによりインピンジメントのリスクが高まる[5]．逆にいえば，リカバリー期におけるローリングの減少が，肩甲上腕関節に過度の水平外転ストレスを生じ，これが上腕二頭筋長頭腱炎やインピンジメント症候群の一因となり得ると考えられる．よって，胸郭の回旋運動によるローリング動作によって肩甲骨から動かすことが必要であり，胸郭可動性が肩甲上腕関節の痛みを避けるためには重要であると考えられる（図5）．

　また，ハイエルボーによるプル動作の肩甲上腕関節内旋位から，リカバリー期を経てキャッチに向かう際，素早く外旋動作に移らなければ関節唇損傷を引き起こすことになるため，回旋腱板の外旋筋力も重要である．

　水球での投球動作においては，ボールリリース時にいわゆる手投げの状態になることで，肩甲上腕関節のみに伸展ストレスが生じる．図6aのフォームでは，肘が下がり上腕二頭筋長頭や肘MCLに伸展ストレスが発生する．図6bのように胸郭の伸展を含めた上半身の全体的な伸展によるアーチ状

インピンジメント症候群

上腕二頭筋長頭腱炎

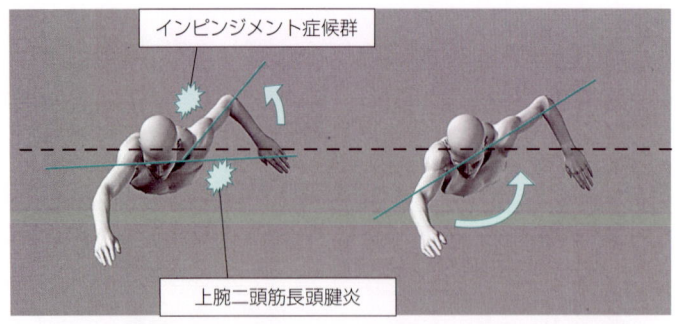

ローリングを伴わないプル動作　　ローリングを伴ったプル動作

図5　水泳肩のメカニズム

a) 肩障害が発生しやすい
シュートモーション

b) 肩障害が発生し難い
シュートモーション

図6　水球の投球動作

態をつくることが重要であり，またディフェンスのブロックに対してコースを狙う際も，股関節を使い後ろ側の蹴り足で水をしっかりとらえ，ボディーポジションを高くとることで余裕が生まれ，肩への負担が軽減できると考えられる．

(3) 膝関節痛

　平泳ぎ膝は，平泳ぎのキック動作が誘因とされ，膝内側部の伸張ストレスによって膝MCL付近に炎症が生じる．また，同様の機序により，鵞足炎，タナ障害，膝蓋骨亜脱臼症候群，内転筋付着部炎等を生じる場合もある．近年，平泳ぎのキック動作において主流であるウィップキックでは，膝をあまり開かずに股関節内旋，下腿外旋し，足底で水を押す際，下腿を鞭のようにしならせてキックする．そのため，股関節回旋可動性が低下した場合には膝関節の過外旋が生じ，膝内側への伸張ストレスが増大することになる（図7）．

　また，シンクロのリフト動作やジャンプ動作におけるエッグビーターキック（図8）や，水球での巻き足や挟み足といった水中で浮力をつくる動作において，関節弛緩性の高い選手に膝蓋骨外方亜脱臼の発生が認められる．

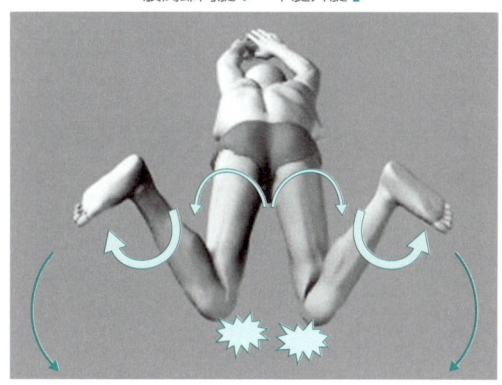

図7 ウィップキック

図8 エッグビーターキック

（4）足関節捻挫

　競泳競技において，最も注意しなければならない急性外傷のひとつが足関節捻挫である．競泳そのものにおいて捻挫が発生する場面は少ないが，競泳選手は足部の柔軟性が高く，日常生活場面において急性捻挫が発生するケースが少なくない（図9）．

　競泳競技においては，過去に足関節捻挫によって競技力が著しく低下した例が報告されている[6]．よって，足関節捻挫に関しては，予防を心がけるよう細心の注意を惹起する必要がある．

評価・診断

　アスレティックリハを行う前には，それらの障害が正しく診断されている必要がある．椎間板ヘルニア等で神経障害を併発する場合や何らかの器質的損傷を伴う障害を疑う場合には，整形外科を受診し診断を確定することが望まれる．次に挙げる診察手法を用いて異常所見を認めるようであれば，整形外科を受診させる．

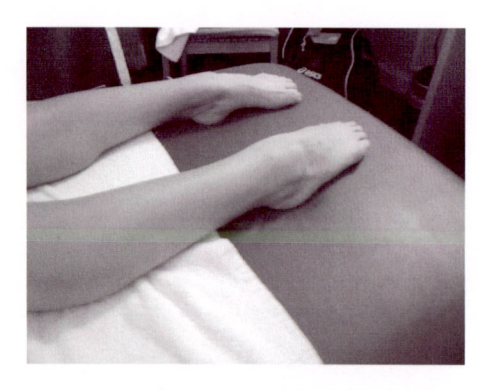

図9　競泳選手の底屈柔軟性

（1）腰痛[7]

椎間板性腰痛や椎間板ヘルニアの場合には，前屈制限を伴いfinger-floor distanceが増大する．また，神経根刺激症状を伴う場合には前屈時に下肢放散痛を生じる．そのような症状をもつ選手には下肢伸展挙上テスト（SLRテスト）を行い，下肢への放散痛の有無を診る．また，徒手筋力テストや知覚テストを行い，麻痺症状の有無を診る．成長期の選手において腰椎の伸展制限を伴う腰痛をもつ選手は腰椎椎弓疲労骨折（分離症）を疑う．腰椎を斜め後ろに回旋させながら伸展させる（Kemp手技）ことで腰痛が増強する場合には，疲労骨折の診断が必要となる．椎間板ヘルニアや腰椎疲労骨折が疑われる場合には整形外科を受診させる．

（2）肩関節障害[8]

水泳選手の肩関節障害としては肩峰下インピンジメントの頻度が高く，特に上腕内旋位での挙上時に疼痛が誘発される（painful arcテスト，empty-canテスト）．また，烏口肩峰靱帯に圧痛を認め，同部を圧迫しながら上腕内外旋させることによって疼痛が誘発され，NeerテストやHawkinsテストも陽性になる．また，上腕二頭筋長頭腱炎を伴う場合にはspeedテストやYargasonテストが陽性となる．

これらの所見が著しく，上肢挙上が困難な場合には消炎鎮痛剤投与やブロック注射も必要となるため，専門医を受診させる．

（3）膝関節障害

平泳ぎ膝では外反ストレステストが陽性となり，MCLや鵞足部に圧痛が認められる．

また，膝関節の伸展動作の繰り返しによって膝蓋大腿関節障害が発生する．大腿直筋の牽引方向と膝蓋靱帯牽引方向の成す角度（Q角）が大きい選手は，膝関節の伸展動作の際に膝蓋骨には外向きの力が作用することによって膝蓋大腿関節への負荷が増すため，下肢のアライメントを評価する．また，膝蓋骨周囲の圧痛や外方への異常可動性を評価し，障害の早期発見に務める．また，水泳選手には関節柔軟性（弛緩性）の高いものも多く，平泳ぎのキックや巻き足動作，シンクロのジャンプ動作等によって膝蓋骨が外方亜脱臼を起こすこともあるため注意を要する．

アライメント評価—ストリームライン

水泳の基本姿勢は，いわゆる「けのびの姿勢」（ストリームライン）である[9]．ストリームラインは，水中において最も抵抗の少ない姿勢であり，すべての泳法において重要である．抵抗が少なければ泳

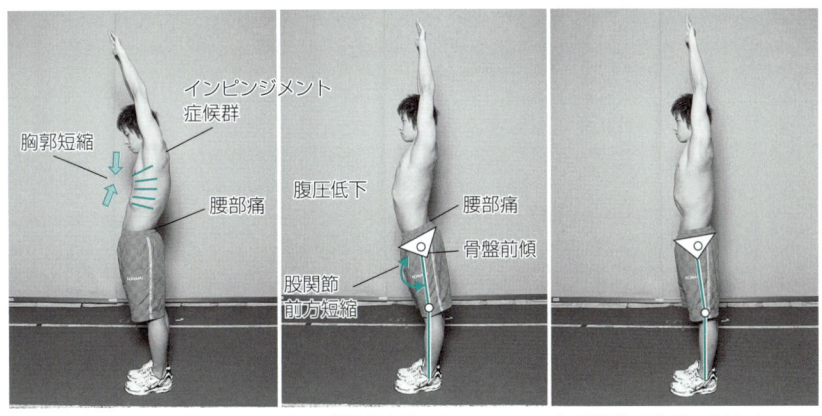

a）胸郭前側の短縮を伴った　　b）骨盤前傾を伴った　　　　c）理想的ストリームライン
　　ストリームライン　　　　　　ストリームライン

図10　アライメント評価―ストリームライン

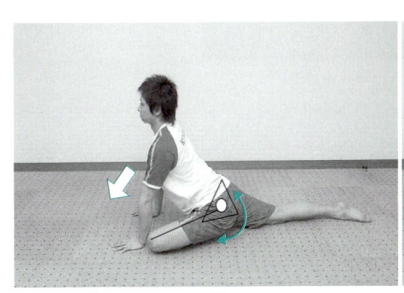

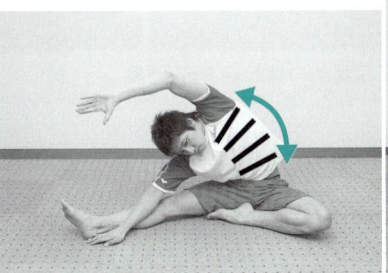

a）殿筋群ストレッチング　　　b）肋間筋ストレッチング　　　c）Full arc stretch

図11　ストレッチング

速も上がり，かつ効率がよいことから障害発生のリスクも低下する．

よって，陸上においてストリームラインの姿勢を確認することにより，障害発生のリスクを推察することができる（図10）．

発症部位に損傷，変性等の器質的変化が認められた場合には整形外科的治療が必要である．

しかし，水泳においては前述のように選手の内的要因による障害発生が多く認められる．よって，症状の改善には障害の原因となる身体機能の改善が不可欠であり，運動療法によるアライメントや筋力バランスの補正が求められる．

リハビリテーションと注意点[9]

（1）ストレッチング（図11）

前述のように，水泳では下半身のキック動作のみならず，上半身のプル動作によって生み出される推進力も大きい．1日10,000 m泳ぐ選手では，25 mを10ストロークで進むと換算すると，1日で4,000回肩を回していることになり，上半身に蓄積される疲労と肩関節に対するストレスは計り知れない．

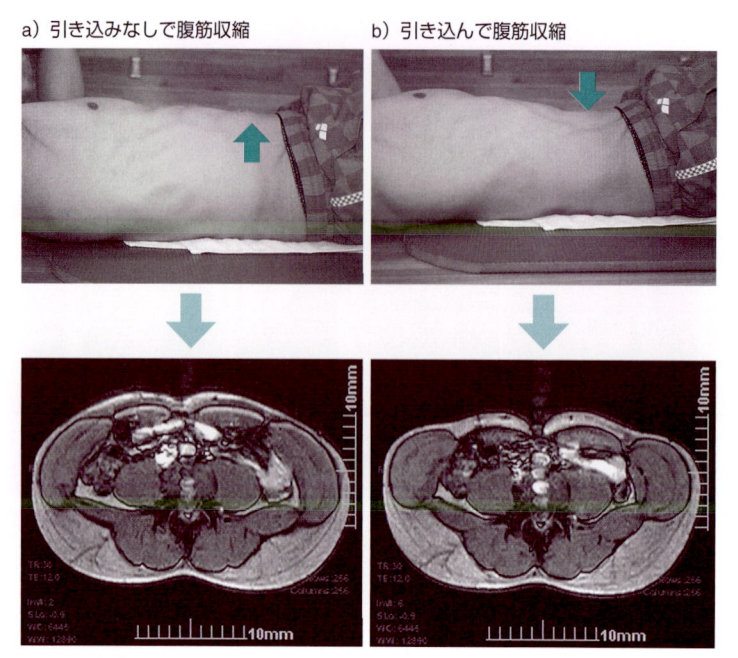

a）引き込みなしで腹筋収縮　　b）引き込んで腹筋収縮

図12　腹筋収縮時の体幹筋 MRI 画像

　この肩関節の可動域保持のためには，狭義の肩関節である肩甲上腕関節での動きのみならず，胸郭も含めた肩関節複合体全体での可動性が必要である．まず，胸郭，股関節を十分にストレッチし，可動性を確保することが重要である．

（2）腹部引き込み動作

　水泳において，腰痛発生予防のために最も重要であるのが，腹筋群による体幹固定能力である．
　図12は，腹筋収縮時，腹部を引き込んだ場合と引き込んでいない場合の違いを MRI で確認したものである．腹部を引き込まずに腹筋を収縮している場合と比べ，腹部を引き込んだ状態，すなわちヘソを凹ませて腹筋を収縮しているほうが明らかに側腹部の筋収縮が増加している様子がわかる．
　水泳動作では回旋制動が重要であり，側腹部の筋収縮は大変重要である．よって，すべてのトレーニングでは腹部を引き込んだ状態で，側腹部にある腹斜筋や腹横筋の活動を意識しながらトレーニングすることが求められる（図13 a）．

（3）胸郭エクササイズ（図13 b）

　ストレッチングで胸郭の可動域が確保された後，その可動域全体を動かすエクササイズが必要となる．このとき，負荷が強すぎると末梢すなわち腕の筋肉で動かすようになり，中枢部である胸郭を可動させることが困難となる．よって，自重程度の負荷レベルで，胸椎，胸郭をしっかり意識して動かすことが必要である．

（4）チューブエクササイズ（図14）

　回旋腱板に対してのトレーニングは，肩甲上腕関節の関節弛緩性を有している選手に対しては有効であると考えられる．しかし，胸郭や肩甲骨の可動性が低下し，望ましいアライメントではない状態では回旋腱板の活動が確認されにくい．よって，まずは胸郭の可動性を確保したうえで，胸椎伸展，

a)腹部引き込みエクササイズ

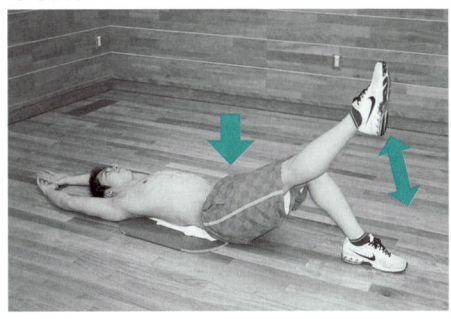

腹部引き込みと片脚上げ下ろし．

ストレッチボールを基準線とし，バランスをとりながら，片脚上げ下ろし．

b)胸郭エクササイズ

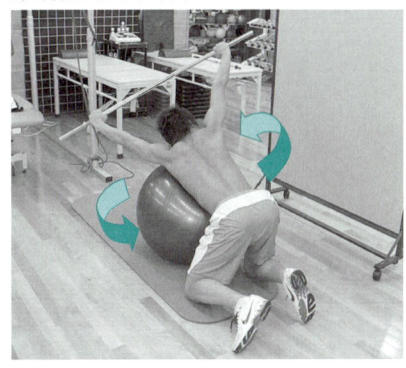

バランスボールを使ったツイスト

図 13　腹部引き込み・胸郭エクササイズ

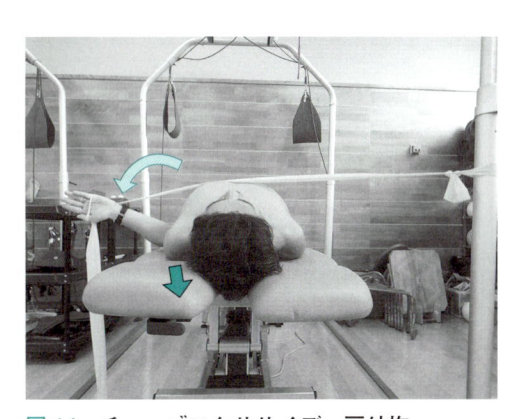

図 14　チューブエクササイズ，肩外旋

肩甲骨内転位を維持した状態をとり，肩甲骨が固定されていることを確認しながらエクササイズを実施することが重要である．初心者で肩甲骨の固定が困難な場合には，仰向けで背中が床面に着いた状態で実施すると，肩甲骨の位置が感覚的に確認されるため有効である．

(5) 股関節エクササイズ（図 15 a）

　水泳で動員される下肢の筋は大腿部が多く，殿筋群はほとんど推進力としては利用されない．しかし，殿筋の筋量が大腿に比べ減少することで，股関節の円滑な回転運動が保てなくなり，腰部の不安

a）股関節エクササイズ

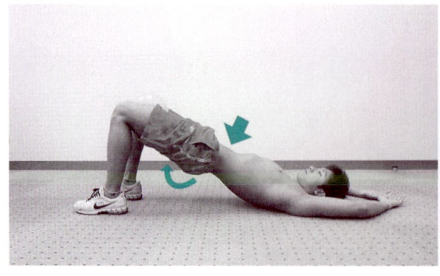

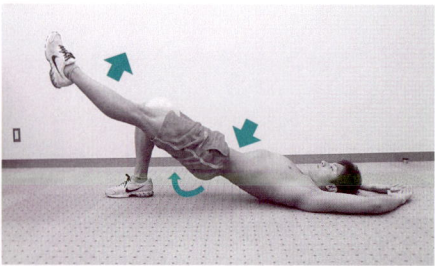

両脚ブリッジ　　　　　　　　　　片脚ブリッジ

b）スタビライゼーションエクササイズ

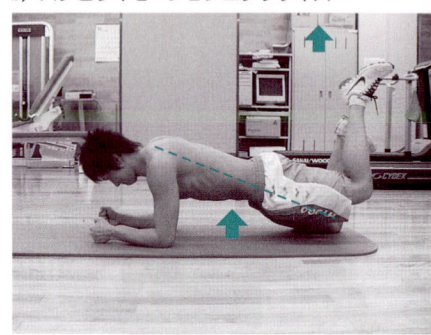

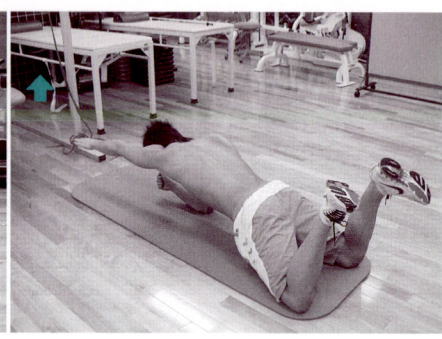

肘-膝支持　片脚上げ　　　　　　肘-膝支持　片手上げ

図15　股関節エクササイズとスタビライゼーションエクササイズ

定性を助長することになる．よって，あえて拮抗筋である殿筋群を補強することが股関節全体を円滑に稼働させるためには重要である．

エクササイズ時には骨盤の前傾を伴わず股関節の伸展運動を行う必要があり，骨盤軽度後傾位にて殿筋の収縮を促すことで効果が期待される．

（6）スタビライゼーションエクササイズ（図15 b）

胸郭，股関節等，それぞれのパーツがうまく使えるようになった後，最終的には上半身と下半身を体幹で連結した状態で，全身をバランスよく連動させなければならない．肘と膝，あるいはつま先で姿勢を保持した状態で，腰椎が過前弯しないよう腹部の引き込みを確実に行い，体幹のラインがぶれたり捻れたりしないようしっかり固定することが重要である．

Key Words

体幹トレーニング
体幹トレーニングの実施においては，次の3点に留意することが重要である．①ローカルマッスル（脊柱に直接付着する筋）が活動しやすい種目と負荷量にて実施する．②四肢末端の運動に先立って腹横筋が活動する順番の学習（feed forward）が慢性腰痛の予防，改善には重要である．③四肢に生じる外力に対して体幹筋の活動を連動させる．

障害予防のポイント

水泳選手は，文字どおり水中でのトレーニング時間が延長するに従い，陸上での抗重力運動に耐え得る筋バランスを失う傾向が認められる．その代表的な現象が殿筋群の弱化であり，一般に，水泳選手では殿筋が少なく大腿の筋が優位である傾向が認められる．この状態で陸上トレーニング，特に高負荷のウエイトトレーニングを実施することによって脊柱，体幹の傷害を発症するリスクは高いといえる．アイオワ大学での調査では，部位ごとにその外傷・障害発症機序に違いがみられ，首，腰の脊柱の外傷・障害に関しては水中トレーニングではなく，陸上トレーニングでの発症が主であったと報告されている[10]．

よって，水中での動きのみでなく，陸上での動作におけるリスクマネジメントも水泳選手に関しては非常に重要である．

（小泉圭介　金岡恒治）

文献

1) 半谷美夏・他：一流水泳競技選手のスポーツ外傷・障害の実態 国立スポーツ科学センタースポーツクリニック受診者の解析．日整外スポーツ医会誌 30(3)：161-166, 2010.
2) Hangai M et al：Relationship between low back pain and competitive sports activities during youth. Am J Sports Med 38(4)：791-797, 2010.
3) 中島 求・他：水泳運動におけ腰椎の負荷と挙動のシュミレーションと実験的検証．バイオメカニズム 18：45-56, 2006.
4) Narita T et al：Critical factors for the prevention of low back pain in elite junior divers. Br J Sports Med 48：919-923, 2014.
5) 矢内利政：クロール泳法の方のバイオメカニクス．復帰をめざすスポーツ整形外科（宗田 大編），メジカルビュー社，2011, pp306-307.
6) 金岡恒治・他：水泳ドクター・トレーナー編．種目別スポーツ障害の診療（林 光俊編），南江堂，2007, pp57-78.
7) 半谷美夏：水泳における腰の外傷・障害の診断と治療．復帰をめざすスポーツ整形外科（宗田 大編），メジカルビュー社，2011, pp320-325.
8) 辰村正紀・他：水泳肩の診断と治療．復帰をめざすスポーツ整形外科（宗田 大編），メジカルビュー社，2011, pp310-314.
9) 小泉圭介：競技特性に応じたコンディショニング 水泳競技．コンディショニング技術ガイド（臨床スポーツ医学編集委員会編），臨スポーツ医 28（臨時増刊号）：363-372, 2011.
10) Wolf BR et al：Injury patterns in Division I collegiate swimming. Am J Sports Med 37：2037-2042, 2009.

13 トライアスロン

スポーツ外傷・障害（図1〜3）

　トライアスロン競技は漢字で「鉄人三項」（中国語）と書き，字のごとく3種目（①スイム＝水泳，②バイク＝自転車，③ラン＝ランニングの順番に行う）のスポーツをハードにこなす競技である（コラム p120 参照）．

　トライアスロン競技における障害は，主に使う体の部位が異なる3つの種目を練習しなければならず，得手不得手があるため練習時間や競技時間が長くなり，そのためオーバーユースに起因する慢性的な障害が多く発生する．①ランでは，特に長距離，長時間を要するために，腸脛靱帯炎，鵞足炎，半月板損傷等膝周辺の障害が多く，前脛骨部痛を含め下肢の障害が多発する．また，②バイクでは，乗車中に独特の前傾姿勢をとるため，腰背筋への負荷が長時間加わり，腰背部痛が多く発生する（図2）．③スイムでは，長時間のクロール動作のため，水泳肩の発生が多い．

　スイム，バイク，ランのすべてをジュニア期から行っていた選手は少なく，競泳や陸上長距離，またサッカー等全く関係のない競技から転向する選手が多い．そのため，各種目の技術が未熟であったり，柔軟性や筋力が弱い選手が多く，障害につながる傾向がある．一般的に，競泳から転向した選手は下肢の障害，球技や陸上の競技から転向した選手は上肢（水泳肩）の障害を有する選手が多い．

障害部位（表，図3）

　ナショナルチーム強化指定選手36名（男子20名，女子16名）のメディカルチェックにおいて，障害の第1位は膝（大腿部）障害14名（腸脛靱帯炎5名，膝窩腱炎3名，半月板障害1名，タナ障害1名，膝蓋大腿関節障害1名，他）38.8％，第2位は腰背部障害11名（仙腸関節痛3名，腰椎分

図1　スイム（水泳）
競技はスイム（水泳）から開始される．大人数でぶつかり合うことがある．

図2　バイク（自転車）
2番目の競技はバイク（自転車）．バイク競技は独特の前傾姿勢を長時間保つため，腰背部痛の原因となる．

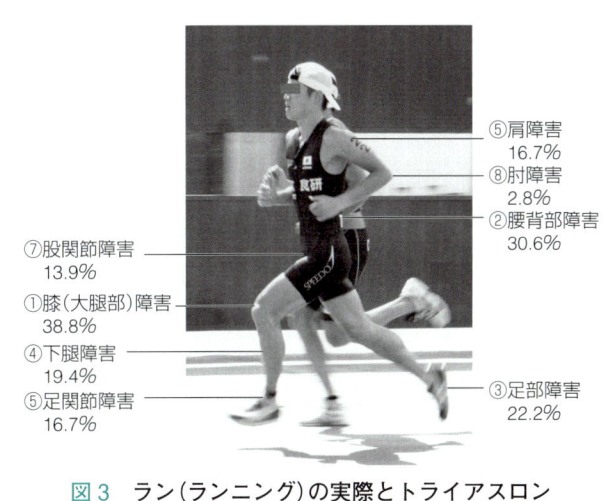

図3 ラン(ランニング)の実際とトライアスロン全般の障害マップ

表 ナショナルチーム強化指定選手の障害発生状況

① 膝(大腿部)障害	38.8%
② 腰背部障害	30.6%
③ 足部障害	22.2%
④ 下腿障害	19.4%
⑤ 肩障害	16.7%
⑤ 足関節障害	16.7%
⑦ 股関節障害	13.9%
⑧ 肘障害	2.8%

(林, 2007)[1]

(図中ラベル：⑤肩障害 16.7%、⑧肘障害 2.8%、②腰背部障害 30.6%、⑦股関節障害 13.9%、①膝(大腿部)障害 38.8%、④下腿障害 19.4%、⑤足関節障害 16.7%、③足部障害 22.2%)

離症2名，腰椎椎間板ヘルニア2名，他）30.6%，第3位は足部障害8名（足底腱膜炎3名，中足骨部痛2名，踵骨部痛1名，リスフラン関節痛1名，他）22.2%，4位は下腿障害7名（シンスプリント3名，アキレス腱炎2名，腓骨疲労骨折1名，コンパートメント症候群1名）19.4%，5位は肩障害6名（棘下筋滑液包炎2名，腋窩神経麻痺1名，後部痛1名，打撲1名，その他1名）16.7%，同じく5位は足関節障害6名（主に外側靱帯損傷）16.7%，7位は股関節障害5名（弾発股1名を含む）13.9%，8位は肘障害1名2.8%であった[1]．

競技大会における医療救護の実際は急性外傷が多く，バイク転倒（集団走行，雨天時に多い）による落車で起こる打撲，擦過傷，骨折（鎖骨，肋骨，肘，手関節，大腿骨に多い），頭部打撲（ヘルメットが割れるくらいの衝撃あり），バイクのサドルでの股ずれ，スイムでは目の障害（スイムゴーグルのバンドの弾力での眼損傷，sling shot injury，結膜炎），スイム中に水中で蹴られたりぶつかったりして起こる外傷（大人数が一斉にスタートするため），スイムスーツでの襟ずれがある．

また，暖かい時期のスポーツであり，救護所では熱中症の選手が後を絶たない．嘔吐気，脱水，溺水と呼吸困難（スイムで海水を飲む），低血糖，低体温，日焼け，血尿（横紋筋融解症），筋痙攣（こむら返り），下痢腹痛，頭痛，めまい，疲労感，意識混迷・混濁，腰痛，足や膝の関節痛・捻挫，肩・肘・殿部の打撲，擦過傷等がしばしば認められる．そのため，大会救護にあたるドクターやPT，看護師等のメディカルサポーターは競技の特性を十分把握しておく必要がある．

Key Words

自転車障害の基礎知識
　自転車の乗車姿勢，いわゆるポジションの調整は，パフォーマンスのみならず，障害の発生に対しても大きく左右する．サドルの高さと前後位置，ハンドルの高さと前後位置，ペダルを固定するクリートとよばれる部分の位置を適正にすることで，身体への負担が大きく変わる．基本的なポジションを計算する式があり，その値を基本に柔軟性や筋力等を考慮し，3～5 mmの範囲で細かく調整を続け，適正なポジションを探すことで，パフォーマンスの向上と障害予防につながる．

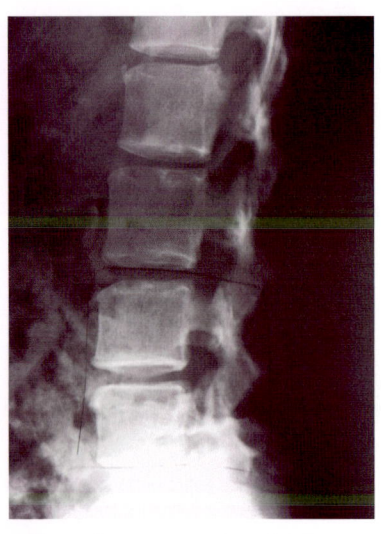

脊椎の配列はストレートバック像を呈している.

図4　腰背痛時のX線所見

図5　膝関節屈曲位での歩行練習

診断

　下肢（股，膝，下腿）の障害は軟部組織障害が大半であるためMRIや超音波診断を用いるが，明確な所見は得にくい．疲労骨折にはX線，断層撮影が有用である．シンスプリントにおける脛骨前面痛等各疾患に特徴的な圧痛部位をチェックする．

　腰背部障害のうち，筋緊張性腰痛のX線において，脊椎はストレートバック像を呈する（図4）．腰椎分離症では，X線斜位像で椎弓に分離像を認める．腰椎椎間板ヘルニアでは，MRIにて椎間板の膨隆突出像を認める．

治療

　疼痛部位の局所安静およびアイシング，消炎鎮痛剤の投与（内服，外用），超音波等の物理療法による局所の消炎鎮痛を図る．

　腰痛では体幹の柔軟性獲得の目的でストレッチングが重要である．腰椎椎間板ヘルニアや腰椎分離症では週単位の安静を要する．

リハビリテーション

　下肢痛初期は，プール歩行等の非荷重練習より開始して，局所の圧痛のみならず運動時痛も消失したら徐々に軽いランニングを行う．下肢の柔軟性獲得目的で障害部位の上下関節をまたぐ筋ストレッチングを徹底する．慢性障害が多いため，競技復帰を急ぐと再発しやすい．

　腰痛初期は，原因となる種目や動作を避けてのトレーニングを行う．たとえば，バイクでの発症ならスイム練習を中心に行うとよい．腰痛で筋緊張が強い場合は体幹の前後回旋運動，柔軟性を高めるストレッチングを十分に行い，腹筋背筋のバランスを考慮した軽い筋力練習を開始する．

図6 バランスボールを使っての股関節伸展筋群，背筋のトレーニング

(1) 下肢の障害に対するリハビリテーション[2,3]

　トライアスロンはスイム，バイク，ラン，それぞれにおいて同じ動作を長時間継続する．トレーニング量の問題を除くと技術的に未熟で，安定した筋力発揮ができないため，腸脛靱帯炎や鵞足炎，シンスプリント等の障害につながる可能性が高い．下肢の障害の原因の多くがランニングによる不安定な着地動作によるもので，安定した着地動作の習得が必要である．

　また，再発予防のために適切な用具の選択，使用とストレッチングを含めたリラクセーションが必要である．

① バランスボード
　安定した筋力の発揮を目的として，足関節のみならず，身体全体で重心やバランスをコントロールする練習を行う．

② 着地ドリル
　安定した着地動作の習得を目的として行う．立位から前方へジャンプして片脚で着地する．股関節，膝関節を安定させるように1歩ずつ確認しながら行うとよい．

③ 膝関節屈曲位での歩行（図5）
　1歩ずつ股関節，膝関節，足関節，つま先の方向を確認して，安定した状態で歩行を行う．

④ 股関節伸展筋群のトレーニング（図6）
　ランニング時に股関節伸展筋群を活用しにくいと，重心の上下動が大きくなり，大腿四頭筋や下腿三頭筋を酷使することになるため，股関節伸展筋群の安定した筋力発揮を目的として行う．しっかりとした股関節伸展動作を確認しながら行う．バランスボールや椅子等を利用してもよい．

⑤ バイクペダリング（図7）
　スムーズな回転動作を習得できないと，アンクリング（足関節の底背屈）を多用したペダリングとなり，下死点（ペダルが一番下になった点）で下腿三頭筋への伸張性ストレスがかかるため，下腿への負担が大きくなる．そのため，ローラー台に設置した自転車でペダリングの基本動作の習得が必要である．ローラー台を利用すると車や歩行者，路面の状況に気をとられずペダリングに集中できる利点があり，片脚でのペダリング等の練習も行える．

図7 固定式バイクでのリハビリテーション
足関節の底背屈が過剰にならないようスムーズなペダル回転動作の習得が必要.

図8 シットアップ
バイクでみられる，座位から背部を丸める動作の訓練.

⑥ 下腿のストレッチング

自転車のペダリングでアンクリングを多用する選手は，下腿筋群への負荷も多く，さらにランニングでも酷使するために，十分な疲労回復が必要である．特に競泳から転向した選手は足関節周囲筋群が弱いため，ストレッチングは多方向に必要である．

⑦ バイクシューズ

ペダルとビンディングタイプで固定する選手は，そのクリート位置が不適切な場合，後脛骨筋，ヒラメ筋，長母趾屈筋等下腿へのストレスが高まるので，適正な位置を確認する必要がある．

⑧ ランニングシューズ

バイクで疲労した後にランニングを行うので，安定性とクッション性が高いシューズを選択したほうがよい．

(2) 腰背部の障害に対するリハビリテーション[2,3]

腰背部の障害は3種目のうちバイクのロングライド（長時間乗車による）トレーニングが原因による筋・筋膜性の腰痛が多い．バイクの乗車時は独特の前傾姿勢を長時間保持するため，腰背部のみならず股関節や肩甲帯の柔軟性とともに腹筋，背筋群の筋力の発揮が必要である．

① シットアップ（図8）

通常行われるシットアップに加えて，バイク乗車時と体幹が同じ角度での筋力発揮を目的とする．座った状態から背部をできる限り丸め，前傾姿勢をとり，バイク乗車姿勢と同じ角度まで体幹を伸展させて，その角度でアイソメトリックに腹筋群を収縮させる．次にその角度を中心に，約20度の幅で屈曲と伸展を10～20回繰り返す．その角度で保持できない場合には，背部を押して補助する．

② 背筋群のトレーニング

バイクでは長時間同一姿勢を保持するため，筋持久力の向上を目的とする．上，下肢を挙上位で10～30秒保持しつつ，同時に体幹筋群のバランス力向上を目指す．

③ バイク時の姿勢における腹筋群と背筋群のバランストレーニング（図9）

バイク乗車時にバランスのよい，安定した体幹の筋力発揮を目的とする．ローラー台に取り付けたバイク上でハンドルから手を離した状態でペダリングを行い，座位から徐々に上体を前屈させ，手を

図9 バイクに乗りながらの腹筋群，背筋群のバランストレーニング

図10 股関節屈筋群，膝関節伸展筋群のストレッチング

ハンドルに近づけていき，ペダリングをしたまま体幹を静止できる位置まで屈曲する．そして，その姿勢を30〜60秒保持する．ハンドルと両手の隙間が1cm程度のところで保持できることを目標に行う．

④ スイム，ランでの腹筋群の筋力発揮トレーニング

競技中に体幹を安定させるために，バランスボールを用いて競技中の姿勢に近い状態で腹筋群と大腿前面，肩，胸のバランスを獲得し，安定した筋力発揮を目的として行う．

⑤ 股関節屈筋群，膝関節伸展筋群のストレッチング（図10）

バイク乗車時の大半は股関節屈曲位のままであり，股関節屈筋群の柔軟性低下が多くみられる．さらにランニングでは，股関節の伸展，膝関節屈曲の動作が必要であり，股関節屈筋群の柔軟性低下は，腰部へのストレスにつながる．膝関節屈曲を加えた股関節伸展のストレッチングで，股関節屈筋群の柔軟性向上を目的とする．

⑥ 乗車姿勢（ポジション）のチェック

サドルの高さ，ハンドルの高さ，ハンドルまでの距離等ポジションの設定は重要であり，サドルを高くし，ハンドルを遠く，低くすることにより，大きなパワーを発揮することができる．競技時間はショート（オリンピック）ディスタンスで1時間，ロングディスタンスでは5〜6時間を要するため，双方とも4〜8時間のトレーニングを行う．その間，前傾姿勢が長時間続き，腰背部への負担が大きくなる．腰痛を有する選手はハンドルを高く，近くしてからサドルを低めに設定する．また，各ポジションのバランスが適当でないために腰痛につながる場合もあるため，こまめにポジションを変更して適正なポジションを探すことも必要である．

（林 光俊　中島靖弘）

文献

1) 林 光俊：トライアスロン ドクター編．ナショナルチームドクター・トレーナーが書いた種目別スポーツ障害の診療（林 光俊・他編），南江堂，2007，pp344-352．
2) 中島靖弘：トライアスロン トレーナー編．ナショナルチームドクター・トレーナーが書いた種目別スポーツ障害の診療（林 光俊・他編），南江堂，2007，pp353-359．
3) 中島靖弘・林 光俊：トライアスロン．新版スポーツ外傷・障害の理学診断・理学療法ガイド，文光堂，2003，pp548-553．

Column

トライアスロン競技について
―ロング（鉄人レース）とショート（オリンピックディスタンス）

競技の種類

トライアスロン競技とは1回のレースで，①スイム（水泳），②バイク（自転車），③ラン（ランニング）の3種目を1人が続けて行う複合持久系競技である．トライアスロンは1974年にアメリカで考案され，競技生誕後，30年余りでオリンピックの正式種目（2000年のシドニー大会）に採用され，世界的に競技レベルは著しく向上した．トライアスロン競技は現在，大きく分けるとロングディスタンス（長距離）とショートディスタンス（短距離）の2種目がある．

① ロングディスタンス（アイアンマン，別名鉄人レース）

スイム3.8km，バイク180km，ラン42.195kmの距離が基本として行われる競技で，トップレベルの選手で約8時間を費やし，制限時間は約15時間で行われる．各大会は環境によってそれぞれ距離が微妙に変更される．

② ショートディスタンス（オリンピックディスタンス）

オリンピック用に採用された距離であり，スイム1.5km，バイク40km，ラン10kmで競技が行われる．競技時間はトップレベルの男子で1時間50分程度，女子は2時間程度（環境により異なる），制限時間は約4時間である．世界選手権や日本選手権のジュニア（19歳以下）カテゴリーではオリンピックディスタンスの半分の距離で行われる．

鉄人レースの医療救護活動の実際

筆者が医療救護活動を行っている全日本トライアスロン宮古島大会（ロングディスタンス）は，毎年4月下旬に開催されるわが国で最も古い，通称「鉄人レース」といわれる過酷なスポーツ競技大会である．

本大会は過去に溺死や脊髄損傷等最重症例を経験したため，現在の医療組織は非常に整備されており，その組織形態や医療救護活動の実際について述べる．

競技は，①スイム（海での水泳3km），②バイク（自転車155km，島2周），③最後がフルマラソン（42.195km）の3種目を1人の選手が13時間30分以内にゴールして初めて完走と認められるレースである．

2012年度の参加者は1,470人，完走は1,231選手で，完走率は83.7％であり，救護施設利用は14.1％（207名）と近年最も高かった．

過去5大会（2008～2012年度）において医療救護施設に搬入もしくは利用した選手は718名で，

1大会平均143名である．内訳は吐気，嘔吐が最も多く，次いで脱水，腹痛の順である．外科的にはバイク転倒による肩，肘，大腿部の挫創や擦過傷，ランによって発生した足マメによる疼痛が最も受診頻度が高い．過去に中心性頸髄損傷や大腿骨頸部骨折，鎖骨骨折等が発生したが，それらは集団走行中でのバイク転倒時の発生が多い．また，下位の選手ほど重傷者が発生しやすく，途中リタイアした選手以外に，何とか完走したが競技時間の終了間際になって全身痙攣とそれによる痛み，意識混濁，歩行困難，全身疲労等の訴えで救護テントを利用する選手の頻度が高かった．

脱水をベースとした熱中症等では1大会平均144名（約10％）が搬入され，冷却，保温，安静，リンゲル1,000 mlの輸液等の処置をルーチンワークとして行っているが，その後の治療は地元の基幹病院に委譲，転送した．

本大会は参加者が多く，競技の厳しさゆえに医療救護の必要性が高い．2013年度の医療救護組織は医師43名，看護師125名，救急隊員43名他，約300名が参加した．医療班はテント型の救護所で5カ所に配属され，地元医師のみならず島外から応援医師グループが約20名参加して構成されているのが現状である．早くからカメラ付き携帯電話の導入や心電図モニターの本部転送等，遠隔医療の先端を行く体制で臨んでいる．

過去の経験をもとにマニュアル化され，作成されたトライアスロン用のメディカルガイドブックは極めて有用である．宮古島における鉄人レースは極限に挑む競技のため，参加者の医療施設利用度が高く，過去の経験をもとに整備された医療組織が活用されている．また，われわれ医療救護スタッフも朝6時前から23時過ぎまでフルに活動しており，こちらも鉄人といえよう．

〔林　光俊〕

Column

自転車競技の特性―トラックレース

　自転車競技の中でも，トラックレースは250〜500mの木製板張り，コンクリート，ウォークトップで舗装された周回トラックで行われるレースで，短距離から長距離まで幅広い種目がある．1977年から1986年にわたり中野浩一選手が世界選手権10連覇を成し遂げたスプリントは，特に駆け引きを要する種目であり，一瞬のペダルの踏み込みで勝者が決定することもある．また，特定周回ごとの先着ポイントの獲得で競い合うポイントレースもある．わが国では公営競技としての競輪が長い歴史を持っているが，いずれの競技も駆け引きと瞬発力によるレース展開が繰り広げられ，フィニッシュ直前では70km/hを超えるスピードに達する高エネルギー・スポーツである．

　トラックレースでみられる外傷・障害は，転倒による高エネルギー外傷と，同じ動作の繰り返しによるオーバーユース障害がほとんどを占める．転倒による外傷では肩甲帯周囲に起こるものが多く，鎖骨骨折，肩甲骨骨折，肩鎖関節脱臼といったものが多くみられる．その原因として，①選手の足部はペダルに固定されており，安易に外れないような仕組みになっていることや，②転倒する際にはハンドルから手を離さないように指導されていることが挙げられる．つまり，最初に走路に衝突する部位は肩甲帯となることが関係している．

　一方，自転車競技によるオーバーユース障害は，ペダリングという繰り返し動作と乗車姿勢が大きく関係している．特にトラックレース（短距離種目）選手では，大腿四頭筋やハムストリングスの筋力は非常に強く，その分大きな負荷がペダリング時にかかっていると考えられる．競輪学校を卒業する際の学生の膝伸展時のピークトルクは約240.4Nmであったとの報告がある[1]．また，1kmタイムトライアルという種目では，静止時からスタートするため，スタート直後のペダルへの出力は瞬時に1,250Wとなり，さらに4秒程度で1,800W程度にまで上昇するとされている．短時間に非常に大きな筋エネルギーが発生し，筋腱付着部への負荷は多大である[2]．

　トラックレースでのタイムを競う独走種目では，真っ向から受ける空気抵抗と勝負することになる．空気抵抗は速さの2乗に比例するため，選手の乗車姿勢が課題となる．抵抗の軽減は微量な要素に過ぎないかもしれないが，タイム計測種目では1/1,000秒で競い，先着種目では写真判定に持ち込まれることもしばしばみられることから，選手は特に前傾姿勢，空気抵抗の軽減にこだわったトレーニングを行う．上体を低くして表面積を小さくし，風の抵抗をできるだけ減らすような乗車姿勢をフィニッシュまで変えることなく継続させなければならない（図）．このため，頸部伸展，胸腰部屈曲角度が大きい状態で保持しなくてはならず，頸部痛や腰痛を生じることが多くなる[3]．したがって，一般的な頸部と肩甲帯の自動運動のストレッチング，腰背部の伸展運動，ハムストリングスのストレッチングを乗車前後に行うことが重要と考えられる．もちろんロ

図 トラックレース中の前傾姿勢

ード競技でも同様の症状は生じ得るが，特にトラック競技特有の乗車姿勢の保持，継続を考えると，頸部と肩甲帯のストレッチングの重要性が考えられる．また，ハムストリングスのストレッチングは乗車時の腰部への負担の軽減につながるとされている[4]．

上述のように，トラックレースでは空気抵抗を減らすための乗車姿勢が重要であるが，効率よく高出力を発生させるためには，身体に適合した乗車姿勢を得ることも必要不可欠である．そのためにはフレームサイズや剛性，シューズとペダルの位置の調整，サドルの高さ，ハンドルステムの長さ等，多岐にわたる事細かな調整が必要であることを忘れてはならない．

（富和清訓　熊井　司）

文献

1) Baba T et al：Biomechanical analysis of the knee flexion-extension muscle strength in the Keirin cyclist. 日臨バイオメカ会誌 **22**：303-307, 2001.
2) Craig NP et al：Characteristics of Track Cycling. *Sports Med* **31**(7)：457-468, 2001.
3) 北見裕史：自転車競技選手におけるS&Cトレーニングのプログラムデザイン．日本ストレングス＆コンディショニング協会機関誌 **20**(4)：2-9, 2013.
4) Gregor RJ et al：Road cycling, Blackwell science, 2000.

14 スキー

外傷の特徴

　スキーは重力による位置エネルギーを利用して自己の筋力だけでは得られない高速での滑走が可能で，それによる爽快感やスピード感が魅力だが，一歩間違うと交通外傷に匹敵する高エネルギー外傷を生ずる．

　スキー外傷の内容はケミカル（いわゆるプラスチック）ブーツ，セーフティービンディング，カービングスキーの登場等，道具の進歩に伴って時代とともに変遷しているが，現在のスキー外傷の部位別統計学的検討[1,2]で過半数を占めるのは膝関節周辺の外傷である[3]．この中で特徴的なものは前十字靱帯（ACL）損傷を中心とした靱帯損傷だが，比較的骨密度の低下した中高齢のスキーヤーでは靱帯付着部の剝離骨折（図1, 2）や脛骨高原骨折（図3）等の関節内骨折を呈することもある．

　本項ではスキー外傷に比較的多いこれら膝関節周辺の外傷の診断，治療方針，リハの留意点について述べる．

診断

　視診および触診にて腫脹，関節内血腫の有無，圧痛点，関節不安定性，異常可動性等を評価し，次

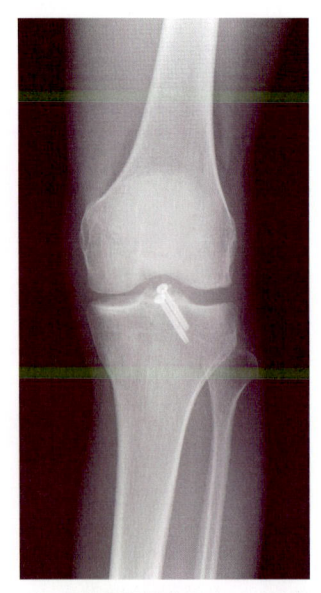

図1　脛骨顆間隆起（ACL付着部）剝離骨折，術後X線

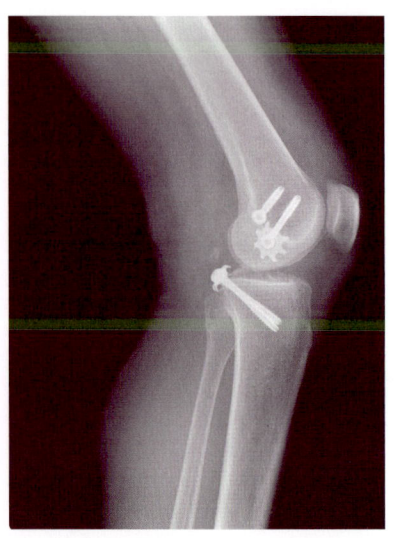

図2　後十字靱帯・内側側副靱帯剝離骨折，術後X線

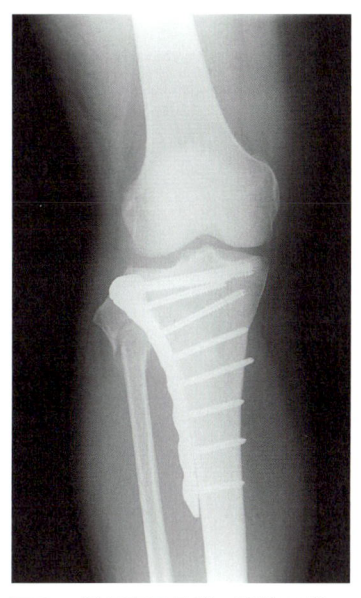

図3　脛骨高原骨折，術後X線

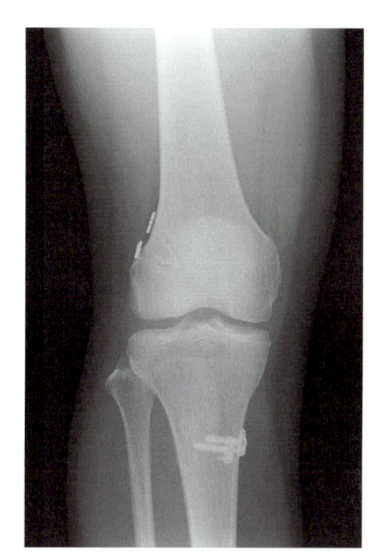

図4　解剖学的二重束ACL再建，術後X線

いで単純X線で骨傷の有無を確認する．この段階で靱帯損傷を疑えばMRI検査を行い，関節内骨折の可能性があればCTや断層撮影で評価する．関節内血腫があるときにはこれを穿刺吸引し，血腫内に油滴を認めれば関節内骨折の可能性が高い．

治療方法

スキー等のスポーツ愛好家のACL損傷に対しては靱帯再建術が第一選択となる．内側側副靱帯（MCL）損傷に対しては，単独損傷であれば保存的治療が選択されることが多い[4]．ただし，Ⅲ度のMCL損傷の90％近くは十字靱帯損傷等を合併した複合靱帯損傷であり，この場合も観血的加療の対象となる．

また，膝関節は荷重関節であり，関節内骨折に対しては可及的に正確な整復と強固な固定が望まれるため，やはり観血的整復固定術の適応となることが多い．

Key Words

ハイスピード外傷

高速度で生じる外傷であり，自分の筋力だけで走るよりも高速度のものを指す．特にスキーやアイススケート等の冬の雪や氷の種目や，自動車やオートバイ等のモータースポーツが該当する．アルペンスキーでは低速の回転種目でも時速40 km，高速の滑降種目では時速120 km，直滑降で瞬間最高速度を競うスピードスキー種目では時速250 km以上になる．このため，アルペンスキーでは，競技者のウエアー（滑落防止のために空気透過度を規定），ヘルメット（アルペン競技用をEU規格で規定），脊椎プロテクター，スキー場でのネットやポール等の安全用規格を国際スキー連盟（FIS）で規定している．

表 前十字靱帯（ACL）再建術後リハビリテーションプロトコル

術後期間	関節可動域訓練	筋力強化運動				荷重・他
4日後〜	20〜90度より可及的に拡大 ウォールスライド→ヒールスライド PTによるストレッチング パテラモビライゼーション	患部外筋トレーニング				車椅子で訓練室へ 内側広筋に電気刺激
1週後〜		レッグエクステンション（下腿近位抵抗） レッグカール （無抵抗→バンド→マシン） サスペンション・レッグ・プレス レッグプレス スクワット				1/3荷重 装具使用 1/2部分荷重 2/3部分荷重
2週後〜	0〜130度目標 伸展0度確保	ターミナルニーエクステンション 座位：下腿近位抵抗 立位：大腿部遠位抵抗 不安定板上でのスクワット・片脚立位 ランジ ロールブリッジ　サイドブリッジ ニーベントウォーク				全荷重 階段登降練習 有酸素運動 　ステップマシン 　固定自転車
	等速性筋力測定：大腿四頭筋・ハムストリングス，スクワット					
	フットワークドリル開始					
		減速ドリル	横の動き	ターンドリル	ストップドリル	ランニングドリル
3, 4カ月後〜		ハーキー リカシェット	サイドステップ サイドステップ&ハーキー	ジョグ&両脚ターン		ジョギング
5カ月後〜		ジョグ&ハーキー	サイドステップ往復	ランニング&両脚ターン	スクワットジャンプ両脚 ダブルレッグホップ	ランニング
6カ月後〜			サイドステップジグザグ		スクワットジャンプ片脚 ワンレッグホップ	
7カ月後〜		ダッシュ&ハーキー				ダッシュ
9カ月後〜		競技復帰				

（日本鋼管病院）

リハビリテーション

（1）メディカルリハビリテーション期

　当院における半腱様筋腱を移植材とした解剖学的二重束ACL再建術（図4）後のリハを主体に紹介する（表）．

　再建に用いられる移植材の初期強度は報告されている[5]が，再建された移植腱は一度壊死に陥り，その後再血行が起こり，移植腱のリモデリングが生じると考えられ，経時的な移植腱の力学的強度の変化は明らかにはされていない[6,7]．当院では，再建ACLが通過する大腿骨と脛骨の骨孔壁が骨化す

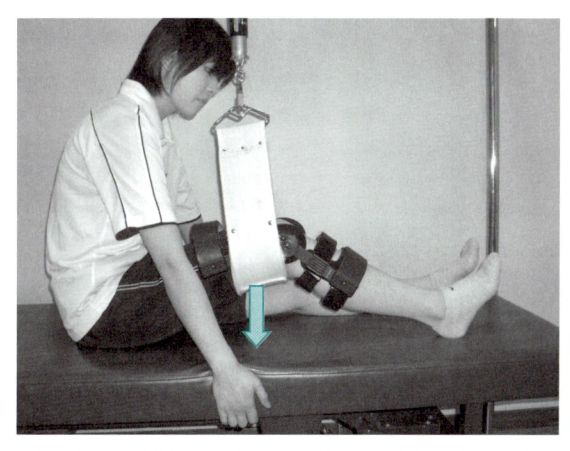

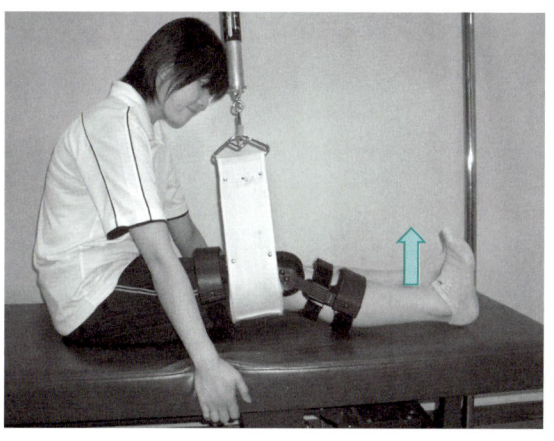

オーバーヘッドフレームから吊るされたバネばかり(50〜100 kg)を介したパッドに大腿遠位部を入れ，両手でベッドの端を握り骨盤を固定する(左)．股関節を最大努力で伸展(ハムストリングスの収縮)することでバネばかりを引き下げ，次にその肢位を維持したまま，膝関節を最大努力で伸展(大腿四頭筋の収縮)する(右)．膝屈伸筋の同時収縮が得られる．

図5 サスペンション・レッグ・プレス(開始肢位と停止肢位)

る3〜4カ月までを保護的な時期として，慎重な理学療法を行うよう心がけている．

　関節可動域(ROM)訓練は，術後4日目より病棟においてcontinuous passive motion (CPM)を使用して20〜90度より開始し，術後7日目より訓練室にて愛護的なROM訓練を2週間で0〜130度を目標に開始する．膝関節の伸展制限は歩容も乱すため，他動的な伸展域の確保は早期に必要と考えている．しかし，健側の膝関節が過伸展するような症例の場合，健側を目標として早期に過伸展を求めることは，前方動揺を再発させるリスクが高いと考え，膝関節の伸展は0度までにとどめている．

　荷重歩行訓練は術後7日目から1/3荷重より開始し，その後1週間程度で全荷重としている．膝不安定性に対して，動的安定要素である膝屈伸筋を強化することは非常に重要となる．しかし，レッグエクステンションのような方法で大腿四頭筋を強化すると，伸展域で脛骨の前方移動を引き起こし[8]て再建靱帯を伸長し損傷しかねない．大腿四頭筋の筋力強化を伸展域で施行する場合，通常のような下腿遠位抵抗でなく，近位抵抗が推奨されている[9]．大腿四頭筋の筋力強化訓練における膝関節の前方剪断力を減少させるもう1つの方法として膝屈伸筋を同時に収縮させる方法がある[10]．そこで筆者らはバネばかりを利用した膝屈伸筋の同時収縮訓練をサスペンション・レッグ・プレス(suspension leg press)と称して施行している[11](図5)．

　ハムストリングスの単独収縮は膝屈曲角度にかかわらず常に後方引き出し力として作用する[12]のでレッグカールを積極的に行うが，半腱様筋腱を用いた再建術の場合，開始当初は疼痛が発生することが多いので可能な負荷で開始する．荷重が可能な状態になれば，レッグプレスやスクワットでの筋力強化訓練を開始し，さらに患足の踏み込みランジを行う．

　ACL再建術後の大腿四頭筋の機能障害の1つとして伸展不全(extension lag)が認められることが多い．これに対しては弾性バンドによる下腿近位抵抗での膝最終伸展域訓練や，大腿遠位部に弾性バンドをかけて，これを引き伸ばすように膝関節の最終伸展を意識したスクワットを行う．

固有受容器トレーニングとしては，各種のバランスボード（バランスクッション，バランスディスク）を使用して施行している．

　関節内骨折では骨折型，手術の固定性の良否，骨質に依存して可動域訓練の範囲や荷重開始時期が決められるため，医師，PTが連絡を取って慎重に進める．一般的に靱帯損傷より免荷期間が長くなる傾向にあるが，骨癒合が得られれば比較的早期のスポーツ復帰が可能なため，関節拘縮や廃用性の筋萎縮の予防に努め，全荷重が可能となったらACL再建術後に準じた内容とする．

(2) アスレティックリハビリテーション期

　雪上のトレーニングに入る前に基本的なフットワークは習得すべきと考え，指導している．時期的には再建ACLが通過する大腿骨・脛骨の骨孔壁が骨化する術後3～4カ月から開始している．内容としては，大きく「減速ドリル」「横の動き」「ターンドリル」「ストップドリル」「ランニングドリル」の5種目に分けて，それぞれ簡単な内容から難しい内容に進行させるようにしている（表）．

　雪上でのスキー練習は，少なくとも陸上でのトレーニングが不安なく行えるようになってから開始すべきである．以下に基本的なスキー練習を述べる[13]．

① **スキー板を装着しての平地歩行（前後左右，回転，方向転換），斜面の階段登降**
　スキー板を滑走させる前に「スキー板の感覚」を取り戻す．

② **直滑降，斜滑降，パラレルターン**
　スキーの基本技術であり，緩斜面での滑走感覚，エッジング感覚，ターン感覚を再確認する．

③ **中速での連続したパラレルターン**
　競技スキー大回転のフリー滑走練習であり，外側スキーに正しく乗って踏み込む感覚を取り戻す．

④ **ステッピングターン**
　ステップ動作で完全に片脚に体重をかける練習をしてターンを連続させる．

⑤ **大回り大回転練習**
　大回りの大回転競技をポールを立てて練習する．

⑥ **大回転競技の練習**
　アルペンスキーの技術の基本は大回転競技であり，急激な膝の回旋運動をしないという意味でもこの種目をマスターすべきである．

Key Words　**高齢者の注意点**
　コラム（p130）の全日本スキー連盟（SAJ）によるスキー障害統計で解説するが，受傷者の年齢では40歳以上が45％と中高年齢者が半数になる．入場者の年齢構成もほぼ比例して，「中高年が半数」である．中高年では日常生活でも，筋力や行動速度や反射的動作等が低下する．スキーは高速で滑走するので，バランスを崩すと転倒して外傷を生じる．日常から，筋力や持久力だけでなく，バランスや転倒防止等の基礎訓練を継続すべきであろう．スキー用具も中高年用の操作しやすいものを選択するとよい．

再発予防と患者指導

　スキーでのACL損傷の受傷はいくつかの典型的な肢位が指摘されているが，共通する危険因子として体幹後傾姿勢と膝外反姿勢および一側スキー板への荷重が挙げられる[14]．ACL損傷の受傷肢位や予防のポイントをビデオで学ぶ講習会の受講によりスキーでのACL損傷の発生頻度を大きく低下させたという過去の報告[15]もあり，ACL再建術後の患者に対してもACL損傷の好発受傷肢位を理解させることは重要と考える．

　ACL損傷に限らずスキー事故はスキーヤーのみの問題ではなく，スキー場の経営者・管理者，スキーパトロール，指導者，用具メーカー等すべての関係者が検討しなければならない問題である．

（栗山節郎　星田隆彦　川島敏生）

文献

1) 栗山節郎，星田隆彦：最近のスキーとスノーボードの外傷の特徴と予防対策．Neurosurg Emerg 7：27-33，2002.
2) 星田隆彦，栗山節郎：スキーの外傷，傷害（疫学）．復帰を目指すスポーツ整形外科（宗田 大編），第1版，メジカルビュー社，2011，pp556-558.
3) 栗山節郎，星田隆彦：スキー外傷―膝前十時靱帯損傷と脛骨プラトー骨折．整形外科 58(8)：1135-1139，2007.
4) 星田隆彦，栗山節郎：内側側副靱帯損傷の診断と治療．スポーツ外傷，障害診療マニュアル，第1版，全日本病院出版会，2005，pp162-165.
5) Noyes FR et al：Biomechanical analysis of human ligament grafts used in knee ligament repairs and reconstructionns. J Bone Joint Surg 66A：344-352,1984.
6) Delay BS et al：Observations on a retrieved patellar tendon autograft used to reconstruct the anterior cruciate ligament. A case report. J Bone Joint Surg Am 84-A(8)：1433-1438, 2002.
7) Falconiero RP et al：Revascularization and ligamentization of autogenous anterior cruciate ligament grafts in humans. Arthroscopy 14：197-205, 1998.
8) Yack HJ et al：Comparsion of closed and open kinetic chain exercise in the anterior cruiate ligament-deficient knee. Am J Sports Med 21：49-54, 1993.
9) Jurist KA et al：Anteroposterior tibiofemoral displacements during isometric extension efforts. J Sports Med 13：254-258, 1985.
10) 安田和則・他：膝前十字靱帯再建術後の筋力訓練（第2報）―大腿四頭筋および膝屈筋同時等尺性収縮法の開発とそのバイオメカニクス．日整会誌 59：1051-1058，1985.
11) 川島敏生：膝靱帯損傷，半月板損傷．骨・関節系理学療法クイックリファレンス（岡西哲夫・岡田 誠編），文光堂，2010.
12) 安田和則・他：膝前十字靱帯再建術後の筋力訓練（第1報）―大腿四頭筋および膝屈筋の単独収縮が前十字靱帯に及ぼす力．日整会誌 59：1041-1049，1985.
13) 川島敏生，栗山節郎：スポーツ競技復帰と理学療法，スキー．理学療法 16：396-403，1999.
14) 寒川美奈：スキーにおける予防の取り組み．臨スポーツ医 28：439-443，2011.
15) Ettlinger CF et al：A method to help reduce the risk of serious knee sprains in alpine skiing. Am J Sports Med 23：531-537, 1995.

Column

膝関節外傷以外のスキー外傷

「スキー場傷害報告書」とは，全国スキー安全対策協議会（ス安対．リフト会社等の組織）と全日本スキー連盟（SAJ）教育本部で協力して「毎年2月の1カ月間，全国44スキー場のスキーパトロール隊員の報告を基に集計分析したもの」で，インターネットで公開している（www.safety-snow.com）．

2013年2月1〜28日までの1カ月間のスキー傷害報告では，44スキー場から3,126件の報告があり，このうちスキー1,171件（62.2％），スノーボード1,917件（37.8％），ソリ・その他22件となっており，「スキーとスノーボードの傷害人数比率」は最近5年間変化がない．「リフト輸送延べ人数に対する受傷率」は，スキー0.0077％，スノーボード0.0135％と，ボードはスキーの1.75倍の受傷率である．欧米でもほぼ同様の結果である．これはボードは両脚が1枚のボードに固定されているために「バランスを崩すと上肢を突いて転倒しやすい」ためであろう．「受傷者の年齢」では，スキーは10歳代22％，20歳代14％，30歳代11％，40歳代18％，50歳代12％，60歳以上15％であり，スノーボードでは10歳代12％，20歳代63％，30歳代18％，40歳代5％，50歳代1％（60歳以上なし）と極端にスノーボード人口が若いことがわかる．

「スキー傷害部位」では，膝31.4％，下腿13.0％，肩10.3％，足首7.6％，頭部7.4％と「スキーは転倒して下肢外傷が多い」．「スキーで自己転倒の場合の傷害部位と種類」は，膝39.8％（膝捻挫35.8％），下腿15.7％（下腿骨折8.1％），肩12.4％（肩脱臼5.5％），足首11.0％（足首捻挫8.7％），顔面5.4％（顔面切挫創4.6％）である．

「スノーボードの傷害部位」では，肩15.5％，手首14.0％，頭部9.8％，膝＝腰7.2％，肘6.5％，と「スノーボードは手を突いて転倒するので上肢外傷が多い」．「スノーボードで自己転倒の場合の傷害部位と種類」は，肩20.4％（肩脱臼11.8％），手首20.4％（手首骨折11.7％），頭部10.5％（頭部打撲6.4％），肘9.5％（肘脱臼3.7％，肘骨折2.7％）である．

「受傷原因」では，スキーでは自分で転倒76.7％，他人と衝突18.4％，障害物と衝突2.6％．スノーボードではそれぞれ82.7％，12.7％，3.5％．「頭部を強く打った疑い」のものは全傷害の中でスキーでは13.3％，スノーボードでは15.4％である．「ヘルメット着用状況」では，スキーでは無78.8％・有21.2％，スノーボードでは無92.4％・有7.6％であり，一方，欧米では着用率が80％である．人や物に衝突すると重症化しやすく，特に頭部打撲の重症化を防ぐにはヘルメット着用を推薦している．

「死亡事故」については2012／2013シーズンでは8名で，スキーは5名（人と接触後にコース外転落1名，コース外の立木に衝突1名，立ち入り禁止コース外滑走3名），スノーボードは2名（滑走中転倒1名，コース外滑走雪崩1名），圧雪車に接触1名である．

以上より，スキー場のルールを守れば重大事故は防げると考えている．

（栗山節郎　星田隆彦　川島敏生）

Column

「寒冷地・高所」でのスポーツ

　国際スキー連盟（FIS）の内部規則では「マイナス20℃以下」での屋外スポーツは制限しているが，欧州，特に北欧ではこれ以下の気温になることも多いので実際には競技会は行われているのが現状である．また，標高も2,000 m以上では酸素が薄いのでクロスカントリー等の持久競技には不利であるが，欧米，特にアルプス地方のアルペンでは3,000 m，クロスカントリーでも2,000 m以上の高山で競技が行われる．このため，選手やコーチは十分に「寒冷地・高所訓練」を行っている．

　一般人の「寒冷地対策」であるが，ウエアーは「寒冷地用」を準備する．通常の「スキー用」よりも「極寒用」等を現地や登山店で入手する．特に肌着は「発熱＋保温＋吸汗＋吸放湿」の人工素材のものがよい．綿や毛糸等の天然素材では汗が凍結して危険であり，登山では死亡原因になる．特に手指や足趾はもともと末端で寒さに弱いので，2重に保温性の高い手袋やソックスを使用する．耳介や鼻や頬の凍傷が極めて多いので，顔面の露出部分をなくす工夫も重要である．耳介までの帽子（ヘルメットが確実），顔面全体のマスク，目はゴーグルで完全に露出部位をなくす．何といっても「寒冷地には長くいない」ことが重要で，必要以外は外出しない．

　一般的な「高所対策」では，これも「順応」が必要で，エベレスト登山ではキャンプ地を徐々に上げながら高所順応させているが，訓練した隊員でも高山病になる．欧州ではゴンドラで一気に3,000 m以上まで上げてしまうが，めまいがするときはそのままゴンドラで下る．短いリフトで徐々に高度を上げて「高度順応」させる．循環器や呼吸器の問題がある方は注意が必要である．

（栗山節郎　星田隆彦　川島敏生）

Column

スピードスケートの障害と予防対策

　スケートはフィギュアスケート，ショートトラック，スピードスケートの3つの競技部門で構成される．それぞれの部門で競技特性は異なるが，スケート靴を履き，細い刃（ブレード）の上に立ち，氷上を滑走するスポーツであることは共通し，身体的に重要な要素が，体幹機能とバランス能力であることも一致している．外傷のうち，重篤なものはブレードにより生じる切創であり，続いて転倒による頭頸部へのダメージ，足関節の捻挫等がこれに続く．本コラムでは，主にスピードスケートにおける障害と予防対策について述べる．

　スピードスケートは1周400mのリンクを左回りに滑走するスポーツである．その速さは瞬間最大速度で時速60kmに達する．滑走姿勢は，空気抵抗を減らすために体幹を氷とほぼ平行にまで倒し，股関節を大きく伸展させた状態から脚を素早く屈曲させる動作を繰り返す[1]．さらにスピードスケートのブレードは約1mmの幅しかないため，バランス能力が重要となり，加えて筋力，柔軟性等複合的な身体能力が高次元でリンクすることが必要になる．

　長野オリンピック（1998年）はスピードスケートにおける道具の大きな転換期となった．それまで使用されていたブレードが靴に固定されているものから，踵の部分で可動するスラップスケートに変わった．それに伴い，足関節の底屈動作が飛躍的に広がったために，蹴り脚が最後まで氷を押せるようになり，記録が飛躍的に上がったのである．道具の変化は障害の変化にもつながった．スケートの姿勢は以前よりさらに低いものとなり，スピードの上昇に伴う身体への負荷も増加した．長野オリンピックからソルトレイクシティオリンピック（2002年）にかけて，スピードスケートによる障害は腰痛を主体に推移した．腰部にかかる負荷が増加した原因は腸腰筋の筋緊張増加によるものと，シーズンを通したメディカルチェックで判断された[2]．そこで，腸腰筋を中心としたストレッチングを十分に指導することが徹底され（図1），かつジュニア期からセルフコンディショニングの手技を徹底して指導したことにより，バンクーバーオリンピック（2010年）以降，腰痛は減少していくことになった．スラップスケートの技術が成熟していくにつれ，独特の低い滑走姿勢で膝関節屈曲位から荷重をかけ，大きな筋出力を導き出すことが要求され，それは膝関節周囲への過負荷へとつながってきた．スラップスケートを履き始める年齢の低年齢化により，成長期から膝関節周囲の負荷が増加している可能性が高くなり，ジュニア期の疼痛は腰痛から膝痛へと変化してきた．分裂膝蓋骨，膝蓋靱帯炎等が増加したため，筆者らは特に分裂膝蓋骨の増加に対し調査を行っている．

　以上のように，スピードスケートにおける障害は，腰部，膝関節周囲に多く出現する．これらに対する対策は，当然のことであるがストレッチングを十分に行うことが重要になる．部位としては，前述した腸腰筋のストレッチングに加え，大腿筋膜張筋，ハムストリングス，内転筋，殿

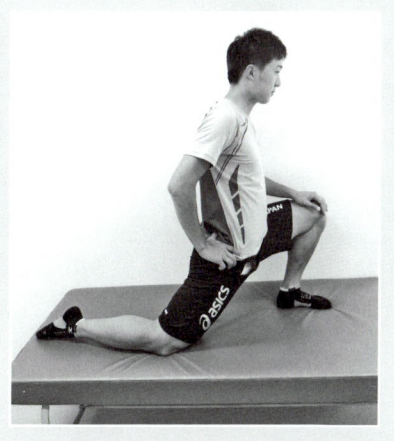

図のような姿勢をとり，股関節を伸展させる．股関節前方が十分に伸張されていることを感じながら行う．

図1　腸腰筋のストレッチング

図のような姿勢をとり，膝関節屈曲位から床を滑らすように膝関節を伸展する．大腿筋膜張筋に緊張を感じるように姿勢を調整する．

図2　大腿筋膜張筋のストレッチング

図のような姿勢をとり，内転筋に緊張を感じることを確認し，骨盤をサイドにずらしながら内転筋のストレッチングを行う．

図3　内転筋のストレッチング

筋群等，骨盤周囲，股関節周囲に対するストレッチングを主に行う．普段から練習後の入念なストレッチングを指導し，常に股関節の可動性に関して注意を払い，左右差を感じた場合には可能な限り改善するように指導をする．特に大腿筋膜張筋のストレッチング，内転筋のストレッチングは，重点的に行っている（図2, 3）．加えて，滑走姿勢を保持するための体幹筋力も強化の観点から指導をしていく必要がある．

スピードスケートは大きな外傷が少なく，障害の多いスポーツである．しかし，その特殊な滑走姿勢のため，いったん疼痛が生じると練習継続が困難となり，競技再開までの時間を要し，競技力低下につながりやすい．したがって，障害を可能な限り予防していくことがサポート体制として重要になる．

(村上成道)

文献

1) 福田 崇：競技特性に応じたコンディショニング スピードスケート．臨スポーツ医 **28** 増刊号：340-346, 2011.

2) 酒井宏哉・他：スケート選手の腰部メディカルチェックと腰痛予防対策．臨スポーツ医 **19**：1457-1460, 2002.

15 柔道

❖ はじめに

柔道は投技，固技で一本を取るか，試合時間内で「有効」以上に与えられるポイントで勝敗を決する競技である．

柔道の一本の定義は「試合者の一方が，相手を制しながら背を大きく畳につくように，相当な強さと速さをもって投げたとき」，または固技（抑込技，絞技，関節技の総称）において「発声あるいは合図で"参った"を表明したとき．20秒間抑え込んだとき」（2013年に25秒から20秒に変更された）である．関節技は肘関節のみ挫くことを許されている．

試合の多くは投技で勝敗が決まることが多いが，この投技は前に投げる（投げられる）技，後ろに投げる（投げられる）技がほとんどである．

外傷・障害の特徴

柔道は立技（投技）の攻防が多いため，障害よりも外傷が多い．部位では頭頸部の外傷，肩周囲の外傷，肘の外傷と障害，腰部の障害，下肢の外傷が多い．頭頸部の外傷は，投げられて前頭部から落ちるときの頸椎損傷，後頭部を打つように倒れたときの急性硬膜下出血，投げたときに前頭部から突っ込むことによる頸椎損傷が起こり，それぞれはまた脳振盪の原因になる．肘関節はルール上，唯一挫くことを許された関節であるため，伸展強制により内側側副靱帯（MCL）損傷や外傷後の関節症性変化の原因となる．

また，襟をもつ釣手においては伸展・屈曲時に繰り返される関節の圧迫力がかかり，遊離体や骨棘形成を起こす．下肢では足関節靱帯損傷，膝MCL損傷，前十字靱帯（ACL）損傷等，荷重時の外傷が多い．上肢では，投げられて手をついたときに肩関節（亜）脱臼や，肘関節脱臼・靱帯損傷が多い．肩から落ちたときには肩鎖関節（亜）脱臼が起こるが，若年者ではこれらは鎖骨骨折となることが多い．

評価・診断，治療方法

基本的には通常の診断で，治療方法も特別なものはない．ただし，選手側の問題として，受傷時に医療機関を受診せず，正しい診断と治療方針が決まらず，そのまま稽古を行っている場合があり，陳旧例になって診断，治療開始されることも少なくない．

リハビリテーション処方の内容と注意点

リハは，患部における関節可動域訓練や筋力増強運動は特別なものはなく，一般的なものである．

ただし，復帰に向けた機能訓練は，柔道特有の動きや稽古方法に合わせて行ったほうが無理なく復帰することができ，また患部以外の運動（上肢の外傷・障害であれば下肢の，下肢の外傷・障害であれば上肢の）を行うことができる．

（1）柔道の投技の動きと用語

柔道の投技の動きは「くずし」「つくり」「掛け」に分解される．「受（投げられる側）」の動きは「くずし」，「取（投げる側）」の動きは「つくり」と一般的によばれる．「くずし」とは，相手の重心をずらして前後左右に傾けることで投げられる状態にすることで，「つくり」とは，自分が相手を投げる（掛ける）体勢に「つくる」ことである．「掛け」とは，これらにつくられた相互の状態において最後の一手を繰り出すことで，これで相手を投げることになる．「掛け」の最後に「極」があり，これで相手の背中が畳について一本が取れる投技になる．「取」の動きとしては水平面での横回転，矢状面での縦回転，体幹の回旋（実際には大腿骨を中心とする骨盤の回旋）が行われる．

柔道は一方で袖を握り，一方で襟をもつもち方が基本である（組手）．袖をもつ側を引手，襟をもつ側を釣手という．右襟をもつ場合は右組，左襟をもつ場合は左組という．また，掛けるときに片脚で支えて，もう一方の足で掛ける技においては支えるほうの足を軸足（右組では左足），掛けるほうの足を刈足という．ただし，「つくり」のときは反対で，右組の場合は右足が軸足となるように始動し，つくりから掛けになるときに左右が変更される．

相手を投げる（投げられる）ときは，「取」が柔道着を握り，引っ張ることで「受」に柔道着と体との弛みがなくなったときに"引っかかり"相手の体が動いていく．「取」の動きすべてが相手に伝わるわけではないので，若干の間が生じる．「受」のときはこの弛みを利用して防御する．「取」が動いて力が伝わり始めるまでにタイムラグがあり，「取」にはこの瞬間は負荷の少ない自動運動で急に負荷がかかるという運動の理解がリハのポイントとなる．

（2）左右の違った動き

袖をもつ引手と，襟をもつ釣手では使い方が異なる．組んだ状態では引手，釣手とも肘関節はやや屈曲，肩関節は中間位になる．特に前に投げる動作においてよく理解する必要がある．

① 引手の使い方

前に投げる技においては，肘関節屈曲のまま，袖をもった位置から前腕を回内し上腕骨を水平面において屈曲から伸展方向に動かす．同時に肘関節は屈曲し，肩関節はゼロポジションまで外転しつつ，内旋する．肩関節は内旋位のまま前腕の長軸方向に引っ張る．運動の方向は襟をもった位置から直線的になる．上腕骨が水平伸展し肩甲骨面に一致するあたりから肘関節は屈曲位から伸展する．このとき，肩甲骨が内転しないと肩甲骨面が後方に来ないため，引っ張ることができない．肘が伸展するに

> **Key Words**
>
> **受身の意義**
> 受身とは，投げられたり倒れたりした際に，安全に身体を捌く方法のことで，腕で畳を打つことや背中を丸めて転がる動作で身体に受ける衝撃を軽減する．受身は投げることよりも容易ではなく，受身がうまくないものは，頭，頸部等の重篤な外傷を引き起こしやすい．近年の小児・児童の運動能力の低下は，受身の動作そのもので骨折等の外傷をきたすことがある．競技化した柔道においては，ポイントを取られないように受身を取らないことがあり，これこそ本末転倒である．

a
b

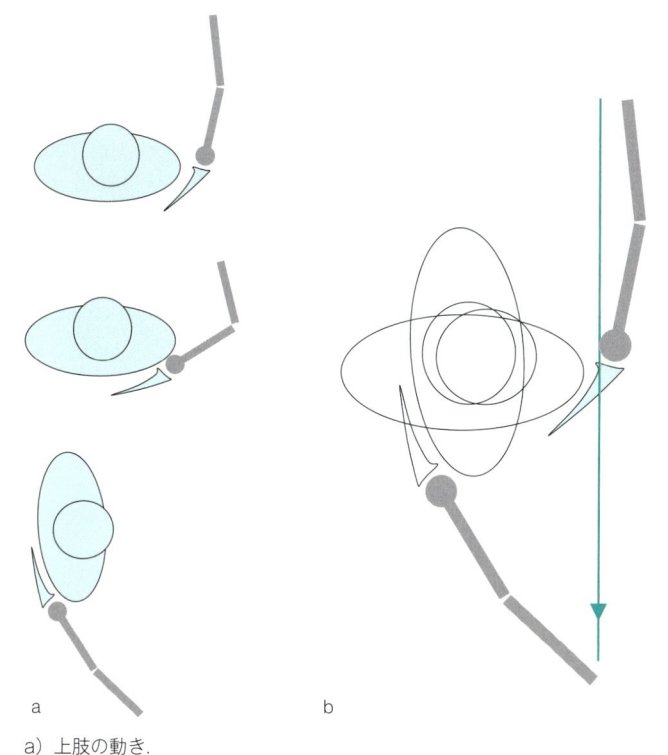

a）上肢の動き．
b）袖をもったところから始まると直線的な動きになる．

図1　引手の動作

つれ「受」の上肢が伸ばされ，伸びきったところで体を引っ張る作用が伝わる．体幹は肘関節が伸展し始めてから回旋を始める．体幹が回旋せずに上肢の動作を行うことで，体幹が回旋したときにさらに大きな力を発揮することができる（図1）．

② 釣手の使い方

技によって異なるが，内股や払腰等の釣り上げる技と背負投では使い方が異なる．相手の前襟または奥襟をもち，前腕を中間位または回内位にて，肘関節を屈曲したまま肩関節挙上または水平屈曲し，引手の引いた方向に引くことによって，「受」の柔道着が脇から体幹にかけて力がかかり，前に引き出される．

背負投では前腕回外，肘関節屈曲と同時に肩関節が内転することで，上腕が体幹に密着して体軸とともに回旋しながら肘関節は伸展する．投球動作と同じと思われがちであるが，実際には肩関節の外旋はほとんどなく，外旋するような投げ方では上肢の関節への負荷が多くなる．

③ 掛けの動作

前に投げる技では，「掛け」のときに股関節が屈曲する．これは体幹を軸とした大腿骨の動きではなく，大腿骨が固定された骨盤の動きであり，殿部やハムストリングスに伸張性収縮が行われる．股関節の回旋も同じで，骨盤が固定された大腿骨の回旋ではなく，大腿骨が固定された骨盤の回旋である（図2）．

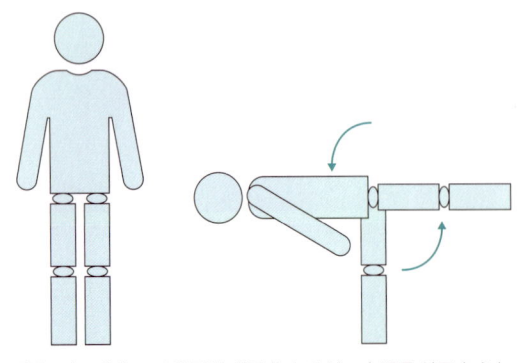

「掛け」の動作では股関節が屈曲するが、大腿骨が固定された骨盤の動きである.

図2　掛けの動作

図3　三人打込

(3) 柔道の練習方法

　練習は実践的な稽古である立技の乱取が基本であるが、この乱取が十分できるまでに段階を踏む必要がある．身体には「取」よりも「受」のほうがはるかに多くの負荷がかかる．多くの外傷・障害も技を受けたときや「くずし」の動作の中で起こる．乱取はただ「取」の練習ではなく、「受」のときの体の反応や体の使い方を攻防のなかで身につける練習であることを理解し、いきなり立技の乱取をさせないようにする．ただし、選手の多くが運動を許可すると立技の乱取を行うため、稽古方法を理解し指導していかなければならない．

① 打込（「くずし」「つくり」の反復練習），「取」の稽古

　a) 一人打込：相手と組まず、投げる動作を1人で行う．

　b) 上肢のみ（体幹を捻らない）前に引き出す、後ろに（片足に重心を乗せさせる）傾ける、体幹を固定し、上肢を動かす．「くずし」のみで「つくり」は行わない．

　c) 打込：一般的に打込といわれる「くずし」「つくり」そして「掛け」の直前までの動作である．相手に力が伝わるまでは「取」への負荷は少ないが、掛かり始めると伸張性の負荷がかかる．

　d) 移動打込：移動しながらc)の打込を行う．

　e) 三人打込：「取」「受」「受を支える人」の3人で行う．「くずし」「つくり」まで、または「くずし」「つくり」「掛け」まで行う方法がある．投げる動作に即したパワートレーニングに近い（図3）．

② 投込

　組んで実際に相手を投げる稽古のこと．「くずし」「つくり」「掛け」までを行う．効率よく理にかなった投げ方であれば負荷は多くない．

③ 特殊な乱取

　a) 約束稽古：「取」「受」ともに掛ける技がわかっている状態で、投げて投げられる稽古のこと．

　b) 組手乱取：技は掛けないが組み合うまでの組手争いを行う稽古のこと．

　①〜③までできてから、乱取を始める．また、稽古相手で負荷が変わってくるので、相手を選んで行うと負荷の増減が可能となる．

直線方向に引くことと，体を傾けて引かない．

図4 引手のチューブトレーニング

右端は背負投の動作．釣手の使い方が異なることに注意する．

図5 釣手のチューブトレーニングと引手と釣手の両方を使ったチューブトレーニング

柔道の動きを考えたリハビリテーション

（1）上肢

① 引手のリハビリテーション

　チューブを引いて行う（下肢の傷害があるときは座位または立位でも体幹を捻らないようにする）．方向に注意し，必ず直線的に引いて力が分散しないようにする．肩甲骨を内転し，袖をもったところから直線的に引くことで，上肢，肩甲帯，体幹が一体となって動かすことができる．体の傾きで相手を引かないように意識し，体幹は回旋せず上肢を動かすことを意識する（図4）．

② 釣手のリハビリテーション

　チューブを引いて行う（下肢の障害があるときは座位または立位でも体幹を捻らないようにする）．引手の方向と同じ方向を意識し，回旋せず，骨盤を回すように意識し，体幹は止めることを意識する（図5）．

Key Words

中学校武道必修化対策

　2006年に約60年ぶりに改正された教育基本法に基づき，2012年度から中学校保健体育における選択科目であった武道，ダンスを1年生から行うという必修化が始まった．心配された外傷については，各方面での啓発や安全対策の取り組みにより死亡事例はみられないが，受身等の基本的な動作での負傷がみられる．柔道は経験者がもつ認識よりも複雑で負荷の高い運動であり，運動能力の異なる生徒全員に同じように投げて投げられることを行うよりも，授業を通じた体づくりが優先で，指導方法の模索が求められる．

両方の足がぶつからないように，刈足は軸足よりも前に出し内転できるようにする．

図6　足払の動作（股関節の内外転）

（2）下肢

① 股間節の内外転

　いわゆる足払の練習であるが，片足で立って骨盤の位置を足よりもやや前にもっていき，内転時にぶつからないようにする．外転から内転方向では足払，中間位から内転では小内刈，外転位から中間位では小外刈の動作になり，内転位から外転では大内刈と足技の基本動作になる．このときに片足で立って体軸をぶらさず行い，また刈足は畳から浮かないようにすることで刈る動作と並んで軸足の支えの強化になる．左右交互に行うものや，片脚で反復して行うものがある．内転方向，外転方向に負荷をかけるときはチューブを用いる（図6）．

② 股関節の屈曲

　レッグレイズ等の大腿骨を動かすよりも，体幹を大腿骨に近づけるようにするが，いわゆる腹直筋の運動よりも，荷重位において腸腰筋の収縮，殿部，ハムストリングスの伸張性収縮を利用したほうが軸足の動きに近い．

③ 股関節の回旋

　片脚立位で下肢は捻らず，骨盤を回旋させるようにする．股関節周囲の使い方をしっかり覚える．荷重位で回旋できるように意識する．払腰等の前技，大内刈等で軸足の回旋が必要である．

（3）体幹の回旋

　投げるときの極の動作で捻るが，それ以外は股関節の回旋を行うときに体幹を捻らないように止める動きのほうが多い．伸張性収縮を意識して行うほうが効果的である．

❖ おわりに

　選手は稽古を始めてよいというと立技の乱取を開始する．打込等の稽古の準備段階は負荷を減らしてアスレティックリハの一環と考える．復帰とは乱取の開始であり，試合そのものと思ってよい．しかし，柔道は投げる以上に受ける負荷が大きく，技を受ける（くずされることに対応）ことを理解し，外傷・障害の状況と回復途中の状態にあることを認識させ，段階的に行うことが重要である．

（宮崎誠司）

Column

柔道の本質

　柔道は嘉納治五郎により柔術各流派の優れたところを集め，危険なところを除き作成され，1882年（明治15年）の講道館の設立とともに，広まっていった．主とするところは「術」ではなく自己完成を目指す「道」であるとして，術から道へと名を改め，その道を講ずるところという意味で名づけられたのが「講道館」であった．現在世界で行われている柔道の正式名称は「日本伝講道館柔道」であり，国際柔道連盟の規約では「国際柔道連盟は嘉納治五郎によって創設された肉体と精神の教育体系を柔道と認める」と定めている．

　嘉納は，柔術の目的が勝負に勝つことだけであったのに対して，柔道に3つの目的（体育，勝負，修心）を持たせて調和のとれた人間形成を目指した．柔道修行の目的は，攻撃，防御の練習によって身体を鍛錬して強健にし，精神の修養に努めて人格の完成を図り，社会に貢献することにある．嘉納はこの原理を「精力善用」という言葉に示し，柔道技術に一貫する原理であるとともに，社会生活すべてにおいても欠くことのできない重要な原理であると教えている．そしてこの原理を実生活に生かすことによって，人間と社会の進歩と発展に貢献する「自他共栄」をその修行目的としなければならないと教えている．このことは『嘉納治五郎体系』（本の友社，1987年）に「柔術は字のごとく心身の力を最も有効に使用する術（柔）であり，柔道はその道である．柔術は地に行う方面からいい，柔道は原理からいうので，同じものを異なった方面から見て附けた名称である．同一のものを指すのであっても，柔術といえば自らその肉体的，技術的方面のことに多く考えを向けるようになり，柔道といえばその精神的，理論的方面のことに重きを置く」と書かれている．

　「身体と精神を最も有効に働かせる（精力善用）」ことが柔道の根本原理で，この原理を技のうえに生かしたのが「つくり」と「掛け」の理論となる．「つくり」は，相手の体を不安定にする「くずし」と，自分の体が技を施すのに最もよい位置と姿勢を取る「自分をつくる」ことであり，「掛け」は，このつくられた一瞬に最後の決め手を施すことをいう．互いに，精力善用，自他共栄の根本原理に即したつくりと掛けを競い合う間に，自然とこの根本原理を理解し，体得して，社会百般の実生活に生かそうとしている．

　柔術には，さまざまな名称や流派があるものの，全体として，組み討ちという戦闘技術の中で無手または武器を持つ相手を攻撃し，またはそれから自分を防御する術といえる．明治初期までの柔術家は，「形」のみ，あるいは「形」を主体とした稽古に終始し，技はほとんど固技，当身技に限られていたようである．その中で嘉納が学んだ天神真楊流と起倒流は乱取にも重きを置く流派で，その後講道館において投技が練成，洗練されスピードと巧緻性が飛躍的に向上し，はるかに決定力のある投技に変化した．1895年（明治28年）には，桓武

天皇が平安京に遷都して武徳を奨励し千百年を経過したことにちなんで京都に大日本武徳会が創立され，武徳祭および大演武会で各流派の試合が行われたことも，講道館における立技の発展に大きく寄与した．講道館では当身技や手首等に対する関節技を禁止して，互いに自然体で立って襟，袖をつかむことが「投勝負を探求する乱取中心の稽古」になり，このことは現在の1本を取る柔道の中心的な考えそのものといえる．

(宮崎誠司)

16 剣道

❖ はじめに

　剣道は日本古来の武道であるとともに，生涯スポーツとして幅広い年齢から親しまれ，普段の稽古では老若男女がその年齢と性別の境なく，竹刀を交える種目でもある．そして，2012年度からの新学習指導要領に基づく中学校における武道必修化に伴い，競技スポーツにおいてのみならず，義務教育課程においてより多くの若者が剣道を経験することになった．

　本項では，剣道特有のスポーツ外傷・障害について，これまで報告されている論文をもとに，その特徴について概観するとともに，予防的観点からストレッチ効果や，外傷・障害後のリハ，そして武道必修化に際しての注意点等をまとめる．

動作的特徴と形態の左右差

　剣道は基本的な構え（中段の構え）において，右手前となるように竹刀を握り，右足前となるように足を前後に開いて構える（図1）．いわゆる"なんば"に類似した姿勢を保持する．また，打撃動作（図2）においては，その構えのまま右手と右足が先行した打撃姿勢をとることで，他のスポーツ（陸上や球技の移動動作）にみられる上肢と下肢の左右対称的動作があまりみられない．特に下肢動作については左右の足で役割が異なり，左足は身体の移動の推進役としての踏み切り足であり，右足

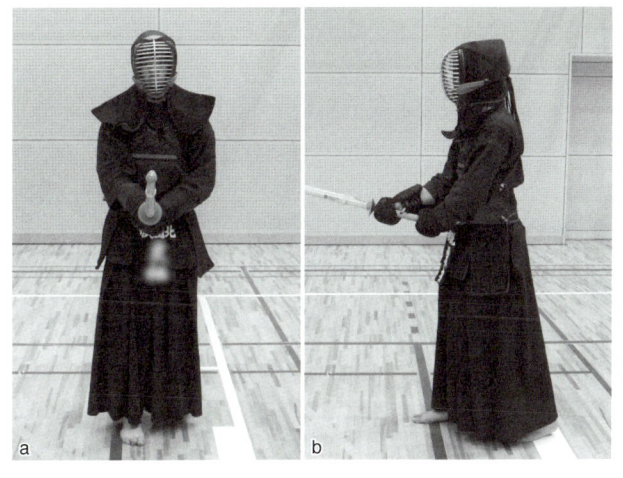

a）前方向，b）横方向．
手は右手前．足は右足前となり，相手との衝突による外傷は右側が高くなる．

図1　剣道の基本の構え（中段の構え）

a) 踏み切り局面　　　　　　　　　　　　　　　b) 踏み込み局面

踏み切りの際は左アキレス腱に下腿三頭筋群からの牽引のストレスが加わり，踏み込みの際は踵骨に床から圧迫のストレスが加わる．

図2　剣道の打撃動作

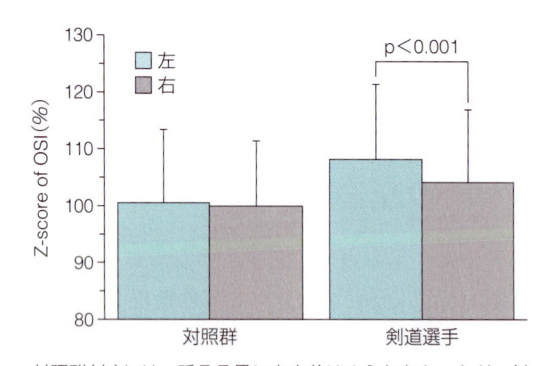

対照群（左）には，踵骨骨量に左右差はみられなかったが，剣道選手には左右差がみられた．
踏み込み側の右足よりも踏み切り側の左足のほうが骨量が約10％程度高い．

(Miyamoto et al, 2003)[3]

図3　剣道選手の踵骨骨量の左右差

は身体の移動により生じる不安定な姿勢を素早く立て直す踏み込み足として働く[1]．この際の右大腿部においては，屈筋群のエキセントリック（伸張性）な筋収縮により，身体重心の上下動の少ないスムーズな前方への移動がなされる．またさらには，裸足で実施するため，踏み込み動作に伴い，前足の踵には常に圧迫荷重が加わる．これらのことから，剣道経験者には筋の形態や骨密度に左右差が生じることがわかっている．

　山神らは，剣道選手の徐脂肪断面積について大腿部は右側が，下腿部は左側が競技特性の影響により大きくなることを報告している[2]．また，筆者らは踵部の骨密度について超音波法により測定した結果，踏み込み足である右足よりも，踏み切り足である左足の踵の骨密度が高値を示したことを報告した（図3）．また，この左右差は男性では16〜20歳から，女性では11〜15歳からみられた．左右差の原因として剣道独特の動作特性により，右足に加わる圧迫の衝撃よりも，左足の踏み切り動作に伴うアキレス腱張力によるメカニカルストレスが踵骨の骨密度増大に影響したものと考えられた[3,4]．

表1 スポーツ等活動中の傷害調査における剣道の傷害発生状況

	全体			剣道			
	加入者数	発生例数	発生率	加入者数	発生例数	発生率	順位
1994年度調査[5]	8,678,272	81,577	0.94	331,099	1,243	0.38	43
1996年度調査[6]	9,193,682	88,531	0.96	344,595	1,353	0.39	46
1999年度調査[7]	9,195,104	99,958	1.09	325,842	1,604	0.49	43

（スポーツ安全協会）[5-7]

表2 武道・格闘技の傷害発生状況

1994年度調査[5]				1996年度調査[6]				1999年度調査[7]			
種目名	発生件数	発生率	順位	種目名	発生件数	発生率	順位	種目名	発生件数	発生率	順位
柔道	1,980	1.96	9	柔道	2,134	1.97	7	柔道	3,009	2.53	7
空手	966	1.11	20	銃剣道	22	1.5	12	相撲	115	1.62	15
銃剣道	16	1.11	21	武術太極拳	5	1.18	20	その他の武道・格闘技	275	1.04	28
武術太極拳	10	0.95	25	空手	1,126	1.12	23	空手	1,716	0.81	33
合気道	137	0.93	27	合気道	141	0.53	35	合気道	211	0.73	35
少林寺拳法	262	0.66	33	少林寺拳法	228	0.46	41	少林寺拳法	266	0.53	42
相撲	60	0.63	37	なぎなた	34	0.44	38	剣道	1,604	0.49	43
なぎなた	29	0.55	39	相撲	45	0.42	45	なぎなた	30	0.43	46
剣道	1,243	0.38	43	剣道	1,353	0.39	46	銃剣道	4	0.28	51
弓道	17	0.16	60	弓道	22	0.21	56	弓道	19	0.12	65

（スポーツ安全協会）[5-7]

外傷・障害

（1）スポーツ安全協会による調査より

　表1に1994年度[5]，1996年度[6]，1999年度[7]のスポーツ安全協会によるスポーツ等活動中の傷害調査における剣道の傷害発生状況を示す．スポーツ等活動全体の傷害発生率0.94～1.09％と比較し，剣道は0.38～0.49％，また順位43～46位と，傷害発生率の低い種目であることがわかる．

　また，他の武道，格闘技種目と比較（表2）しても，1位の柔道が1.96～2.53％（全体の7～9位）である他，空手，相撲，銃剣道等が発生率1％程度であるのに対して，発生率は約半分であることからも，安全な種目であることがうかがえる．

　剣道の特徴的な外傷・障害として，足趾部骨折，アキレス腱断裂，手指部骨折，足関節捻挫が上位を占め，相手との体当たりや竹刀による打撃，および床との接触による上・下肢の末梢部に集中することがうかがえた（表3）．

表3　部位別発生状況

	1994年度調査[5]		1996年度調査[6]		1999年度調査[7]	
	1,147例		1,254例		1,603例	
1位	足指（足趾）部骨折	126例(11.0%)	アキレス腱断裂	131例(10.4%)	足指（足趾）部骨折	192例(12.0%)
2位	アキレス腱断裂	87例(7.6%)	足指（足趾）部骨折	112例(8.9%)	足関節捻挫	146例(9.1%)
3位	手指部骨折	74例(6.5%)	手指部骨折	90例(7.2%)	手指部骨折	136例(8.5%)
4位	足関節捻挫	69例(6.0%)	足関節捻挫	82例(6.5%)	下腿創傷	83例(5.2%)
5位	足部骨折	39例(3.4%)	足部骨折	55例(4.4%)	足指（足趾）部創傷	72例(4.5%)
6位	前腕骨折	31例(2.7%)	下腿肉離れ	35例(2.8%)	足部骨折	72例(4.5%)
7位	足指（足趾）部捻挫	28例(2.4%)	手指部捻挫	34例(2.7%)	足関節腱断裂	50例(3.1%)
8位	手指部捻挫	28例(2.4%)	下腿打撲挫傷	24例(1.9%)	足指（足趾）部捻挫	48例(3.0%)
9位	下腿肉離れ	27例(2.4%)	足関節骨折	22例(1.8%)	足部創傷	47例(2.9%)
10位	上腕骨折	26例(2.3%)	足部捻挫	22例(1.8%)	頭部創傷	29例(1.8%)

（スポーツ安全協会）[5-7]

表4　傷害の発生原因

	1994年度調査[5]		1996年度調査[6]		1999年度調査[7]	
	1,147例		1,260例		1,604例	
1位	転倒	303例(25.9%)	転倒	329例(26.1%)	転倒	464例(28.9%)
2位	衝突	178例(15.2%)	衝突	192例(15.2%)	打撲	200例(12.5%)
3位	打撲	137例(11.7%)	ひねり	131例(10.4%)	ひねり	198例(12.3%)
4位	ひねり	121例(10.3%)	打撲	124例(9.8%)	衝突	178例(11.1%)
5位	飛び込む時	55例(4.7%)	着地した時	63例(5.0%)	飛び込む時	103例(6.4%)
6位	疾走中	35例(3.0%)	飛び込む時	48例(3.8%)	着地した時	83例(5.2%)
7位			投げた時	26例(2.1%)	受け損なう	35例(2.2%)

（スポーツ安全協会）[5-7]

　外傷・障害の発生原因としては，転倒が最も多く，衝突，打撲，捻りが続いた．剣道は打突後に相手と体当たりする場面が多く，その際にバランスを崩す等で，転倒して，骨折に至るケースが多くみられる（表4）．

（2）研究論文からみた剣道の外傷・障害

　剣道の傷害調査を中心に報告された論文[8-18]を表5に示す．前述のスポーツ安全協会による調査では，保険が適応されて受診に至った症例についてであったが，剣道においては，受診に至らない外傷・障害が多くみられる[17]．軽微なものとしては手掌，足底の表皮剥離，マメで，剣道を行う多くのものがこれらを経験していた[8,15]．

　また，受診に至らない外傷・障害の中で剣道に特異的かつ重要なものとして踵部痛と腰痛が挙げられる．

表5 剣道の傷害に関連する論文とその概要

発表年	著者	論文名	対象	研究方法	概要
1982	北村李軒[8]	剣道によるスポーツ傷害についての調査成績	大学生883名	質問紙調査	傷害の軽重にかかわらず，数え上げた．注目すべきものとして，足底の表皮傷害，手・指の関節傷害，踵の痛み，腰痛，足関節痛，血性尿，手指・足指(足趾)の骨折等であり，重大なものとして，脳振盪，アキレス腱断裂，顔面外傷，鼓膜裂傷を挙げることができる．アキレス腱断裂は稽古時間の中間から後半の時間にかけての受傷であったことから，発生誘因として準備運動の不足よりも，むしろ筋や腱の過労現象の結果であろう．
1986	恵土孝吉・他[9]	剣道における踵部障害	大学生20名	動作解析	踵部痛の有無により2群に分割し，打撃動作の解析を行った．各関節角度には両群間に差がみられなかったが，着床直前における右足下方向速度，右膝伸展角速度，上体対水平角度，右踵と合成重心の位置関係において，有意な差がみられた．障害者は非障害者よりも右足着床直前における右足下方向速度や，着床直前における右膝伸展角速度が大であった．右足着床直前における障害者の合成重心は非障害者よりも前方向に移動し，右踵のほぼ真上に位置していた．障害者は非障害者に比べて踏み込み動作における上体対水平角度が小さかった．
1987	渡會公治・他[10]	若年者の剣道のスポーツ障害について	中高生1,447名	質問紙調査	右の踵の痛みが最も多く，1,447名中745名にみられた．次いで腰359名，膝358名と続いた．剣道特有のものとしては右踵痛，アキレス腱やふくらはぎの痛み，手指，足の障害が挙げられる．剣道は前後方向の直線的な動きがほとんどであり，決まったパターンの動きの繰り返しであり，膝蓋骨周囲の痛みや，アキレス腱周囲炎等の使い過ぎ症候群が起こっても不思議ではない．剣道選手の7割が体が固いと自覚しているにもかかわらず，練習前後のストレッチングは3割しか実施していない．
1988	渡辺博義・他[11]	剣道における疼痛部位—第29回全国教職員剣道大会におけるアンケート調査より	成人男性239名	質問紙調査	疼痛を訴えた上位3部位は，腰，左アキレス腱，右肘であった．左アキレス腱痛は，30歳代において最も多かった．疼痛，特に腰痛を訴える人の割合は，稽古時間が週6時間以上，12時間未満の群が少なかった．
1990	田淵俊彦・他[12]	剣道場床面の床弾力性からみたスポーツ傷害	高校生395名	質問紙調査・床弾力測定	床弾力性と傷害発生率にはかなり強い負の相関関係がみられ，これは剣道場の床弾力性が少ない床では傷害が多く発生するのみならず，床弾力性から傷害発生率を予測することが可能であることが考えられた．
1990	都丸高志・他[13]	剣道によるスポーツ障害について	整形外科受診97症例	症例検討	12年間の剣道障害は97例で，外傷23例，障害74例であり，発育期，成人に分けて検討した．外傷例での発育期は，手と足部に，上肢は右側，下肢は左側に多く発生し，挫傷，打撲がほとんどであった．成人は筋腱断裂が多くみられるが，発育期でも女子2例が左アキレス腱断裂を発症していた．障害は発育期で腰部，膝部に多く，overuse syndrome的要素が強い．成人では，肘部と膝部に多く，変形性肘関節症が3例みられた．
1995	馬場洋・他[14]	剣道少年の整形外科的スポーツ障害の実態調査	小学生以下756名，中学生219名，高校生159名	質問紙調査	障害の発生は右踵部に最も多く，次いで左踵，左アキレス腱，両膝関節，両足関節に多くみられ，ほとんど下肢に集中していた．また，学年が上がり練習量が増加するに従い障害の発生頻度も増加し，練習量の増加が疼痛発生の1つの要因であることが明らかとなった．

つづく

表5つづき

発表年	著者	論文名	対象	研究方法	概要
1997	渡辺博義・他[15]	大学生剣道選手における四肢の損傷とその処置の現状について	大学生289名	質問紙調査・直接検診	質問紙調査に加え，保護具使用許可申請をした43名の直接検診を行った．アンケート結果では，左側足底部の損傷経験の頻度が最も高く，以下，左側足指付け根，右側踵部の順に高かった．損傷の種類では，左側足底部の「マメ」が最も多く，以下，左側手掌の「マメ」，右側踵部の「ひび割れ」，右側足底部の「マメ」と続いた．学生の60%は自分で損傷の処置をしていた．直接検診のうち67%が足底部の「ひび割れ」に対する保護具の申請であった．
1999	田中 聡・他[16]	中高年者のスポーツ障害：剣道愛好家のスポーツ障害と理学療法	12～86歳222名	質問紙調査・直接検診	過去における剣道中の障害調査では，65%が経験しており，部位別では，アキレス腱17.8%（うち，左側82.1%），肘関節12.3%（うち，右側88.9%）が上位であった．現在における疼痛部位は腰痛が31%，膝関節の28%，肘関節と踵部が7.3%となった．直接検診（高齢高段者8名：7～9段）では，全員が右肘の疼痛を有し，X線検査では肘の骨硬化，骨棘，骨嚢胞，関節裂隙狭小化を14肘に認めた．腰椎では全員に骨硬化，骨棘形成，椎間板腔狭小化を認めた．腱付着部骨化を認めたのは膝蓋骨で2名，アキレス腱付着部で7名であった．
2011	上岡尚代・他[17]	大学剣道選手の傷害についての基礎的検討	大学生320名	質問紙調査	病院に行かないまでも，痛みを経験した部位は足部が最も多い．下腿部の傷害の有無には左右差がみられ，後面は左足が，前面は右足が多く発生していた．
2011	池田孝博[18]	剣道場の床表面の塗装の有無による傷害・障害の発生と官能評価	大学生294名	質問紙調査・官能評価	無塗装群とウレタン塗装群の2群に分け，検討したところ，傷害等の発生状況で有為な差がみられなかった．官能評価では，ウレタン塗装は踏み切り動作に適しているが，それ以外の項目ではすべて無塗装が適していると評価された．学生は送り足移動や床感覚，身体への負担を重視し，無塗装の床を剣道に適していると評価していると思われる．

　踵部痛については，中高生においては約半数が経験[10]しており，学年進行に伴い，練習量の増加とともに外傷・障害の発生も増加する[14]．練習量の多い大学生の調査では，足部（踵，足部，趾）の外傷・障害で受診したもの29.9%に対し，未受診のもの62.9%と両者には有意な差が認められ，未受診のままのものが多いことがうかがえた[17]．逆に下腿部（アキレス腱，足関節）については受診したもの24.9%，未受診のもの3.1%で，受診したものが未受診のものより多かった[17]．

　踵部痛の原因として，練習量の多さによるオーバーユースを指摘するものが多いが，踏み込み動作特性の影響と床材の弾力性も影響している．動作特性についてバイオメカニクス的に実験を行った研究では，右足を踏み込む直前の状態として，身体の重心が右足の真上にあったり，上体が前傾したりしていたものに踵部痛が発症しやすいとしている．また，床材については，元来，杉材を用いた弾力性の高い床が剣道場には向いているが，近年は剣道以外の他の用途のために，弾力性の低い合成材が用いられ，あるいは体育館を練習に用いる場合が多くみられ，その影響が踵部痛の高い発生につながるという見方もある．成長期の踵部痛は骨端症の可能性もあり，特に両足に疼痛を訴える場合は，その可能性が否定できない[19]．

　腰部痛についても踵部痛と同様にオーバーユースがその要因として考えられる．特に練習時間が週12時間を超えるものに発生率が高いことから，踏み切り，踏み込み，体当たり等の繰り返しによるメカニカルストレスが腰部を前弯させ，椎間板ヘルニアや腰椎分離症の発症につながると考えられる．

アキレス腱断裂とリハビリテーション

　剣道において，アキレス腱断裂を発症する機序については，ほぼ明らかとなっている．ウォーミングアップやストレッチングが不足している場合，もともと剣道選手には身体が固い自覚があること等がアキレス腱断裂の素因として挙げられている[10]．その一方で，アキレス腱断裂を起こす機会が練習の中盤以降であることから，筋や腱のオーバーユースを指摘するものもいる[8]．また，腱自体の変性等，退行性変性を基盤に生じるという報告[20]もみられる．しかしながら，アキレス腱断裂を起こしやすい状況としては，引き技等で後方に下がって左足で踏ん張って，すぐさま打撃動作を起こしたときや振り返りざまが多く，その際にはアキレス腱には腓腹筋とヒラメ筋の下腿三頭筋群のエキセントリック（伸張性）な収縮が加わり，アキレス腱の最狭部や踵骨との付着部，筋腱移行部で断裂に至るのである．

　アキレス腱を断裂した場合は，保存療法と手術療法があるが，おおむねアスリートに対しては手術療法が用いられる．手術療法では，新鮮例には簡便な縫合でかつ強度を得る Kirchmayer 法，Bunnell 法等があり，また，より強度を重視した Marti 法や Krackow 法が，縫合と装具の併用によりギプス固定期間を短縮させ，早期競技復帰が試みられている．陳旧例ではさらなる再断裂を防ぐ必要性から断端間を補強するために，人工材料を用いる方法や Lindholm 法，Abraham & Panchovitch 法等が，その状況に応じて用いられている[20]．

　競技復帰までのリハプログラムは段階的に設定されており，最終的な競技復帰まで約5～6カ月が目安とされている．松田らのリハプログラムの例を表6にまとめる[20]．競技復帰まで約半年を要するため，モチベーションを高く維持しながら，リハに対して根気強く取り組む必要性がある．大会の予定等のため，復帰を本人や指導者が焦る場合があるので，精神的なサポートも必要と考えられる．

外傷・傷害の予防

　アキレス腱断裂の予防策としては，十分なウォーミングアップとストレッチングが挙げられるが，この際，下腿三頭筋群の解剖について理解する必要がある．ヒラメ筋は足関節の底屈に関与する単関節筋として作用するが，腓腹筋は，それプラス膝関節の屈曲筋としても作用する．そこで，アキレス腱のストレッチングとしては，両筋をそれぞれ効果的にストレッチするために2種類の方法を行うことが望ましいと考える．まず，腓腹筋を重点的にストレッチする際は，なるべく両足の間隔を前後に大きく取り，後ろ足の踵を床につけた状態で，膝を伸展させ，上体を前傾しながら，前膝を屈曲させていって，負荷をかけていく．この際の注意点として，足先が膝と同じ方向を向くようにすることである．また，ヒラメ筋を重点的にストレッチする際は，あまり足の間隔は広くとらずに，後ろ足の膝

Key Words

アキレス腱断裂
　剣道による外傷・障害として常に上位に位置しており，踏み切り時や踏ん張る，振り返る等の動作の際に，下腿三頭筋群（ヒラメ筋および腓腹筋）のエキセントリック（伸張性）な収縮により断裂に至る．手術療法と保存療法が状況により適応されるが，十分なリハを経て，約5～6カ月で競技復帰する．

表6　松田らによるリハビリテーションプログラムの例

	プログラム内容	注意点
術直後	足趾に対するセラバンドによる等尺性収縮	足趾の腱と屈筋支帯との癒着を防ぐ
1週間後	パッシブに背屈方向へ軽くストレッチング	装具装着可能な程度まで可動域を確保する
2週間後	ギプス除去・背屈制限付き装具装着	
	装具を着用しての全荷重での歩行開始	
	可動域訓練開始	腱長を過度に伸ばさないように注意する
3週間後	底屈筋の筋力トレーニング開始	トレーニング後にはストレッチング・マッサージを行う
	アクティブな底背屈運動	
	装具装着下での伸張性収縮トレーニング開始	
	装具装着下での有酸素運動（自転車エルゴメータ）開始	瞬発的な筋の収縮を避ける
5週間後	装具を外しての有酸素運動（自転車エルゴメータ）・歩行訓練開始	最初，歩幅を小さく，徐々に拡大する 歩行動作に代償動作がないか評価する
6週間後	両足同時のヒールレイズ開始	疼痛がなく，軽度背屈位が可能となることが条件 最大低屈位まで，しっかりと筋収縮させる
8週間後	装具を除去し，歩行，階段昇降等，日常生活動作の訓練 スクワット開始（背屈可動域の拡大）	腱側を目標とする 足部の背屈可動域が腱側同様に獲得されていること，患側でのヒールレイズができること，下腿最大周径差が2.0 cm以内であることが条件 再断裂のリスクが高くなっているので，運動前のストレッチングを入念に行う 足部の向きと膝の向きが同一方向になっていることを確認
10週間後	ジョギングを許可	
12週間後	ジャンプを許可	
14週間以降	患側でのジャンプ，サイドステップ，ダッシュ，ターン動作等を開始	
24週間	下腿周径差1.0 cm以内をおおよその競技復帰の目安とする	

（松田・他，2011，文献20を改変）

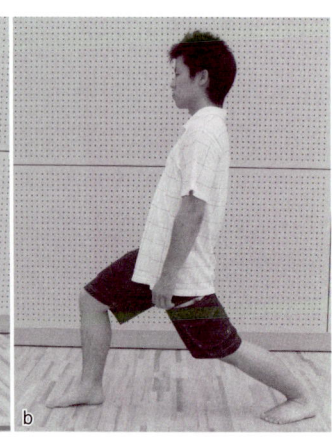

a）腓腹筋を重点的にストレッチする方法．
b）ヒラメ筋を重点的にストレッチする方法．
アキレス腱断裂の予防として2種類実施することが望ましい．

図4　2種類のアキレス腱のストレッチング

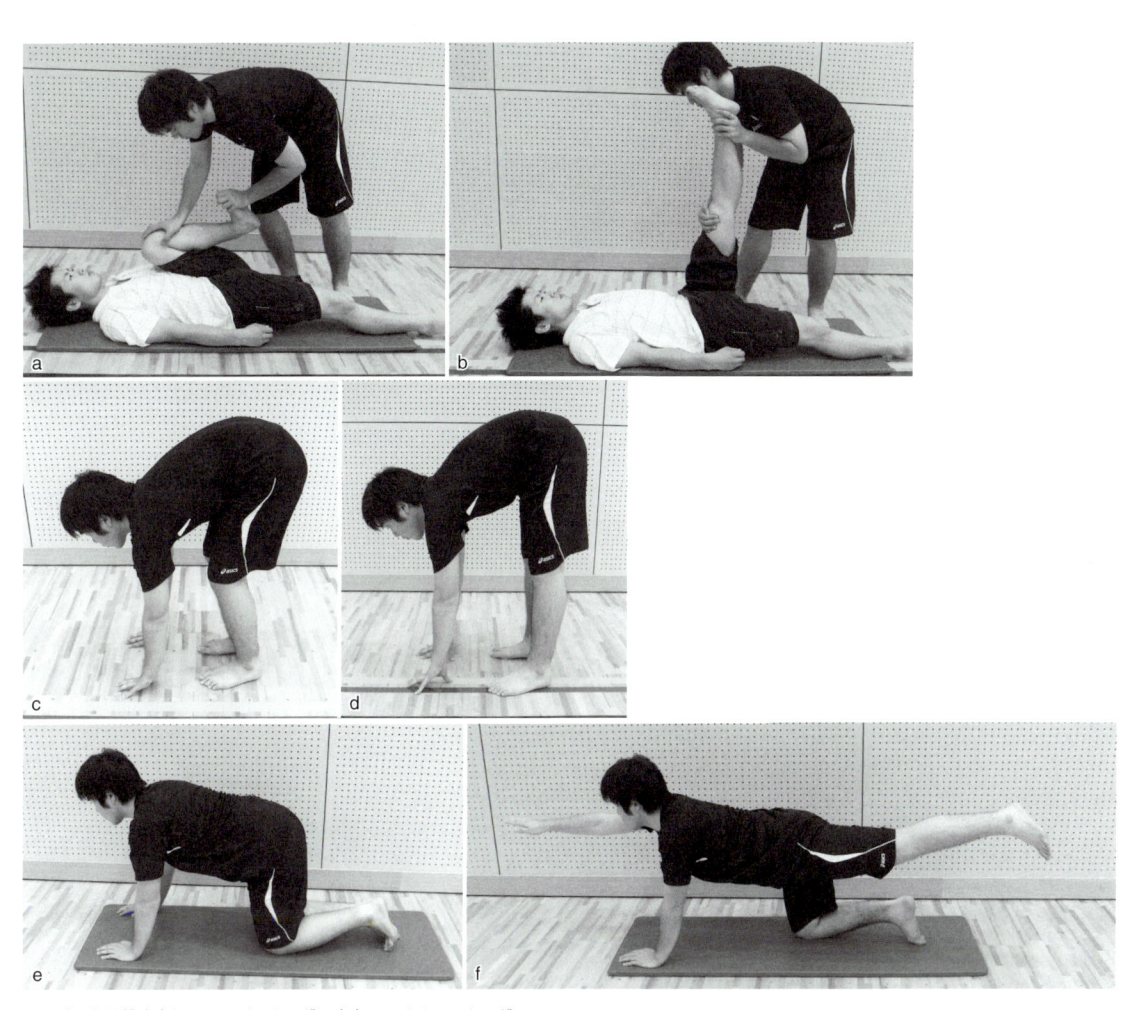

a, b) 大殿筋(a)とハムストリングス(b)のストレッチング.
c, d) 腰部のストレッチング. 膝を若干曲げた状態で腰部を十分に意識して曲げ(c), 膝を伸展させる(d).
e, f) お腹に力を入れた状態で5秒程度保持し, 左右交互に5～10回繰り返す.

図5 大腿部および腰部のストレッチング　　　　　　　　　　　　　　　　　　　　　(堀居, 1998)[21] (阿部, 2012)[22]

は屈曲（腓腹筋を十分に弛緩）させて, 後ろ足に重心を乗せるように負荷をかけていく（図4）.
　また, 腰痛予防や踏み込んだ際の前脚のハムストリングスの肉ばなれ等を予防するためにも, 図5, 6に示すストレッチングを練習の前後で実施することを推奨したい.

脱水対策

　剣道は, 分厚い「道着」「袴」に加え,「面」「小手」「胴」「垂れ」といった剣道具を着装し稽古する関係から, 発汗量が多くなるにもかかわらず, 体熱放散が非効率的であるうえに, 定期的な水分摂取が困難であることが指摘されている[23]. また以前は, 精神修行の「場」としての位置づけから, 稽古中の水分摂取を否定する傾向が強かった[24]. そのような環境下での稽古では, 著しい脱水をきたす可能性があると考えられる. 著しい脱水は循環血液量の減少, 1回拍出量の低下, 血液粘性の上昇等,

a) 反動をつけて左右に倒す．
b) 反動をつけて左右に回す．

図6 竹刀を用いた腰部のバリスティックストレッチング　　　　　　　　　　　　　　　（阿部，2012）[22]

| Key Words | **剣道具（防具）**
　面，小手，胴，垂れには，機械刺しと手刺しがあり，刺し幅の大きさによっても価格と緩衝性が異なり，手刺しで刺し幅が小さいほど（1分刺し）高価であるが，一般的に2分刺しくらいが緩衝性能が高いといわれている．また近年は，国外で布団を作成し，組み立ては国内で作業されることもあり，そのため年々安価になってきている．また最近では，試合時の有利性を前提とし，緩衝性や耐久性を犠牲に軽量化を追求した剣道具も販売されている． |

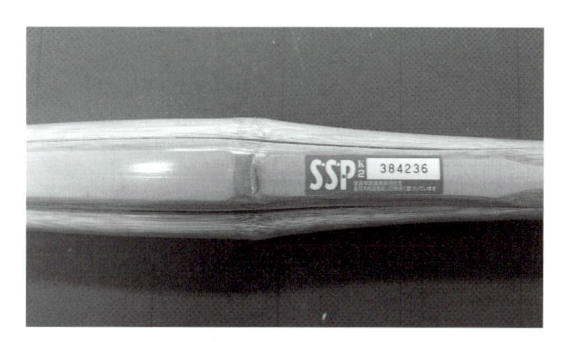

図7　竹刀側面に貼付されたSSPシール

末梢循環に悪影響を及ぼす可能性が報告されており[23]，特に夏期の合宿等の暑熱環境下においては，剣道中の熱中症による死亡例がみられることから，水分摂取に加えて，温度測定と温度管理が重要であることが指摘される[25]．

剣道具

　剣道具（防具と呼称される場合があるが，全日本剣道連盟では剣道具と呼称するように推奨している）については，1995年の製造物責任法（PL法）の施行に伴い，1998年に全日本剣道連盟の指導下で剣道具の規格化が完成した．これはより安全性の高い剣道具の開発や改良を目指すもので，極めて重要な意味をもっていることが強調される[26]．一方で，竹刀打突による打撃力を緩衝させる剣道具の布団については，特に小学生用のものは廉価であるものの，緩衝性能が低いことが問題視されている[26]．また近年では，試合における有利な状況をつくるための軽量化が進行し，緩衝性能が損なわれていくことも危惧される．

　竹刀においては基準が設けられ，「長さ」と「重さ」に加え，「太さ」として先端部の直径についても安全性を考慮した基準化が計られている[26]．この基準に準拠した竹刀は全日本武道具協同組合のSSPシールが施されている（図7）．

❖ おわりに

　武道が中学校において必修化されたことに伴い，指導者の専門性の観点から，武道を専門的に指導してこなかった教師が指導する場合において，重大な事故につながる可能性が否定できない．特に竹刀等の破損は，ささくれによる創傷や，場合によっては失明に至る可能性がある．また，正しい動作を習得させずに，自由な打ち合いをさせた場合は，面の側部を打突することで鼓膜裂傷のリスクが高くなる．これまで部活動では発生しなかった外傷・障害例が出ないように，安全面において注意喚起する必要があると考えられる．

（宮本賢作）

文献

1) 山神眞一・他：剣道選手の等速性筋出力について．バイオメカニクス研究，1990，pp60-65．
2) 山神眞一・他：剣道選手の脂肪・除脂肪断面積の男女差について．香川大学教育学研究報告第Ⅰ部 79：1-12, 1990．
3) Miyamoto K et al：Kendo (Japanese fencing) players have side-to-side difference of calcaneal bone mass measured by Quantitative Ultrasound (QUS). VIIth International Olympic Congress for Sports Sciences, Book of Abstracts, 134E, 2003.
4) 山神眞一・他：大学男女剣道選手の骨密度特性．武道学研究 37(3)：13-23, 2004．
5) 青木治人・他：スポーツ活動中の傷害調査 平成6年度16, スポーツ安全協会，1997, pp1-93．
6) 青木治人・他：スポーツ活動中の傷害調査 平成8年度17, スポーツ安全協会，1999, pp1-99．
7) 青木治人・他：スポーツ活動中の傷害調査 平成11年度18, スポーツ安全協会，2004, pp1-110．
8) 北村李軒：剣道によるスポーツ傷害についての調査成績．体育の科学 32：375-380, 1982．
9) 惠土孝吉・他：剣道における踵部障害．教科教育研究 金沢大学教育学部 22：129-137, 1986．
10) 渡會公治・他：若年者の剣道のスポーツ障害について．臨スポーツ医 4(別冊)：18-22, 1987．
11) 渡辺博義・他：剣道における疼痛部位―第29回全国教職員剣道大会におけるアンケート調査より．臨スポーツ医 5(別冊)：231-234, 1988．
12) 田淵俊彦・他：剣道場床面の床弾力性からみたスポーツ傷害．岡山大教養部紀 26：433-449, 1990．
13) 都丸高志・他：剣道によるスポーツ障害について．日整外スポーツ医会誌 9(1)：147-150, 1990．
14) 馬場 洋・他：剣道少年の整形外科的スポーツ障害の実態調査．日整外スポーツ医会誌 15(3)：361-365, 1995．
15) 渡辺博義・他：大学生剣道選手における四肢の損傷とその処置の現状について．学校保健研 39：139-146, 1997．
16) 田中 聡・他：中高年者のスポーツ障害：剣道愛好家のスポーツ障害と理学療法．PTジャーナル 33(8)：559-567, 1999．
17) 上岡尚代・他：大学剣道選手の傷害についての基礎的検討．順天堂大スポーツ健科研 59：53-57, 2011．
18) 池田孝博：剣道場の床表面の塗装の有無による傷害・障害の発生と官能評価．福岡県大人間社会学部紀 20(1)：15-26, 2011．
19) 江川陽介・他：踵骨骨端症発生要因としての腱弾性特性の評価．体力科学 54：107-112, 2005．
20) 松田剛典・他：スポーツ整形外科 術後リハビリテーション・プログラム(第5回)下肢のスポーツ損傷 アキレス腱断裂．臨スポーツ医 28(1)：63-73, 2011．
21) 堀居 昭：スポーツ傷害別ストレッチング，杏林書院，1998, p45．
22) 阿部純也：トレーニング・コンディショニングブック―投球動作改善のためのトレーニング・コンディショニング 3, NPO法人香川トレーナー協会，2012, pp14-22．
23) 和久貴洋・他：高温環境下における長時間の剣道稽古に伴う脱水が血行動態および左心機能に及ぼす影響．体力科学 40：465-474, 1991．
24) 草間益良夫・他：剣道練習時における水分損失量について―「温度」「湿度」「運動量」からの検討．日体育会大会号 41B：497, 1990．
25) 今井 一：暑熱環境下における強化合宿での生体負担度．教育剣道の科学(全国教育系大学剣道連盟)，大修館書店，2004, p96．
26) 百鬼史訓：剣道の安全・衛生管理．剣道社会体育教本(全日本剣道連盟)，改訂版，サトウ印書館，2001, pp199-204．

17 相撲

❖ はじめに

　日本の国技といわれる相撲は，立ち合いのぶつかり合いから始まる非常に激しいコンタクトスポーツであり，格闘技にも分類される．特に相撲はまわし以外防具を使わない格闘技であるために，外傷・障害の発生頻度は軽傷から重傷まで非常に多いといえる．近年，力士の体重の増加も著しく，スポーツ外傷・障害の重症化も危惧されるところである．本項では，相撲競技の外傷の特徴および予防について，若干の文献的考察を加えて述べる．

▌スポーツ外傷・障害の特徴

　土屋[1]は，大相撲力士のスポーツ障害1,425例5,094件について報告している．報告によると，部位別頻度は体幹1,341件（26.3％），上肢1,085件（21.3％），下肢2,610件（51.2％）と特に下肢に多く発生した．以下，相撲に多く見受けられる外傷・障害について述べる（表）．

　体幹外傷のうち，頸部外傷では頸椎捻挫の発生が最も多く，Burner症候群（頸部神経根症）がこれに続く．また，図1に示すような立ち合い時の強い衝撃により，図2のようなJefferson骨折[2]や軸椎歯突起骨折等の発生もあった．

　腰部外傷では，腰椎椎間板ヘルニア，腰椎分離症，急性腰痛症等，一般的な外傷と同様であった．

　上肢外傷では，肩関節脱臼，肩鎖関節脱臼，鎖骨骨折，肘関節・手関節捻挫，舟状骨骨折，三角線

表　相撲の外傷・障害

体幹外傷・障害	上肢外傷・障害	下肢外傷・障害
頭部打撲	肩関節脱臼（反復性も）	膝前十字靱帯損傷
頸椎捻挫	腱板損傷	膝内側側副靱帯損傷
頸部神経根症（Burner症候群）	肩鎖関節脱臼	膝複合靱帯損傷
Jefferson骨折	鎖骨骨折	膝半月板損傷（特に外側半月板）
軸椎歯突起骨折	肘関節捻挫（側副靱帯損傷も）	膝蓋骨脱臼
急性腰痛症	変形性肘関節症	足関節捻挫
腰椎椎間板ヘルニア	手関節捻挫	足関節骨折（脱臼骨折も）
腰椎分離症	TFCC損傷	足趾骨折，中足骨骨折
	舟状骨骨折	下腿蜂窩織炎
	指節骨骨折，中手骨骨折	ハムストリングス筋挫傷（肉ばなれ）

図1 相撲における立ち合い時の強い衝撃

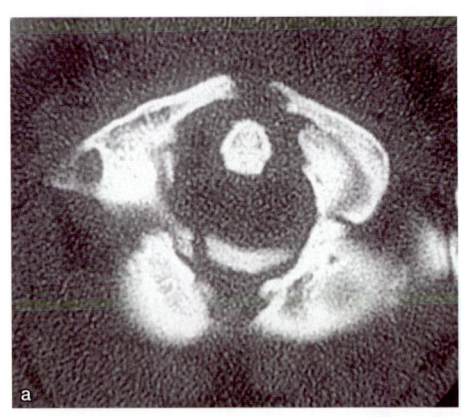

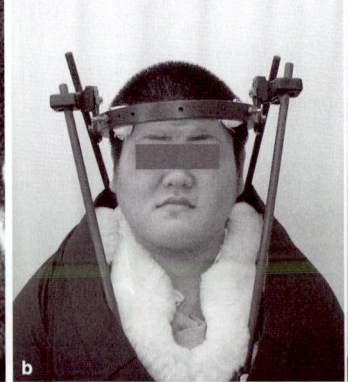

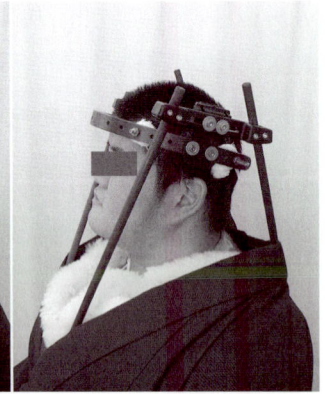

a) CT における Jefferson 骨折. b) ハローベストを用いた保存治療.
図2 力士の Jefferson 骨折　　　　　　　　　　　　　　　　　　　　　　　　　（立石・他，2005）[2]

維軟骨複合体（TFCC）損傷等が代表的である．相撲では突っ張り合い等により上肢にも過度の負荷がかかり，外傷も重症化していることがわかる．

　下肢外傷では，外側半月板損傷，膝前十字靱帯（ACL）損傷，膝内側側副靱帯損傷，膝蓋骨脱臼，足関節捻挫・骨折，足趾・中足骨骨折等である．さらに特徴的なのは，ハムストリングス筋挫傷（肉ばなれ）（図3）および下腿蜂窩織炎である．

Key Words — **相撲の伝統の知恵**

　世界各地に相撲があるが，日本の相撲は神事から始まり，相撲節会という宮中儀式として定められていた時代もある．その名残りは，土俵入りといった儀式や土俵上の力士の所作にも表れている．土俵に上がった力士は，まず柏手を打ち四股を踏んだ後に，控え力士に力水と力紙をつけてもらう．その後，清め塩を土俵にまき，蹲踞の姿勢になるとちりを切る．さらに仕切りから立合いへと移ることになる．

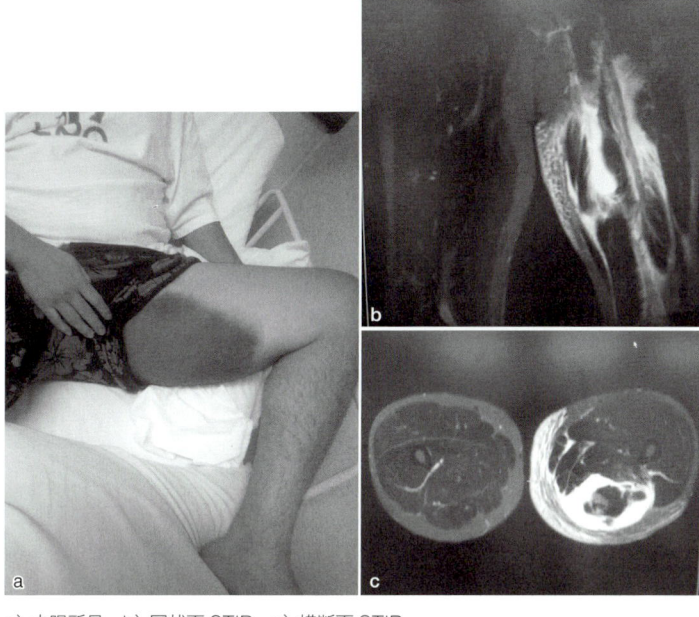

a）肉眼所見．b）冠状面 STIR．c）横断面 STIR．

図3　力士のハムストリングス筋挫傷（肉ばなれ）

外傷・障害の評価・診断

　大相撲力士の外傷評価としては，両国国技館に併設されている日本相撲協会診療所（以下，相撲診療所）の受診記録がある．1年6場所のうち3場所ある東京場所では，取組中に何らかの整形外科的傷害が生じた場合，力士はまず相撲診療所を受診し，担当医がその時点での診断と治療方針を決め，必要に応じてMRI等の精密検査の要否を指示することになる．かかりつけ医をもつ力士の場合も，特に新鮮外傷の場合は，まず相撲診療所を受診してから二次診としてかかりつけ医に向かうことが多く，相撲診療所の受診記録は，場所中に生じた整形外科的外傷・障害のデータベースとなり得ると考える[3]．

　ただし，大相撲力士も日常の稽古においては医療機関を受診せずに，整体等の医療類似機関にて施術を受けている場合も多く，すべての外傷・障害を診断・評価することは困難である．

外傷・障害の治療方法

　治療方法としては個々の外傷に従って一般的な治療を行うことが当然である．ただし，大相撲力士は休場すると全敗扱いとなり，それに伴い番付が下降していくことを考慮しなければならない．かつては，横綱以外の力士が本場所の取組によって発生した怪我による休場については，通常の休場とはしないようにする公傷制度があったが，2003年11月場所を最後に廃止された．そのために，現在の力士は休場すると番付が下がることを常に意識しなければならず，現在の番付や年齢等，力士の背景を認識しながら治療を進めることが重要である．

図4 装具を着用したうえでの取組

　膝ACL損傷の治療においても，清水ら[4]は大相撲力士については靱帯再建術だけでなく，状況により装具を着用した保存療法（図4）を選択することもあり，個々の症例を十分に検討したうえで治療方針を決定する必要があると述べている．

リハビリテーション処方の内容・注意点

　第58代横綱千代の富士が反復性肩関節脱臼を肩関節周囲の筋力強化を中心とするリハにて克服した話はあまりにも有名であるが，力士により相撲の型や得意技が異なることからも，そのあたりを考慮したリハ処方が重要である．

　個々の外傷に対して，手術療法あるいは保存療法の選択に応じてリハを行い，力士の年齢や番付にも考慮して休場を指導し，さらには相撲の型が未完成の若手力士には，次項に示すような予防的配慮を含めたリハ指導も必要とされる．

　特に四股とてっぽうは相撲の基本動作とされ，重要な準備運動とされている[5]．

　四股（図5）は，膝の角度が直角になるくらいの足幅で両足を左右に開き，中腰に構えるところから始まる．その後，つま先に力を入れ，膝を軸にして反対側の足を上に上げる．姿勢としては前方を正視し，顎を引くことが重要とされる．軸足の膝にあてがった掌を少し強く押さえ膝を伸ばしたうえで，全体重を軸足で支えるようにする．下ろす足はつま先から外のほうに砂を弾き飛ばすように下ろす．これを繰り返すことによって，体重の移動とバランスをとり，腰が安定するとされる．

　てっぽう（図6）は，鉄砲柱から1mくらいの距離を置いて，中腰の構えから右手と右足，左手と左足を同方向に動かす．突き放すときは，同側の足をすり足で柱に向けて出す．手と足が一体となって，さらに腰が入って三位一体の攻撃をすることが大切であり，攻めるときの足の運びと手の動きの基本をつくるために大切な準備運動であるとされる．

　四股とてっぽうは，突き・押しの基本練習に結び付くもので，相撲独特の準備運動であり，練習の前後に100回以上行うことが推奨されている．

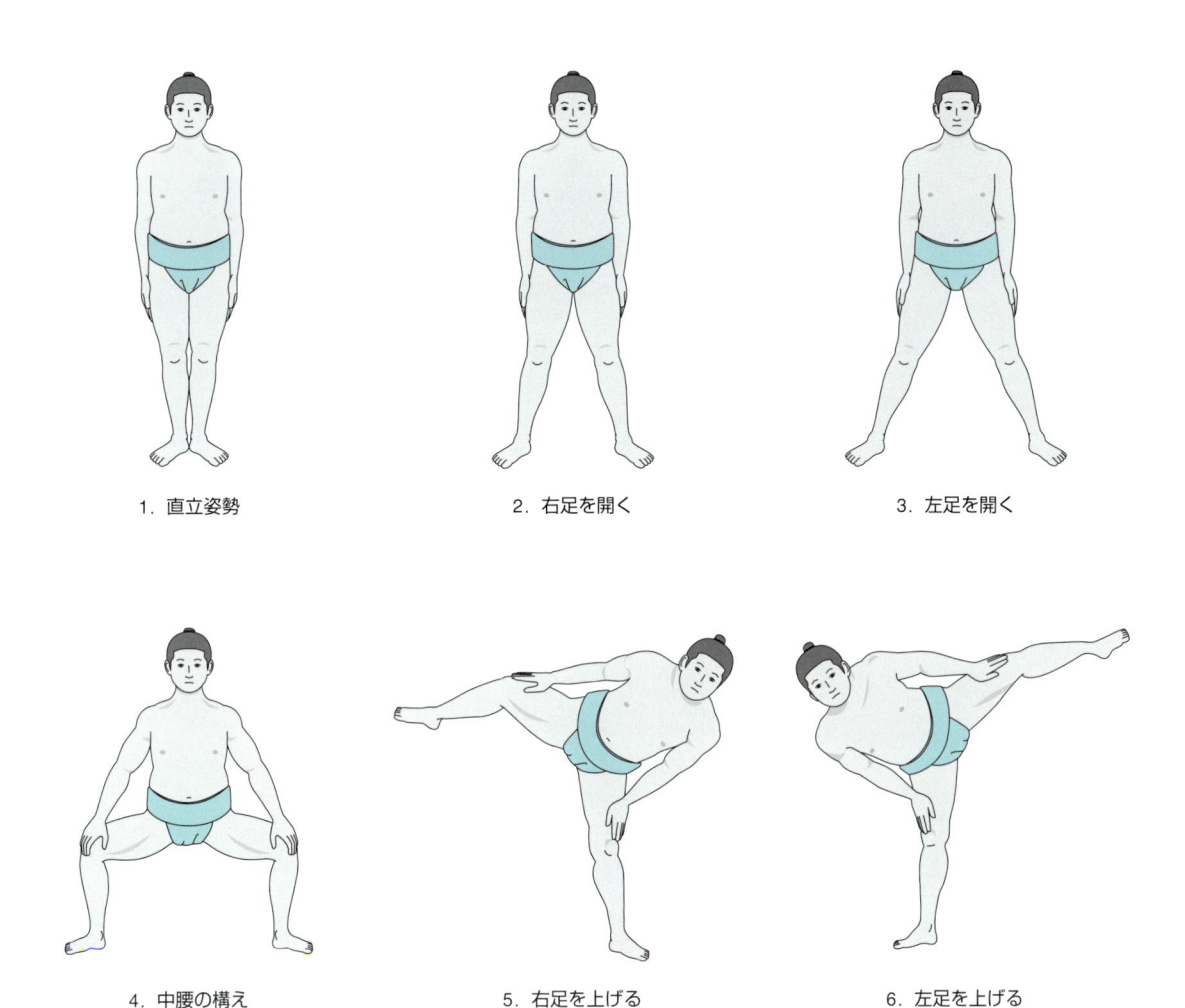

1. 直立姿勢　　2. 右足を開く　　3. 左足を開く

4. 中腰の構え　　5. 右足を上げる　　6. 左足を上げる

図5　四股　　　　　　　　　　　　　　（日本相撲協会指導普及部編，1985，文献5を改変）

指導方法・予防

相撲は激しい格闘技ゆえ外傷・障害の発生頻度は高く，その過半数が下肢外傷であり，さらにそのうち半数が膝疾患である．つまり，力士にとって膝疾患の予防が大変重要であると考えられる．

(1) 頸部外傷・障害の予防

相撲では立ち合いのときに頭から当たることがある．このとき頸部に加わる衝撃はBurner症候群に象徴される頸部外傷・障害を引き起こす．Jefferson骨折や軸椎歯突起骨折も見受けられることにより，当たるときに額の髪の生え際で当たる基本的な稽古や，当たるとき手を一緒に出して頸部への衝撃を減らすこと，さらに頸部筋力強化が必要である．

(2) 腰痛の予防

腰痛に関しては，肥満になると体重心が前方に移動し，これを支えるために腰椎に常に負荷がかかるようになる．対処するには腹筋，背筋を十分に鍛え，腰椎への負荷軽減を図る必要がある．

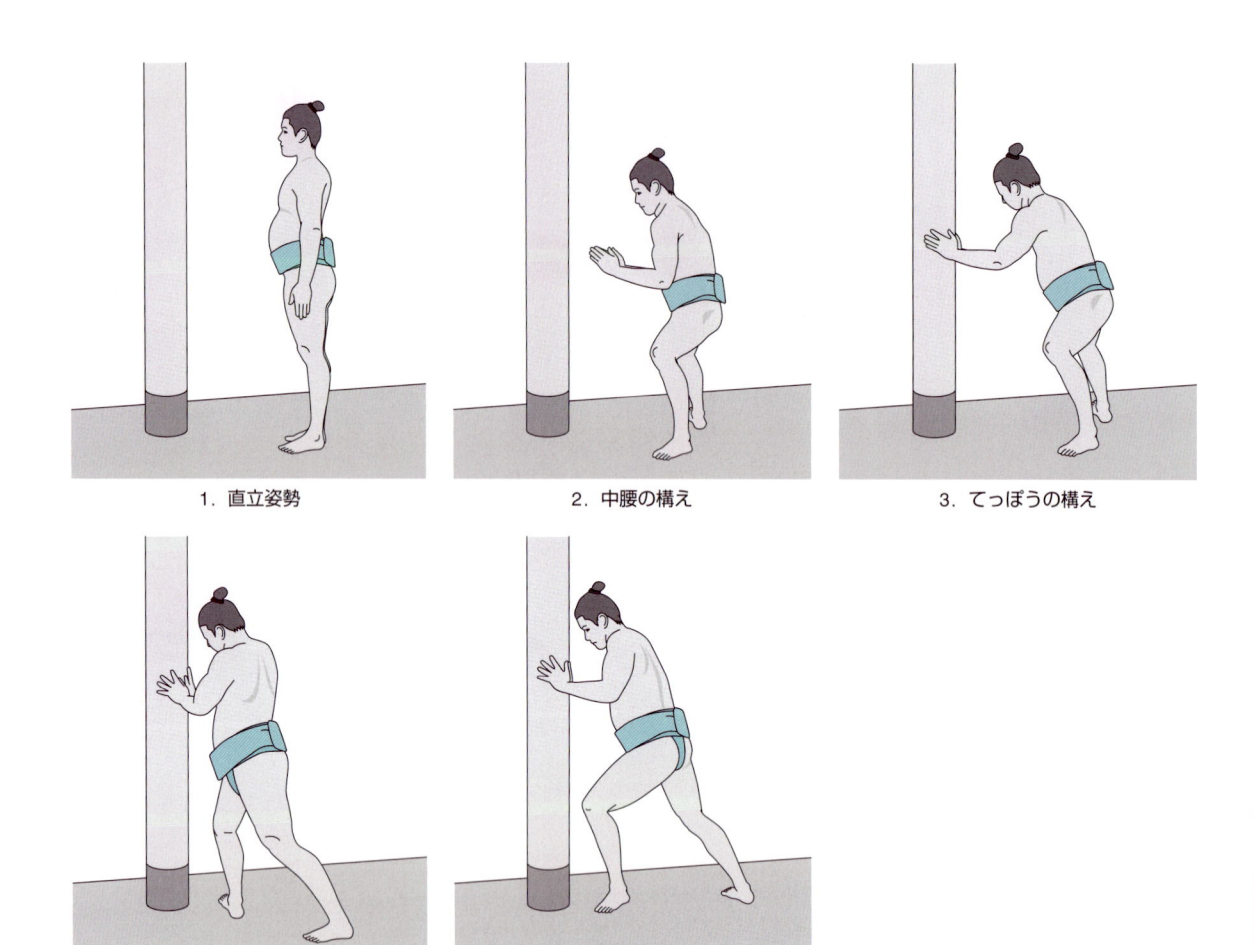

1. 直立姿勢　　　　　2. 中腰の構え　　　　　3. てっぽうの構え

4. 右手，右足を出し　　　5. 次に左手，左足を出す

図6　てっぽう
（日本相撲協会指導普及部編，1985，文献5を改変）

（3）肩・肘関節外傷・障害の予防

　肩関節は一度脱臼すると反復性脱臼に移行しやすく，脱臼後は初期の安静治療後，積極的な肩関節周囲筋の筋力強化が必要である．

　肘関節の捻挫，変形性肘関節症も力士に多くみられる．差した肘を伸展位にしていれば容易に肘を極められ，肘関節の過伸展を強制されて肘関節損傷につながる．差した腕を返す稽古では，差した腕の手背を相手の体につけると指導されるが，肘を軽度屈曲位に保持する稽古（図7）が大切である．

> **Key Words**　**ぶつかり方・転び方**
> 　相撲独特の転び方の稽古としては，ぶつかり稽古が挙げられる．基本的には転んだ際にケガのないようにする受身の稽古である．まずは，相手の胸に額をぶつけて押し，押し切った後は，顎を引き体を丸くして，頭をつかないように背中から転ぶようにする．
> 　ぶつかり方についても，かち上げ，差し，張り差し，突き放し，突っ張り，ぶちかまし等，力士の相撲型により多種多様な方法がある．

図7　差した腕は肘屈曲位保持

図8　股割りによる稽古

(4) 膝関節外傷・障害の予防

　膝関節外傷・障害予防が力士に最も重要である．膝関節軽度屈曲，外反強制の肢位にならないようにするためには，股関節の開排位維持がキーポイントである．このためには，図8に示すような股割りによる股関節周囲筋のストレッチングおよび股関節外旋筋の強化を主体とした股関節周囲筋の筋力強化訓練が必要で，すり足はこれに適った力士に特有の稽古法である．

　膝蓋骨脱臼も膝外反位での遠心性伸展により発症するので，ACL損傷予防の股関節周囲筋力強化により膝屈曲位で膝にゆとりを持たせ，膝外反位になるのを避けることが大切である．

　膝半月板損傷では，特に外側半月板損傷の発生が多い．これは酒井ら[6]が述べているように，下肢アライメントにおいて力士の膝が外反位にあることが関与しているものと思われる．

❖ おわりに

　リハというよりは予防医学的観点を中心として，相撲のスポーツ外傷・障害について述べた．相撲がまわしのみを着用している格闘技であることからも，外傷が重症化しやすいことや，相撲の競技特性や番付制度等の相撲界のしきたりを考慮して治療に当たらなければならない特殊な事情もある．ただし，あくまでも外傷は保存療法でも手術療法でも積極的に治療して適切なリハを行い，体全体のバランスを崩して障害の連鎖反応を引き起こさないことが大切である．そのためにも，肩関節や股関節周囲筋の筋力強化を中心とする日常の稽古における外傷予防が重要であることはいうまでもない．

(長瀬 寅)

文献

1) 土屋正光：相撲の外傷・障害(疫学)．復帰をめざすスポーツ整形外科(宗田 大編)，メジカルビュー社，2011，pp517-520．
2) 立石智彦・他：大相撲力士におけるJefferson's Fractureの6例．日整外スポーツ医会誌 25(2)：35-39，2005．
3) 大谷俊郎・他：相撲協会診療所における整形外科的外傷・障害．臨スポーツ医 20(11)：1307-1311，2003．
4) 清水禎則・他：大相撲力士の膝前十字靱帯損傷の検討―靱帯再建例と保存治療例との比較．日整外スポーツ医会誌 30(2)：51-55，2010．
5) 日本相撲協会指導普及部編：青少年の相撲指導要綱．1985．
6) 酒井 裕・他：大相撲力士の下肢アライメント．日整外スポーツ医会誌 14：97-102，1994．

18 レスリング

❖ はじめに

　レスリング競技は大きく2つのスタイルに分かれており，下半身（骨盤より下）を用いて技を仕掛けたり，攻撃の対象としたりすることが禁じられているグレコローマン（Greco-Roman）スタイルと，四肢を制限なく攻防に用いることができるフリー（Free）スタイルとがある．現在，男子では両スタイルが，女子ではフリースタイルのみが正式な競技として採用されている．

　このため，レスリングで多くみられる外傷・障害はスタイル別，および性別によって微妙に異なっているのが特徴といえる．さらに，レスリングでは，競技について詳しく知らない観衆であっても競技観戦を楽しむことができるように，活動的な試合展開を目指してルールの改訂を行っている．このため，年度ごと，さらにオリンピック競技大会後には大掛かりなルールの変更が行われることが多く，ルール変更に伴って外傷・障害の発生頻度も変化していると考えられる．

表1　トップレベルレスリング選手の部位別（スタイル別）受傷頻度

損傷部位	男子フリー(%)	男子グレコ(%)	女子フリー(%)	スタイル合計(%)
膝関節	209(29.2)	74(19.8)	99(28.9)	382(26.7)
肩関節・肩甲帯・上腕	81(11.3)	44(11.8)	40(11.7)	165(11.5)
足関節・足部・足趾	75(10.5)	37(9.9)	42(12.2)	154(10.8)
胸腰椎・腰部	83(11.6)	37(9.9)	26(7.6)	146(10.2)
頸椎・頸部	62(8.7)	34(9.1)	29(8.5)	125(8.7)
手関節・手部・手指	40(5.6)	41(11.0)	33(9.6)	114(8.0)
肘関節・前腕	47(6.6)	31(8.3)	24(7.0)	102(7.1)
躯幹・肋骨	43(6.0)	31(8.3)	12(3.5)	86(6.0)
顔面，耳，鼻	24(3.4)	14(3.8)	18(5.2)	56(3.9)
股関節・骨盤	18(2.5)	7(1.9)	10(2.9)	35(2.4)
大腿	21(2.9)	10(2.7)	3(0.9)	34(2.4)
下腿	9(1.3)	12(3.2)	6(1.7)	27(1.9)
その他	3(0.4)	0(0.0)	1(0.3)	4(0.3)
頭部	0(0.0)	1(0.3)	0(0.0)	1(0.1)
部位別損傷計	715(100.0)	373(100.0)	343(100.0)	1,431(100.0)

2001年10月〜2010年6月に国立スポーツ科学センタースポーツクリニック（整形外科）を受診したレスリング選手2,782名（延べ人数）のデータより．
（中嶋，2010）[1]

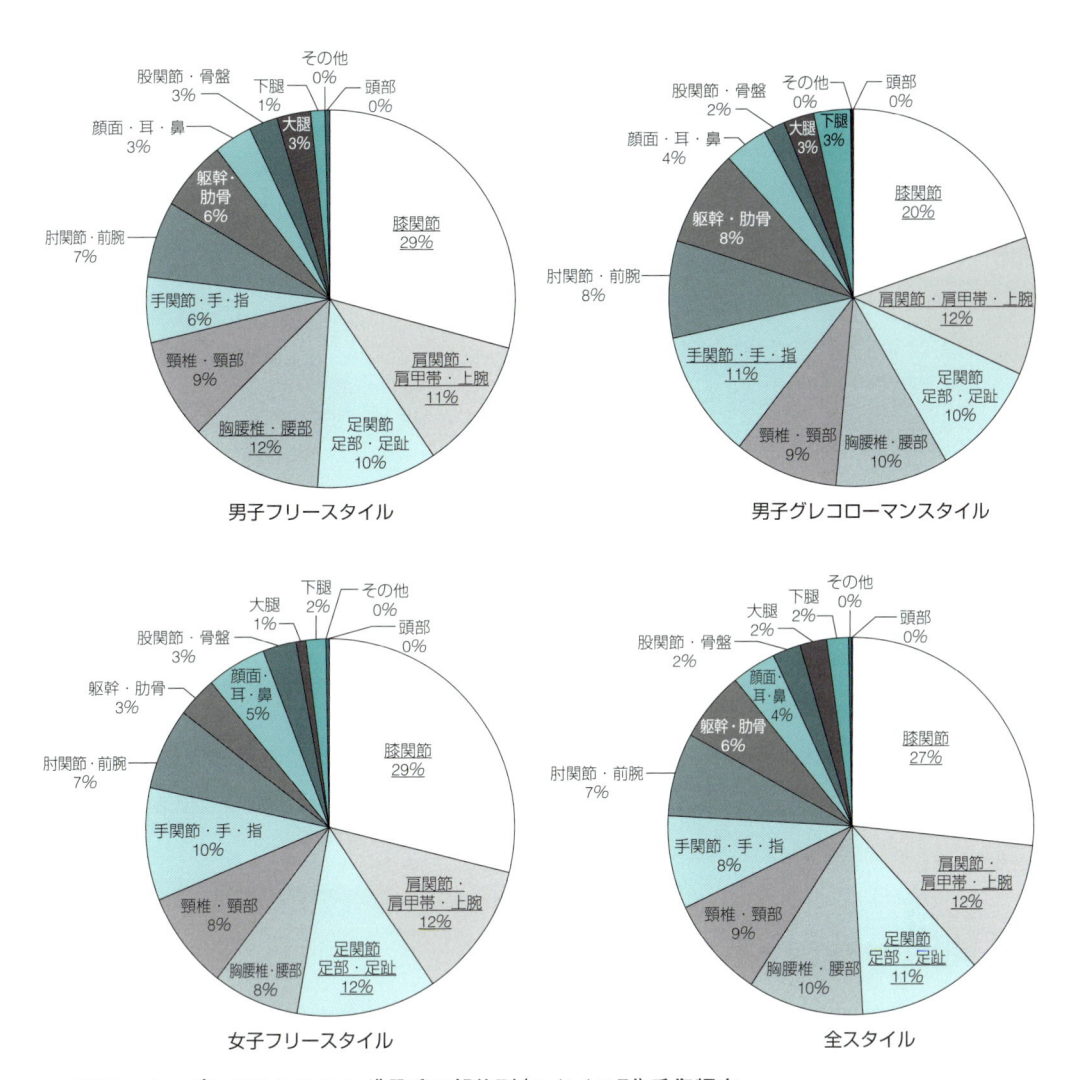

図1 トップレベルレスリング選手の部位別(スタイル別)受傷頻度

(中嶋, 2010, 文献1を改変)

　筆者が行ったトップレベルのレスリング選手(延べ2,782名, 1,431件)の調査において, 外傷・障害の部位別発生頻度で最も多かったのは, いずれのスタイルにおいても, 「膝関節」であったが, 2位以降はスタイルによって差があり, 男子フリースタイルでは「胸腰椎, 腰部」「肩関節, 肩甲帯, 上腕」, グレコローマンスタイルでは「肩関節, 肩甲帯, 上腕」「手関節, 手部, 手指」の順であり, 女子フリースタイルでは, 「足関節, 足部, 足趾」「肩関節, 肩甲帯, 上腕」の順であった(表1, 図1)[1].
一方, 2010年度の中学・高校生の部活動中の事故発生調査では, 当該年度の登録生徒2,355人に対し, 219件(9.3%)の事故発生報告があり, 女子を含めた230件の部位別頻度では, 「手関節, 手部, 手指」14.3%, 「顔面, 耳, 鼻」14.3%, 「膝関節」13.0%の順であった(表2, 図2)[2].
　ただし, これらはレスリング競技における発生頻度であり, 発生頻度はそれほど多くなくても, 他の競技と比較すると特徴的な疾患というものも存在する. 本項ではレスリング競技の中で頻度の多い疾患および特異的と思われる疾患の受傷機転を中心に治療法についても述べる.

表2 中学・高校生のレスリング部活動中の事故発生調査結果における損傷部位別発生頻度(2010年度)

損傷部位	度数	%
膝関節	30	13.0
肩関節・肩甲帯・上腕	24	10.4
足関節・足部・足趾	28	12.2
胸腰椎・腰部	14	6.1
頸椎・頸部	10	4.3
手関節・手部・手指	33	14.3
肘関節・前腕	18	7.8
躯幹・肋骨	15	6.5
顔面,耳,鼻	33	14.3
股関節・骨盤	2	0.9
大腿	3	1.3
下腿	7	3.0
その他	7	3.0
頭部	6	2.6
部位別損傷計	230	100.0

(日本スポーツ振興センター学校安全部)[2]

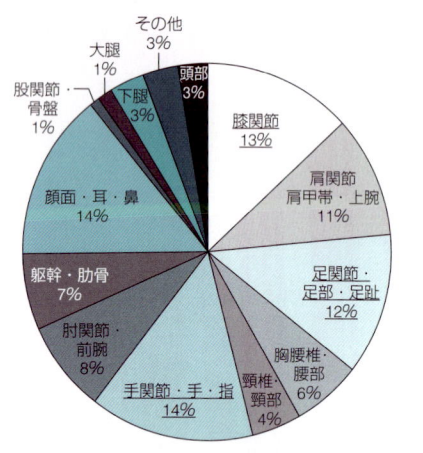

図2 中学・高校生レスリング部活動における損傷部位別発生頻度
(日本スポーツ振興センター学校安全部)[2]

膝関節の外傷・障害

　膝関節の外傷・障害の頻度は，全スタイルを通じて最も高く，損傷の種類としては靱帯損傷，中でも内側側副靱帯（MCL）損傷が全スタイルに共通して多い．次いで，フリースタイルでは外側側副靱帯（lateral collateral ligament；LCL）損傷，グレコローマンスタイルと女子フリースタイルでは前十字靱帯（ACL）損傷が多かった[1]．一般的なスポーツ外傷ではLCL単独損傷の発生頻度はそれほど高くないが，下肢へのタックルが攻撃の基本となるフリースタイルのレスリングでは特徴的な外傷・障害といえる．

(1) 膝内側側副靱帯損傷

① 受傷機転

　多くの場合，膝外側からタックルに入られた際に膝外反強制を受けることによる受傷が多い（図3）．他の受傷機転としては，膝深屈曲位で相手の懐に飛び込んだ際に，マットに下腿が固定された状態で相手に押し返されて受傷するケース（図4）等が多い．受傷時に膝内側で靱帯が損傷された感覚を記憶している場合も多い．

② 診断

　膝MCL損傷はレスリング以外の接触性競技でも頻度の高い疾患であり，診断については一般的な膝MCL損傷と同様，理学所見とMRI所見から重症度を評価する．

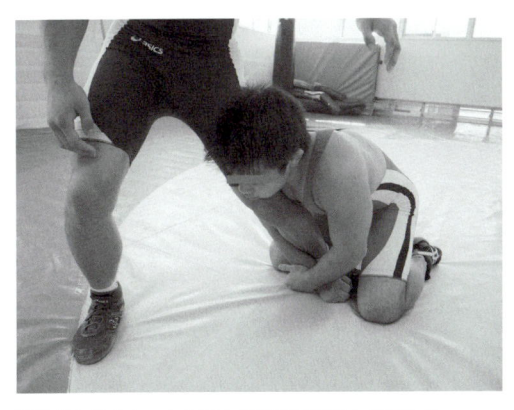

図3 膝関節内側側副靱帯損傷の受傷機転①
膝外側からのタックルにより膝外反強制力が加わる.

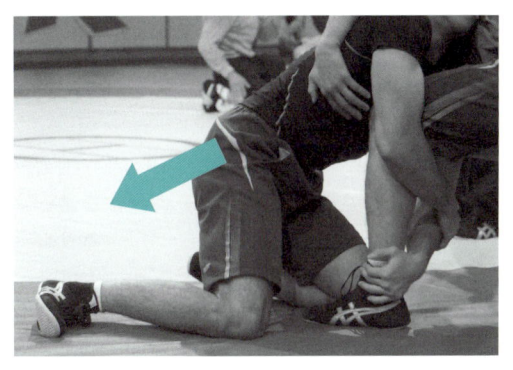

図4 膝関節内側側副靱帯損傷の受傷機転②
タックルに入った後,押し返されたり上体を捻られた際に下腿がマットに固定されていると膝外反強制力が働く.
また,レスリングでは膝をついた状態での攻防が多く,靱帯再建時の術式の選択や術後リハメニューの組み方には注意を要する.

③ 治療

治療方針についても同様であり,Ⅲ度(完全断裂)損傷では手術療法を検討し,Ⅰ,Ⅱ度損傷では保存療法の適応となる.

④ 受傷直後

急性外傷の初期治療として,RICE(安静,アイシング,圧迫,挙上)処置を施した後,受傷後72時間前後より関節可動域(ROM)訓練,大腿四頭筋やハムストリングスの等尺性筋収縮訓練を開始する.筆者は選手への説明として,関節可動域(自動)が完全に回復(正座やしゃがみ込み姿勢が可能となる)するまでに要した期間の2倍の期間をリハ期間として設定するように指導している.

この間に行うリハメニューは,筋力回復とバランス保持能力の向上を目的としてメニューを作成し,膝に疼痛や不安定感を伴わないマット上での健常部分のトレーニングは許可する.

(2) 膝前十字靱帯損傷

① 受傷機転

レスリングにおける膝ACL損傷の受傷機転はMCL損傷と同様,膝関節に対し,外反力が加わる接触性損傷が多いと考えられるが,相手ともつれた際の,重心の急激な偏位やバランスを崩すことによる非接触性の受傷機転も多いようである.

② 診断

診断についてはACL損傷の代表的な診断法,すなわち理学所見とMRI所見により診断は容易である.

③ 治療およびリハビリテーション

第一選択は手術療法(靱帯再建術)であり,再建に用いる自家腱について,ハムストリングス腱(半腱様筋腱)では,術後膝関節深屈曲位での筋力低下等の報告[3]もあるが,レスリング競技では膝をマットにつけた状態で攻防を行う頻度が高いため(図4),膝蓋腱よりもハムストリングス(半腱様筋)腱を用いて再建するほうが望ましいと考えられる.再断裂例等では,膝蓋腱を用いる場合もあるが,

膝の内側からタックルに入り，下腿，足関節部を急激に引き上げたり挙上されることで発症する．

図 5　膝外側側副靱帯損傷の受傷機転

術後〜競技復帰の初期は膝前面痛の発生リスクを説明しておく必要がある．

リハは他の接触系競技と同様であり，競技復帰までの期間は 8 カ月前後（±2 カ月）を目安としている．

（3）膝外側側副靱帯損傷
① 受傷機転
　前述のフリースタイルに多くみられる外傷であり，特に片脚へのタックルでは，攻め手は相手をマット上に倒すため，下腿を把持した状態で下肢に対して外反，伸展，内反等さまざまな方向に外力を加える．当然ながら，技の有効性を高めるため，瞬間的に受け手が対応しづらい方向とタイミングで力を加えることになる．下肢や膝関節に対し，内反方向に下腿を捻ったり，あるいは足関節部を急激に高く挙上した際に発生するのが LCL 損傷の受傷機転である（図 5）．受傷時には膝外側で断裂音を自覚する選手も多い．

② 診断
　他の靱帯損傷と同様，理学所見および MRI 所見が有用である．膝 LCL 損傷の場合，後外側支持機構の損傷を伴っていないかの鑑別が重要である．

③ 治療
　LCL 単独損傷の場合は，保存療法が第一選択となる．受傷直後は不安感を訴える選手が多いが，多くの場合は MCL と同様のリハメニューを行い，通常 1〜3 カ月程度で競技復帰可能な場合が多い．

（4）膝蓋前滑液包炎・化膿性滑液包炎
① 受傷機転
　レスリングではマット上に膝をついた状態での攻防も多く，物理的刺激の反復によってしばしば膝蓋前滑液包に炎症が発生し，内部に液体が貯留する例がみられる（図 4）．

② 診断
　理学所見のみで診断可能な場合も多いが，ときに膝関節全体に著しい発赤と熱感を伴い，発熱等も伴う化膿性滑液包炎の形態をとるものもあり，化膿性膝関節炎や蜂窩織炎との鑑別が必要である．感

図6 肩関節脱臼の受傷機転
寝技において，受け手(下)の両肩甲骨を結んだ線とマット面との成す角が90度未満になると得点となるため，攻め手(上)は自身の体幹とともに守備側(下)の体幹を回転させることでポイントを得ようとする．守備側は上肢を張って耐えるが，耐え切れずに返される際に上肢をうまく逃せないと，肩関節の外転外旋強制力が加わる．

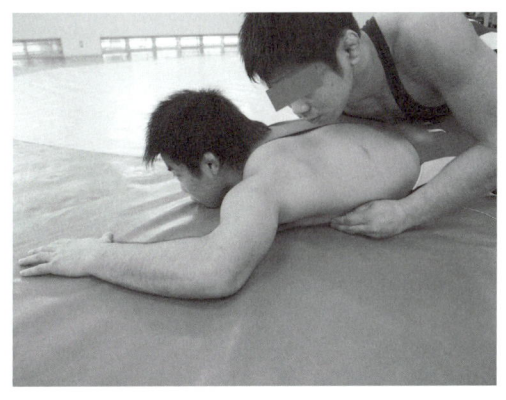

図7 レスリングの寝技での防御
攻め手(上)は，受け手(下)の胸とマット面との間隙から手を差し入れ，上体をコントロールしようとする．このため，肩関節の外旋制限等があると防御面で不利となる．

染性の滑液包炎が疑われた場合，血液生化学検査や滑液包から穿刺液の培養を行うが，起因菌の同定が困難な場合も多い．

③ 治療

筆者は滑液包内の液体貯留が軽度で，炎症所見や感染兆候がみられなければ，穿刺による感染リスクを避けるため，局所のアイシングと圧迫，安静，消炎鎮痛剤と抗生剤の経口投与のみを行い，積極的な穿刺は行わないが，感染兆候がみられるもの，すなわち血液生化学所見で白血球数やCRP高値，体温上昇を認める例では，滑液の穿刺と培養，滑液包内を生理食塩水500〜1,000 ml程度で洗浄 (pumping) を行っている．滑液包炎は感染の有無にかかわらず，完治まで長期間を要し2週間以上を要する例も少なくない．症状改善後は滑液包内に索状の肉芽瘢痕組織が残存する場合が多く，違和感を訴える例も多い．感染合併例や再発を繰り返す例では滑液包切除を行う場合もあるが，関節鏡およびシェーバーを用いて十分に滑膜切除を行わないと再発する例もあるので，注意が必要である．

肩関節の外傷・障害

肩関節の外傷・障害は，いずれのスタイルでも3番目以内に入る比較的頻度の高い疾患である．その中でも頻度が高いのは，脱臼や亜脱臼等の関節唇損傷，腱板損傷である．

（1）肩関節脱臼・亜脱臼（関節唇損傷）

① 受傷機転

肩関節の脱臼や亜脱臼はラグビーやアメリカンフットボール等，タックル動作を行うスポーツに多くみられる外傷であり，レスリングでも肩関節の主要な外傷・障害といえる．さらにレスリングでは，寝技（グラウンドレスリング）においても，背中がマットに向かないように上肢を支えにして防御する場面が多く，防御に失敗した際等に上肢を逃すことができずに受傷する例も多い（図6）．

表3 肩関節脱臼の鏡視下関節唇形成術(鏡視下バンカート法)の術後リハプロトコールの一例

	期間	固定	トレーニングメニュー	回数/セット数	備考
Phase Ⅰ	術後1週まで	完全固定 ショルダーブレイス	①Icing(氷冷)	随時感覚がなくならない程度	
			②手指屈伸	20回×5セット以上	肩関節固定して
			③手関節屈伸(リストカール・リバースカール・フォアカール)	各20回×5セット以上	肩関節固定して
			④肘の屈伸(他動)	20回×1セット以上	担当PTと一緒に行う
			⑤患部外トレーニング		肩関節固定して
Phase Ⅱ	術後1〜3週まで	完全固定 ショルダーブレイス	⑥アイソメトリック屈曲(前)練習	20回×5セット以上	小さく前ならえの状態で
			⑦アイソメトリック伸展(後)練習	20回×5セット以上	小さく前ならえの状態で
			⑧アイソメトリック外転(外)練習	20回×5セット以上	小さく前ならえの状態で
			⑨アイソメトリック外旋(手の平を回外)練習	20回×5セット以上	小さく前ならえの状態で
			⑩アイソメトリック肘屈伸練習(自動)	20回×5セット以上	
			⑪前腕回内外練習(自動)	20回×5セット以上	
Phase Ⅲ	術後3〜4週まで	固定(リハ以外)	⑫仰向け(背臥位)肩関節屈曲(自動)	3回/日×5分から	耳に付くところまで挙上
			⑬振り子運動(自動介助)	3回/日×5分から	耳に付くところまで挙上
			⑭肩ウォールスライド(自動介助)	3回/日×5分から	
			⑮テーブルサンディング(自動介助)	3回/日×5分から	耳に付くところまで挙上
Phase Ⅳ	術後4〜6週まで	固定(リハ以外)	⑯肩関節外転(自動)	3回/日×5分から	120度まで
			⑰肩関節外旋(自動)	3回/日×5分から	30度まで
Phase Ⅴ	術後6〜8週まで	なし	⑱肩関節屈曲・外転・外旋可動域練習(自動)	3回/日×5分から	すべての可動域を出す
Phase Ⅵ	術後2カ月経過から		肩板強化練習(Cuff)・ジョギング開始	競技種目に合わせて調整	
	術後3カ月経過から		ウエイトトレーニング開始		
	術後4カ月経過から		練習の部分参加開始(パス・シュート等から)		
	術後5カ月経過から		練習の部分参加開始(コンタクト・パスカットなし)		
	術後6カ月経過から		競技復帰(試合等)		

(東芝病院スポーツ整形外科)

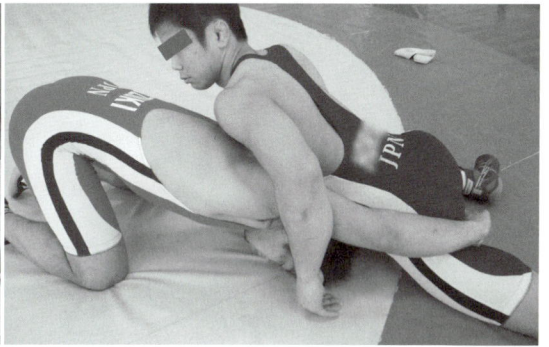

攻め手（左）が片脚タックルに入った際に，受け手（右）が大きく後方に下肢を伸展すると同時に上方から体重を預け，タックルを切ろうとした動作によって，肩関節挙上を強制されて受傷する．

図8　肩関節腱板損傷の受傷機転

② 診断

明らかな脱臼 - 整復のエピソードがあれば診断は容易であるが，不全脱臼（亜脱臼）の場合も多く，理学所見とMRI画像診断が有用である．理学所見では不安定性程度や多方向性の有無等の評価を行い，画像診断では骨折，骨片，欠損の有無や程度を評価し，その後の治療法（手術方法の選択）を検討する．

③ 治療

競技を継続するためには，原則として手術療法が推奨される．術式の選択に際しては，手術による侵襲を考慮すれば，第一選択は関節鏡視下関節唇形成術（鏡視下バンカート法）と考えられるが，年齢や競技レベルが低いものほど再脱臼率も高い印象があり，より制動性を強化した骨性制動術（Bristow法等）との選択に迷う場合も多い．患者・家族，指導者に十分説明を行い，協議して術式を決定することが重要である．

レスリングの場合，ラグビーやアメリカンフットボールと異なり，寝技での攻防が存在する．肩関節の可動域制限の残存は防御面において非常に不利となる（図7）．このため，術後のリハでは，関節可動域の回復に重点を置いて進めていく必要がある．

鏡視下関節唇形成術では，術後1～2週間は体幹固定を行い，術後3週までは三角巾を使用する．その後，本格的な可動域訓練が開始されるが，可動域回復には個人差もあるため，疼痛を伴わない限界付近までの可動域訓練を，時間をかけて繰り返すことが重要である．少なくとも術後12週までには十分な関節可動域を獲得しておく必要がある．本格的な筋力増強訓練（等張性〜伸張性等のウエイトトレーニング）は十分な関節可動域が獲得できてから行う（表3）．

（2）肩関節腱板損傷

① 受傷機転

レスリングでは，いずれのスタイルにおいても上肢の取り合い，すなわち組み手が重要とされ，相手の上肢の動きを効果的に封じることで，次の技への展開が可能となる．このような組み手の取り合いや，タックルに入った際に勢いよく肩関節を挙上方向に強制された際に，腱板に大きな負荷が加わり，損傷をきたす場合が多い（図8）．

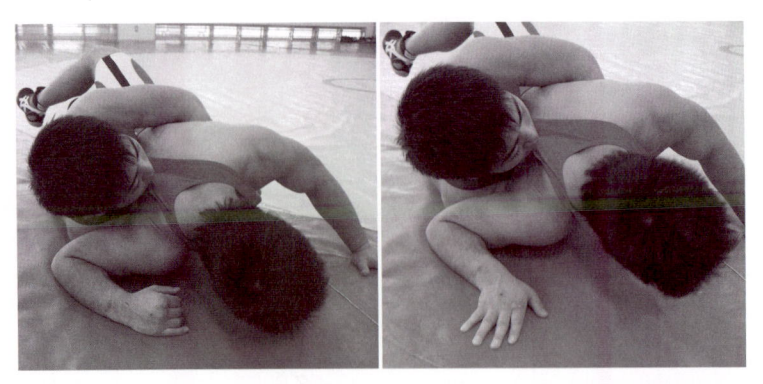

右側に返される際に手関節が内反回外（左図）することにより，肘関節の外反矯正は逃れることが可能であるが，外反回内位のまま返される（右図）ことにより肘関節の外反強制を受けることになる．

図9 肘関節内側側副靱帯（MCL）損傷の受傷機転

② **診断**

理学所見とMRI所見にて診断は容易であるが，関節唇の損傷を伴っている例も多く，見落とさないように注意が必要である．

③ **治療**

腱板の完全断裂にまで至る例は少なく，多くの場合は部分損傷である．腱板の機能評価を十分に行い，疼痛および筋力が十分に回復するまで競技復帰は控えることが重要である．

（3）肘内側（尺側）側副靱帯損傷，肘関節脱臼

① **受傷機転**

レスリングにおける上肢の外傷，障害では肩関節に次いで受傷頻度の高い疾患である．相手に投げられた際に手をついて受傷するケースも多いが，寝技の防御において，腹臥位の状態から仰臥位の体勢へと返されるのを防ぐために張っていた上肢（前腕）が支えきれなくなった際に，うまく処理できずに受傷する例が多い（図9）．この場合，肘関節MCLが損傷されることが多く，加わった外力や速度が大きいと肘関節の脱臼に至る．

② **診断**

受傷直後より，肘関節内側に激しい疼痛と腫脹を伴い，関節可動域も著しく障害される．理学所見による外反不安定性の評価と，MRI検査で診断は容易といえる．

③ **治療**

保存療法で対応する場合が多いが，不安定性が大きく，MRIに靱帯の連続性が全く確認できないものでは，手術的治療を考慮する．本疾患では，外来診療の際に腫脹の程度に個人差が大きく，損傷の程度に起因する場合もあるが，足関節捻挫と同様，受傷直後の厳密な初期対応の影響も大きいと考えられる．受傷直後から医療機関へ到着するまでの間に，局所安静，冷却，圧迫，挙上といったRICE処置が徹底できるよう指導者，選手への指導が重要といえる．

RICE処置後，重症度の評価を行った後，保存療法が適応となった場合は，2〜3週間のギプスシーネ固定を行う．損傷がMCL以外に尺側手根屈筋の付着部にも及んでいるような場合は，手関節や手

指の動きでも疼痛が誘発されてしまうため，このような場合は手関節まで固定するが，通常は肘関節の固定のみでよい．

固定解除後は関節可動域訓練を中心にリハを開始するが，受傷前の可動域，特に伸展位を得るまでには長期間を要する場合が多い．筋力増強訓練に関しては，等尺性収縮から開始するが，可動域の増大が確認できれば徐々に等張性収縮や伸張性収縮のメニューを追加する．膝関節のMCLと同様の治療期間，すなわち8～12週を目標としてリハを進める．

レスリングにおける減量

レスリングはボクシングや柔道，ウエイトリフティング等と同様，代表的な階級制競技といえる．減量の方法は競技によって異なり，主に計量に関するルールに依存すると考えられる．現行の国際レスリング連盟が規定するルールでは，試合の前日の夕方に大会ドクターによるメディカルチェックが行われ，その1時間後に計量が行われる．計量時間は1時間であり，時間内であれば，既定の体重以下になるまで，何度でも体重計に乗ることができる．試合は計量の翌日に行われるため，計量後から競技開始まで，12時間以上も体重や体調を回復させるための猶予が与えられる．このため，多少の無理を強いても極限に近い減量を行う選手が多い．特に計量直前には食事制限や摂取カロリーの制限のみではなく，単に体水分量を落とす"脱水による急速減量"を行う選手が多くみられる．この脱水による急速減量は生理的にも危険な状態に至ることもあり，海外では死亡例も報告されている[4]．

過度の急速減量は，選手の健康や生命維持を脅かす重篤な状態に至らしめる危険性もあり，決して推奨できるものではないが，アスリートの場合，競技成績も重要な到達目標であるため，減量がパフォーマンスに悪影響を及ぼすことを明確に証明できない限り，脱水を伴う急速減量を含め，減量そのものを封印することは困難といえる[5]．

大会に帯同したり，競技前の減量期間に選手の健康状態やコンディションを管理する立場にあるメディカルスタッフやコーチは，十分に減量のリスクを理解し，選手の生理的状態の変化やサインを把握するように努める必要がある．

また，近年ではレスリング競技における減量とパフォーマンスとの関連性について，減量よりも，計量後から試合時までの有効な体重回復（増量）がパフォーマンスに影響しているとの報告もあり[5]，計量後の食事摂取の方法についての検討が課題となりつつある．

❖ おわりに

レスリングで多くみられる疾患，特徴的な疾患について，受傷機転から診断，治療について述べたが，これらの疾患とは別にレスリング競技の特性として，攻防の際に相手を把持する介在物がなく，競技中盤以降は互いの発汗によってさらに把持が困難となる．このような中で競技復帰早期の再受傷予防のためにテーピング等を使用すると，相手に把持されやすくなることから，選手はテーピングを敬遠したがる場合も多い．

また，レスリングには関節技はないが，相手を把持し，さらにかけた技を有効に決めるためには，関節可動域の限界を利用して把持する場合が多い．外傷・障害からの競技復帰に際し，可動域制限が残存していると，相手の技を受けやすくなり，競技力にも大きく影響を及ぼすと考えられる．このた

➡ 負荷の方向
➡ 進行方向

実践的かつ複合的な筋力強化を行う．上の者はマットに接地しないよう，体幹をしっかりと把持しながら左右前後方向に重心をずらして負荷を加え，下の者はバランスを保持しながら前方に移動する．

図10 リハ後期/練習部分復帰時のトレーニングメニューの一例

め，レスリングでは競技復帰時には，疼痛の消失のみでなく，機能的な面においても確実に受傷前の状態まで回復していることが求められる．

　その一方で，身体運動能力からみたレスリングの競技力は有酸素系と無酸素系が混在しており，また四肢，体幹，頸部等全身の筋力が必要とされる．このため，受傷部位以外の健常部位のトレーニングの需要は非常に高く，リハ期間中もトレーニングが全く中断してしまうことはないので，受傷時まで課題とされていた運動能力や筋力の強化を行うこと，また，リハ後期から部分復帰の時期には，実践的かつ複合的な筋力強化メニューを組むことによって（図10），競技復帰後，パフォーマンスの超回復も目指して注意深く評価，観察してメニューを作成することが望ましい．

（中嶋耕平）

文献

1) 中嶋耕平：競技スポーツ帯同時に役立つ外傷初期治療ガイド 頻発するスポーツ外傷に対する処置・治療の実際 競技種目別の対応の実際 レスリング．臨スポーツ医 27：311-318, 2010.
2) 独立行政法人日本スポーツ振興センター学校安全部：平成22年度統計資料．
3) 中嶋理子・他：半腱様筋と薄筋による前十字靱帯再建術後の膝屈筋力の筋力低下．臨スポーツ医 13(6)：681-686, 1996.
4) Centers for Disease Control and Prevention (CDC)：Hyperthermia and dehydration-related deaths associated with intentional rapid weight loss in three collegiate wrestlers-North Carolina, Wisconsin, and Michigan, November-December 1997. MMWR Morb Mortal Wkly Rep 47(6)：105-108, 1998.
5) Alderman B et al：Factors related to rapid weight loss practices among international-style wrestlers. Med Sci Sports Exerc 36(2)：249-252, 2004.

19 ボクシング

競技の特性

　2012年に，わが国においては男子2,370名，女子106名のプロボクサーがライセンスを取得しており，年間，男子1,680試合，女子73試合の公式試合が行われた．ボクシングは，競技者同士が接触するコンタクトスポーツの中でも，相手に直接ナックルによるパンチで，打撃を加えることによりダウンさせることを目的としたスポーツであるため，さまざまな外傷が発生する．特にプロボクシングでは，さまざまな防具により防御されたアメリカンフットボール等とは異なり，選手の拳や相手のダメージを軽減するための革製グローブ，マウスガード，ノーファウルカップといった最低限の防具の着用しか認められていない[1]（女子の場合はこれらに加えチェストガードが義務付けられている）．

特有の外傷・障害が多い理由

　ナックルにより相手に直接打撃を加えダウンを奪うことを目的としたスポーツであり，そのためには強いダメージを与え得る頭部への打撃が最も効果的である．実際，KOまたはTKOのほとんどは頭部への打撃によるものであり，2012年の全試合のうち，男子では42.7％，女子では38.4％がKOまたはTKOにより決着している．また，相手のパンチによる眼瞼周囲の腫脹や出血により著しく視機能が低下すると，不用意にパンチを受けることもあり，ダメージが大きい．試合の続行が危険と判断した場合，レフリーは試合をTKO負けとし中止するよう求められているため，眼瞼周囲も重要なターゲットのひとつである．実際，相手に上眼瞼の古傷がある場合，作戦上，集中的にその部分を攻める場合もある．その結果，頭蓋内出血や，眼窩壁骨折，また，グローブにより保護はされているが，繰り返す頭蓋骨等固い部分への打撃によりナックルパート，手関節の骨折，腱損傷，捻挫等が特有の障害として発生する．実際に部位別の障害頻度は，頭部・顔面（特に眼瞼周囲）51.9％，手関節・ナックル40.2％と，この2カ所に集中している（図1）[2]．

代表的外傷・障害

(1) 頭蓋内出血

① 評価・診断

　リング上でパンチを受け，そのまま昏倒する場合もあるが，多くの場合，若干の意識清明期（lucid interval）を認めることが多い[3]．しかし，その時期にあっても多少なりとも，時間経過とともに増強する嘔気や頭痛を伴うことが多く，それを見逃さないことが重要である．ナックルの骨折や頭部・顔面の打撲，挫創等，他の部位に損傷がある場合には，その痛みで症状がマスクされることもあるので注意しなければならない．また，頸椎の損傷を合併している可能性もあり，神経症状の有無を確認

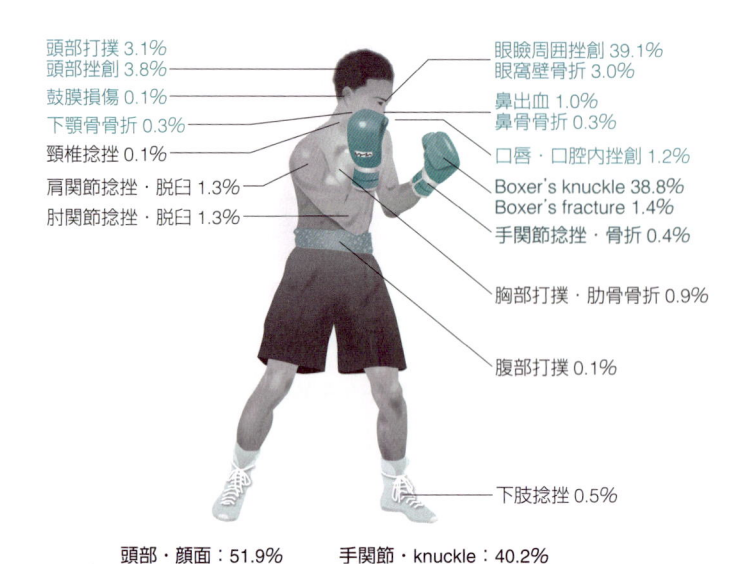

図1 後楽園ホール医務室における受傷部位統計

頭部打撲 3.1%
頭部挫創 3.8%
鼓膜損傷 0.1%
下顎骨骨折 0.3%
頸椎捻挫 0.1%
肩関節捻挫・脱臼 1.3%
肘関節捻挫・脱臼 1.3%
眼瞼周囲挫創 39.1%
眼窩壁骨折 3.0%
鼻出血 1.0%
鼻骨骨折 0.3%
口唇・口腔内挫創 1.2%
Boxer's knuckle 38.8%
Boxer's fracture 1.4%
手関節捻挫・骨折 0.4%
胸部打撲・肋骨骨折 0.9%
腹部打撲 0.1%
下肢捻挫 0.5%

頭部・顔面：51.9%　　手関節・knuckle：40.2%

(大槻，2014，文献2を改変)

し，必要があればネックカラー等により頸椎を保護することも必要である．頭痛，嘔気が持続する場合には必ず頭部CTを施行する．もし帰宅させる場合には，数時間後に意識障害を発症する可能性もあることを十分説明し，必ず24時間は誰かと一緒にいることを指示する．

② 治療

意識清明であり，頻回のCTによるチェックが可能である場合を除き，原則として開頭術を行う．術式は橋静脈からの出血の可能性を考え，広範囲減圧開頭，血腫除去術を行う[2]．

③ リハビリテーション

1982～2012年のプロボクシングにおける74件の頭蓋内出血事故のうち51件（68.9％）を救命しているが，頭蓋内に出血を認めた選手は，手術の有無にかかわらずそのライセンスを失うため，選手としての復帰は許可すべきではない．

(2) 脳振盪

① 評価・診断

谷らによれば，プロボクシングにおいて年間約1,000名余りの選手が脳振盪を経験している可能性がある[4]．意識消失，記憶障害，歩行障害，不明瞭・不適切な発語等，多彩な症状を認めるが，意識消失は必発ではない．また，逆行性健忘も重要な症状のひとつであり，倒れたラウンドや，会場へどうやってきたか等を尋ねてみることも必要である．朦朧としている状態で再度打撃を受けると致命的損傷を生じることがあるため[5]，そのような場合は躊躇なく試合を中断し，意識レベルをチェックし，少なくとも24時間は頭痛，嘔気，嘔吐等，頭蓋内出血を疑わせる所見の出現に注意する．

② 治療

CT，MRI等で出血，脳挫傷等が認められない場合は，原則的に安静にて経過観察する．

③ リハビリテーション

プロボクシングにおいては原則試合後14日間，KO・TKO負けでは90日間，4連敗または3連続

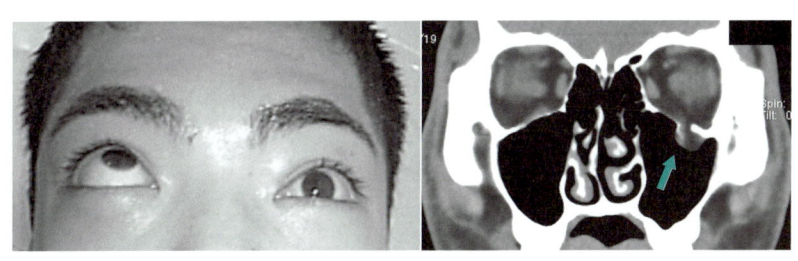

a）左眼窩壁骨折による左眼上方視障害
※写真は患者の同意を得て掲載している．

b）左眼窩壁骨折 CT（前額断）

図2　眼窩壁骨折

KO負けでは120日間は試合に出場することはできない[1]．この間に，安静，ウォーキング等の軽い運動→ランニング等の軽い練習→シャドーボクシング等コンタクトのない練習→メディカルチェック後にフルコンタクトの練習→試合出場，と段階的に復帰させる．

しかし，一度脳振盪を起こした選手は起こしたことのない選手に比し数倍起こしやすいといわれ，脳振盪を繰り返すと持続する頭痛，集中力低下等の症状を呈する脳振盪後遺症，さらに繰り返すとパーキンソン様症状や小脳症状，認知障害等いわゆるパンチドランカーとなることもあり[6]，復帰には十分に注意する．

（3）眼窩壁骨折

① 評価・診断

前方からグローブによる外力が加わり，眼窩全体が塞がれ眼球が押し込まれ，眼窩内圧が急激に上昇し，眼窩壁に吹き抜け骨折が発生する．眼窩周囲の内出血や腫脹により検査が困難なことも多いが，眼痛（特に眼球運動時痛），複視（多くは上方視障害で増強．図2a），嘔気，嘔吐（迷走神経反射による）を認める．特に嘔気，嘔吐は，頭蓋内出血との鑑別が重要である．その他，眼窩軟部組織が骨折部から脱出することによる患側眼球の陥没や骨折部からの出血を原因とした鼻出血，眼窩下壁に沿って走る眼窩下神経の障害による患側頬部の知覚鈍麻等を認めることがある．現場では，上記の症状や眼球運動障害にて本症を疑い，医療機関にてX線（waters法等），CT（特に前額断，図2b，矢状断），MRIにて診断する．

② 治療

受傷直後より腫脹軽減のため患部をアイシングし消炎剤を投与，骨折部からの感染予防のため経口広域抗生剤の投与を考慮する．鼻をかむと眼窩内に空気が入り気腫を生じるため，眼球が突出し，眼球運動障害が増強する可能性がある．患者には鼻をかむことを控えさせ，必要なら鼻粘膜充血に対し

Key Words

脳振盪後遺症の予防対策

脳振盪はCT，MRI等の画像上異常を認めず，その症状の多くは一過性のものであり，軽く考えられがちである．しかしながら，脳振盪に至らない程度の外力でも反復して加えることにより，脳には病理学的変化が出現することが知られている．これを予防するには繰り返す頭部打撲を防ぐ，すなわちボクシングにおいては打たれない防御技術を磨く以外に方法はない．

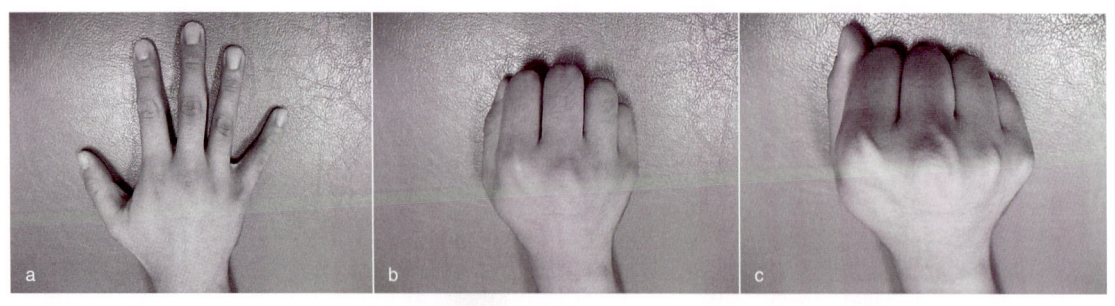

a）MP関節軽度屈曲位では，中手骨頭上に伸筋腱は位置している．
b）MP関節伸展位では，中手骨頭直上の皮下に伸筋腱が認められる．
c）パンチを打つ際等，拳を強く握ると，中手骨頭尺側に伸筋腱は脱臼する．

図3　Boxer's knuckle

点鼻の血管収縮薬を投与してもよい．なお，眼窩気腫は安静を保てば数日で吸収される．原則として骨折部より脱出した筋の絞扼等がなければ，腫脹が治まる1週間程度は経過を観察する．

その後，読書くらいの眼位にても複視が持続する場合や骨折範囲が大きい場合，美容上問題がある場合には受傷後2週間以内をめどに手術治療を行う．受傷後3週以降の手術症例では整復が難しく，眼球運動の回復が遅延したり，不良となる可能性がある．

③ リハビリテーション

手術後3週間よりランニング等のトレーニングを開始し，2カ月後より症状をみながらスパーリング等を許可する．日本ボクシングコミッション（Japan Boxing Commision；JBC）のルール上，眼窩壁骨折の既往は網膜剥離とは異なり，視力障害（裸眼視力が左右とも0.3に達しない）を伴わない限り復帰は可能である[1]．

（4）Boxer's knuckle（ボクサーズ・ナックル）

① 評価・診断

ボクシングでは拳を握った状態でナックルパートにより相手を打撃するため，第2～5指のMP関節部に繰り返し過大な負荷が加わり，同部位で伸筋腱脱臼およびMP関節の関節包の断裂を伴う背側軟部組織の損傷を生じ，MP関節屈曲時に伸筋腱が尺側にずれる（図3）．MP関節部の疼痛ならびに腫脹や皮下出血等を認める場合には積極的に画像診断を行うべきである．X線では異常を認めないため，単なる捻挫として見逃されることも多いので，早期の診断が重要である．また，超音波検査はリングサイドでも施行でき，軟部組織の動的評価にも優れているので推奨される検査方法である（図4）．

なお，後楽園ホールにおいて試合後医務室を訪れた選手のうち，陳旧例を含めると38.8％にboxer's knuckleを認め，第2・5指に多い傾向が認められた．

② 治療

受傷後は直ちにRICE療法を施し，MP関節伸展位にて固定する保存治療を行う場合もあるが，新鮮例で保存的治療を行った場合，復帰後に関節拘縮等の後遺症に悩まされることがあるので，早期に関節包の修復も含めた手術治療を行うことが望ましい．陳旧例での手術は周囲の瘢痕組織が多いので，これを剝離，切除して関節包を含めて修復し，sagittal bandが断裂している場合にはこれも縫合する必要がある．

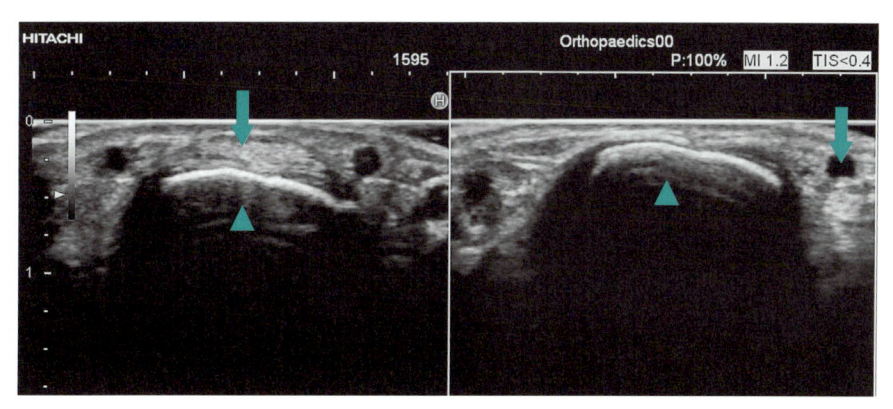

左）MP 関節伸展位では，中手骨頭（▲）直上の皮下に伸筋腱（矢印）が認められる．
右）拳を握り，MP 関節を屈曲位とすると，中側骨頭（▲）直上にみられた伸筋腱（矢印）は尺側に移動する．

図 4　Boxer's knuckle の超音波所見

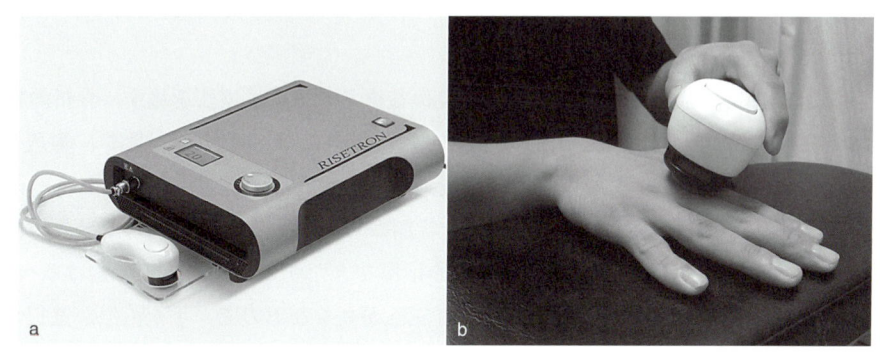

a）27.17 MHz の温熱治療により陳旧例や手術後の関節拘縮に対して効果的である．
b）プローブを直接患部に当てながらマッサージを行う．

図 5　高周波温熱治療器　　　　　　　　　　　　　　　　　（テクノリンク社製ライズトロン®）

③ リハビリテーション

　保存治療を選択した場合には約 3 週間の固定を行い，その後，関節可動域訓練を開始し，3 カ月後よりパンチを許可する．新鮮例の手術治療では，術後 3 週間，MP 関節軽度屈曲位にて固定し，その後，可動域訓練を開始し，3〜6 カ月でパンチを許可する．陳旧例では手術が複雑になるため，個々の症例により新鮮例に準じてリハを行うが，復帰までには新鮮例より長期間を要する．
　リハ中の物理療法については超音波治療器や高周波治療器（図 5）を利用すると関節可動域の改善や腫脹の軽減に有効であり，早期復帰を目指して積極的に利用すべきである．

（5）Boxer's fracture（ボクサーズ・フラクチャー）

① 評価・診断

　ナックルパートで相手を打撃したときに発生する，第 2〜5 中手骨の骨折であり，頸部に多いが骨幹部にも認められ，多くは横骨折である．MP 関節近位部の疼痛，腫脹，皮下出血とともに背側に突出した中手骨骨折の断端を触れることもあるので，リングサイドでの診断も比較的容易である．X 線

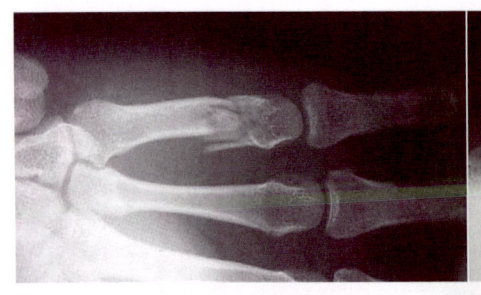

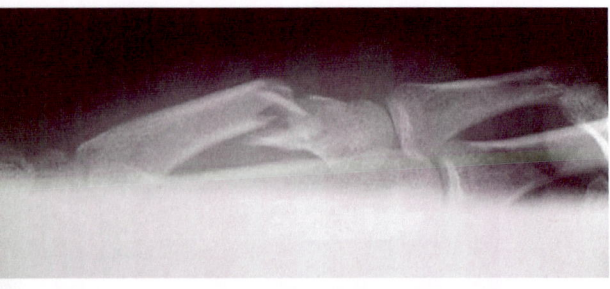

図6 Boxer's fracture の X 線所見 (大槻，2014，文献2より)[2]

検査で確定診断できる（図6）．
　なお，後楽園ホールにおいて試合後医務室を訪れた選手のうち，1.4％に boxer's fracture を認め，第2・3指に多い傾向が認められた．

② **治療**
　リングサイドにおいて本症を疑った場合には，受傷後直ちに RICE 療法を施す．骨折の転位が少ない症例では副子やギプスで固定する．転位が認められる場合には，可及的早期に X 線透視下に MP 関節，PIP 関節を最大屈曲し，基節骨を長軸方向に圧迫して中手骨骨頭を背側に突き上げ整復し（Jahss 法），さらに回旋を認める場合にはこれを整復し，背側から固定することを試みるべきである．しかしながら，無理な整復操作は周辺軟部組織に二次的損傷をきたすことがあるので避けるべきである．また，ボクサーでは変形治癒した場合に再骨折の可能性が高くなるので，手術治療が選択されることが多い．

③ **リハビリテーション**
　保存治療，手術治療のいずれの場合も固定期間はおおむね3週間であり，骨癒合状態を確認しながら可動域訓練を開始し，4～6カ月後，十分な骨癒合が確認されてからパンチを許可する．近年では骨癒合を促進させるために超音波骨折治療器を使用することが多い．手指の外傷において保存治療を選択した場合，長期間の固定は関節拘縮を引き起こし機能障害の原因となるため，3～4週以上の固定を必要とする場合は他の治療法を選択する必要がある．

外傷・障害の予防

　プロボクシングにおいてはライセンス取得の際の健康診断に頭部 CT（30歳以上の場合は頭部 MRI）を義務付けており，クモ膜嚢胞（図7）等軽微な外傷でも硬膜下血腫を発症する恐れのある所見を有する選手にはライセンスを発行しない等の対策を取っている．また，プロボクシングの公式試合では着用は認められていないが，顔面（特に鼻）へのパンチを受けた際の負傷を最小限に防ぎ，鼓膜保護ガードも付いたフルフェース型のヘッドギア（図8）も販売されており，グローブにおいても，最近はナックルの障害を最小限に防ぐ素材が用いられ，サミング（目を突く反則行為）を防ぐために親指部分を縫いつける等さまざまな改良が行われている（図9）．

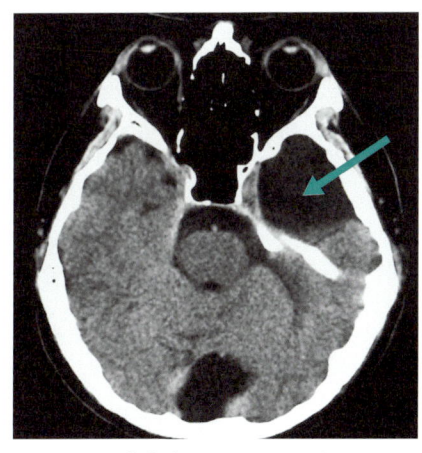

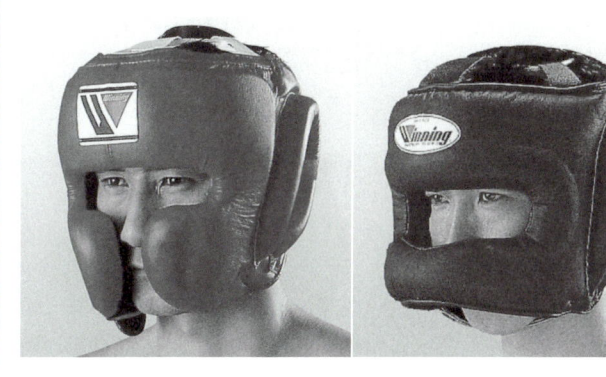

図7 クモ膜嚢胞

図8 ヘッドギア （ウイニング）

〈グローブの断面〉
衝撃吸収材
牛皮革
硬質スポンジ
にぎり
サミング防止用ストッパー付き

図9 グローブ （ウイニング）

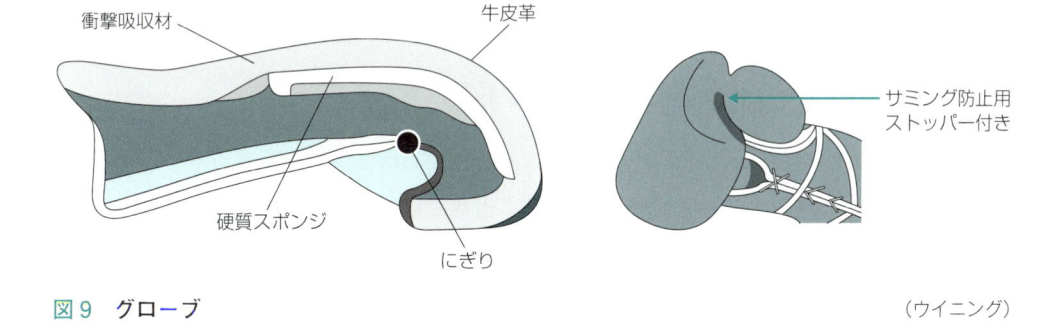

❖ おわりに

　ボクシングに限らず，すべてのスポーツにおいてリハの目的は，なるべく早期にスポーツ活動に復帰させること，後遺症を発生，残存させないこと，再発リスクを抑えることであるが，選手の希望や社会的要因から状態以上に早期の復帰を要求されることが多い．そのため，医師は医学的所見から的確な復帰時期を明確にして，早期復帰の危険性を選手に説明し，PT，トレーナー等と情報を共有しながらリハを行うことが重要である[7]．

（大槻穣治　福島一雅）

文献

1) PROFESSIONAL BOXING RULES 2010, JAPAN BOXINGCOMMISSION, 2010.
2) 大槻穣治：ボクシング，種目別スポーツ障害の診療（林 光俊編集主幹），南光堂，2014，pp168-177.
3) 櫛 英彦，大槻穣治：ボクシングによる神経障害．神経内科 75(5)：436-443, 2011.
4) 谷 諭・他：現場での対処法・プロボクシング．臨スポーツ医 19(6)：pp615-618, 2002.
5) Cantu RC：Second-impact syndrome. Clin Sports Med 17：37-44, 1998.
6) Martland HS：Punch drunk. JAMA 91：1103-1107, 1928.
7) 小林寛和・他：アスレティックトレーナー専門科目テキスト⑦アスレティックリハビリテーション（日本体育協会編），文光堂，2007，pp10-122.

総論
共通するスポーツ障害の対策—基本動作の再学習

❖ はじめに

　いろいろなスポーツ種目において共通の外傷・障害とその種目特有の外傷・障害がある．本書では，各スポーツ医学の専門家に種目特有の外傷・障害について詳述してもらっている．さまざまな種目を通じ，共通してみられるのは下肢の使い過ぎ（オーバーユース）症候群であり，腰部の障害である．また，オーバーアームで上肢を使う種目に共通なものとして，肩や肘の障害が挙げられる．それらの中で共通の慢性障害（以下，障害）の原因を追究すると，単に使い過ぎの中でもトレーニングの原則に反した事例と身体の使い方の誤解に基づくものとに大別される（図1）[1]．

▍トレーニング・練習と使い過ぎ症候群

　身体能力の向上を求めてトレーニングが行われるが，現状の体力，筋力からみてややきつい負荷が要求される．これを過負荷の原則というが，あまりに当然で原則に入れないことも多い．一般的にはトレーニングの原則として図1の持続性，漸進性，全体性，個別性，意識性の原則をいうことが多い．
　適切な負荷を選び，計画を立て，続けるのが持続性の原則である．同じ負荷を続けることなく，漸次その負荷を増やしていくのが，漸進性の原則である．全体性の原則とは，体力，筋力はさまざまな要素から成るので，すべての要素をバランスよく向上させることである．また，個別性の原則とは，さまざまな要素の中で，本人に欠けている能力を補い，種目，ポジション等に必要な能力を高めると

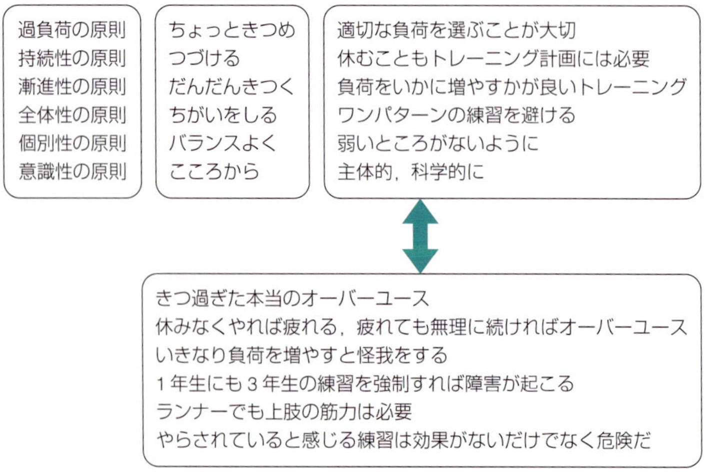

過負荷の原則 持続性の原則 漸進性の原則 全体性の原則 個別性の原則 意識性の原則	ちょっときつめ つづける だんだんきつく ちがいをしる バランスよく こころから	適切な負荷を選ぶことが大切 休むこともトレーニング計画には必要 負荷をいかに増やすかが良いトレーニング ワンパターンの練習を避ける 弱いところがないように 主体的，科学的に

⇕

きつ過ぎた本当のオーバーユース
休みなくやれば疲れる，疲れても無理に続ければオーバーユース
いきなり負荷を増やすと怪我をする
1年生にも3年生の練習を強制すれば障害が起こる
ランナーでも上肢の筋力は必要
やらされていると感じる練習は効果がないだけでなく危険だ

（東京大学身体運動研究室，2009）[1]

図1　トレーニングの原則とそれに反した状態

いうことである．最後の意識性の原則とは，意識して行うことでトレーニング効果が高まるということである．具体的には，「今行っているトレーニングはこの筋肉のパワーを高めるためだ」と意識することで効果が高まる．また，いわれるままの練習ではなく，主体的に取り組むことも意識性の原則に合うこととなる．

　使い過ぎ症候群の原因はもちろん使い過ぎであるが，トレーニングの原則に反した結果，量的に使い過ぎとなるものが多い．これは，問診の中でトレーニング，練習内容を振り返り，トレーニングの原則に照らし合わせると原因がみえてくる．同じトレーニング，練習をしていても，選手の体力，筋力が小さいと疲れてくる．疲れているのに続けると，組織の障害となる．チームの中では体力，筋力の大きさはさまざまであるから，練習内容に対して，体力が足りないと疲労性の使い過ぎ症候群となる．高校や大学1年生にみられる五月病といわれる使い過ぎ症候群は，新しい環境についていこうと頑張ったがついていけなくなった相対的な使い過ぎ症候群である．これらはトレーニング量のチェック不足によるものといえるので，体力，筋力に見合うトレーニングを徐々に増やしていくという原則にのっとれば解決する．

マルアライメント症候群

　身体の構造が先天的，後天的にアライメント異常を呈しているためメカニカルストレスが大きくなり，普通の選手が耐えられる練習でも使い過ぎ症候群を起こすことを「マルアライメント症候群」という[2]．適切なフォームやトレーニングによりカバーできることも多い．また，靴，足底板等の補助的な手段も有効なことがある．競技種目を変更することも若い選手には有効な対策となる．

身体の使い方の誤解―マルユース症候群

　一方で，マルアライメントがない身体でも練習の中で身についた癖によって，身体の構造に無理をかける使い方となり，相対的な使い過ぎ症候群を起こすことがある．技術が足りずに身体へ無理がかかり，過労性の使い過ぎ症候群になるのも同じである．これを誤用症候群，「マルユース症候群」とよぶ[3]．

　これには練習内容の質のチェックが必要である．身体構造や機能の理解と技術の改善トレーニングが必要である．身体の構造や機能に過大なメカニカルストレスがかかった要因，原因を考えていくと，同じパターンで同じ障害が生まれていることに気づくであろう．各種目の特性を理解すると，共通するパターンが見えてくる．多くの例で共通するのは，基本動作の誤解である．

基本動作

　基本動作とは，脊椎動物に備わった基本的な動きである．魚の運動は脊椎の動きが主たる原動力で，動きの基本は脊椎の動きである．手足が発達した爬虫類，ほ乳類においても脊椎の動きは大きく，脊椎が動いて四肢の骨関節が連動している．ヒトの動きも同じであるが，二足直立歩行をして上肢を使うようになったため，手の発達，股関節以下の下肢の発達が脊椎との連動を必ずしも必要としなくなった．しかし，外傷・障害を生じさせないスポーツ動作には，脊椎の動きと上下肢の動きが連動する必要がある．未熟な選手，障害がある選手の動きは，全身の動きと四肢の動きが連動していないと指

〈ヒトの骨格〉

直立して歩くために円形になったヒトの骨盤

〈チンパンジーの骨格〉

サルもイヌも骨盤の形は頭尾方向に長い，顎もヒトに比べ大きい．

〈イヌの骨格〉

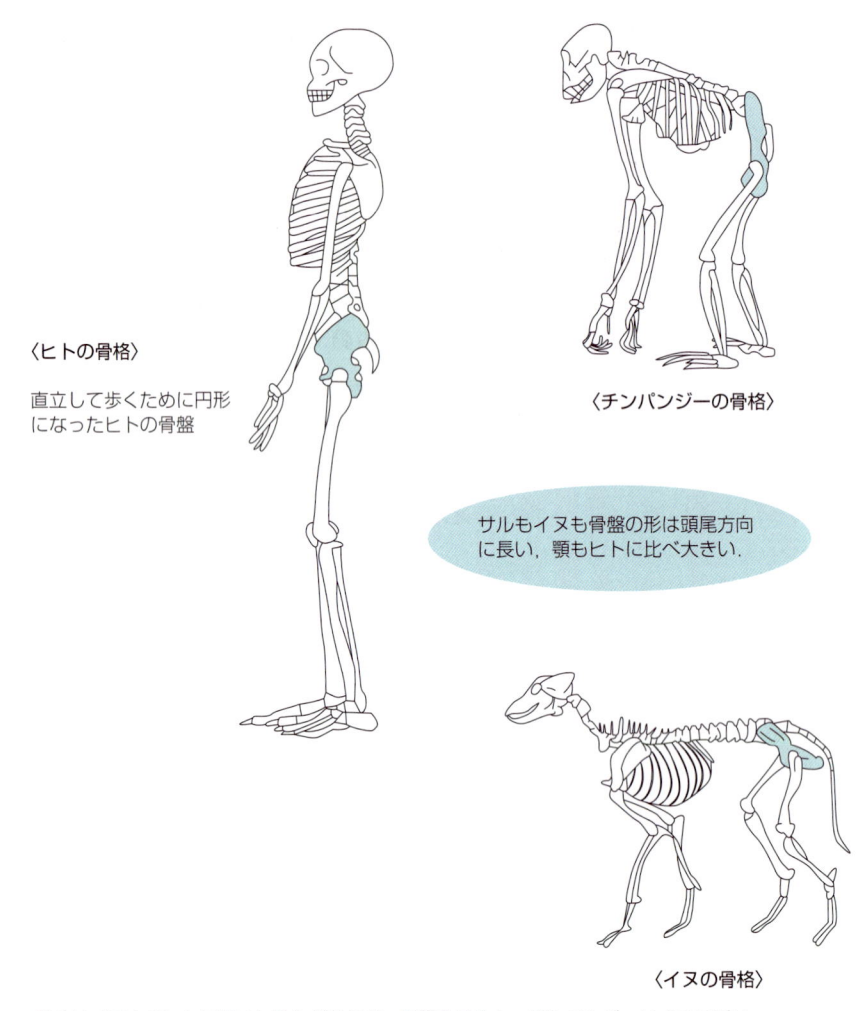

サルはイヌよりヒトに近いと考えがちだが，形態を見ると，チンパンジーはイヌに近い．
二足直立したヒトは独自の構造を持つ．理解して使いこなそう．

図2　二足直立の図　　　　　　　　　　　　　　　　　　（渡會，2007，文献5を改変）

摘される．それは，手打ち，手投げといった言葉に表されている．

ヒトの進化と特徴

　スポーツ障害の一次予防を考えるとヒトの理解が必要となる．なぜヒトは進化の中でこのような身体構造を獲得したのか，なぜヒトはスポーツをするのか，なぜスポーツ障害を起こすのかという問いについて考えてみよう．

　ヒトは数百万年の進化の中から二足直立にふさわしい構造と機能を獲得して，種として生き残り，文明生活を送るまでになった．このヒト特有の動きと脊椎動物に共通の基本的な動きを理解して動作を使い分けることが，スポーツでも日常生活でも重要なことである．

　ヒトに最も近いとされるチンパンジーと四足歩行のイヌの骨格を描いた図2を見て，ヒトと比較

してほしい．チンパンジーの頭蓋骨や骨盤の形態をみると，ヒトよりもイヌに近いのである．ヒトの身体は進化の過程で獲得してきた構造と機能を持っている．構造に無理があるから障害が起こるのではなく，構造に無理をかけるから障害が起こるのである[4,5]．

二足直立したヒトは，重力世界の中で2本の足で立って移動をする．つまり，歩く，走る，跳躍する．また，発達した上肢を使って打つ，キャッチする等の動きを行う．この延長としてスポーツがある．スポーツ動作の中でも，力を発揮する動作と，器用に発達した手足での巧みな動作とがある．このうち，力を発揮する動作では，脊椎動物の基本動作が行われている．各スポーツで上級者の基本となる動作は，脊椎の動きと四肢の多くの骨関節が連動する動作である．

基本となる動作のトレーニング

（1）下肢

走る前に歩くこと，歩く前に立つことが基本動作となる．しゃがんで立つスクワットはトレーニングの王様といわれ，各種目でみることができる[5]．空手の構え，ゴールキーパーの構え，相撲の腰割り，バレエのプリエ等である．パワーが必要な種目では重い重量を持って行われる．そのスクワットを行うためには股関節の柔軟性，体幹のコアトレーニング，脊椎の姿勢づくり等が必要となる．これらは伝統の知恵として昔から伝えられてきた．

脊椎の運動器としての動きづくりも立つ前の基本動作として勧めたい．匍匐運動を含めた柔軟運動とよばれるものや，トレーニングとしてつくられたアウフバウ等である．脊椎の動きはスポーツの現場では，肩を回す，腰の動きが悪い等の表現でよく聞かれる．脊椎の動きを意識して行うことが重要である．

両足でしっかり立つスクワットの次の基本動作は，片足で立って荷重するトレーニングである．1歩踏み込むランジや四股のようにバランスをとりつつ，片足立ちするトレーニング等である．昨今ではスクワット，ランジのときに下肢の立位アライメントを正しくとることが基本のきと認識されるようになった．いわゆる，knee in-toe out というマルユースをしないように，いいアライメントで立ち，大地に力を伝えるイメージで行う（図3）．

（2）上肢

上肢の基本動作は四足歩行動物の荷重機能に基づく，押すトレーニングである．腕立て，ベンチプレス，相撲の鉄砲，トライセプスカール等は投げる動作の基本のトレーニングである．このときの上肢のアライメントは上腕がスカプラプレーン（肩甲骨面）にあることが求められる．投げる動作の中で上腕がスカプラプレーンを保ち，手や道具が目標に向くためには，フットワーク，脊椎の動きが不可欠である．ここでもしなやかに動く胸郭，肩甲骨の可動域を保つ基本動作が必要となる．押すためには引く力も必要であるから，懸垂，縄昇り，片手交互の腕渡り等も基本動作として重要であり，上

Key Words

アウフバウ（Aufbau）
ドイツから導入された，主に臥位で行われる体幹，股関節の基本トレーニング．専用の取っ手のついたマットがある．Aufbau というドイツ語は構造，身体をつくるという意味であり，基本動作のトレーニングといえる．

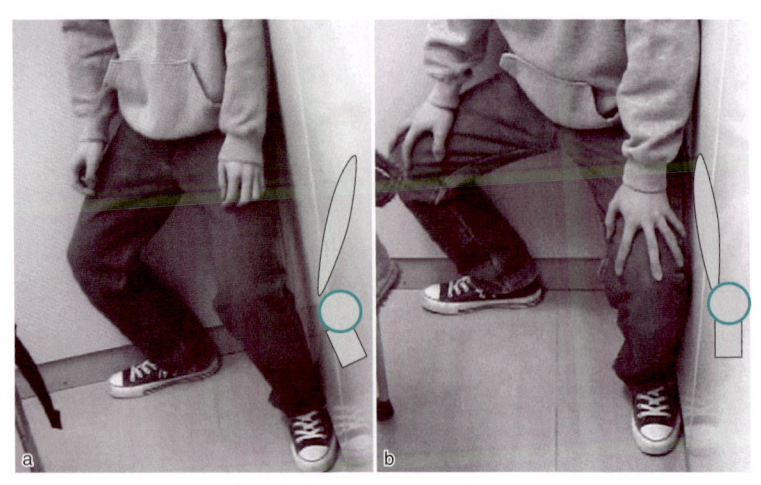

トレーニングの王様といわれるスクワットはいろいろな種目に共通の基本動作であり，正しいアライメントで行う必要がある．アライメント教育には直立した2つの壁を利用するコーナースクワットが勧められる[1]．下肢の使い過ぎ症候群の症例の多くは膝が壁から離れる knee in-toe out のマルアライメントの構えである(a)が，指導することにより膝が壁につくようになる(b)．

図3　スクワット

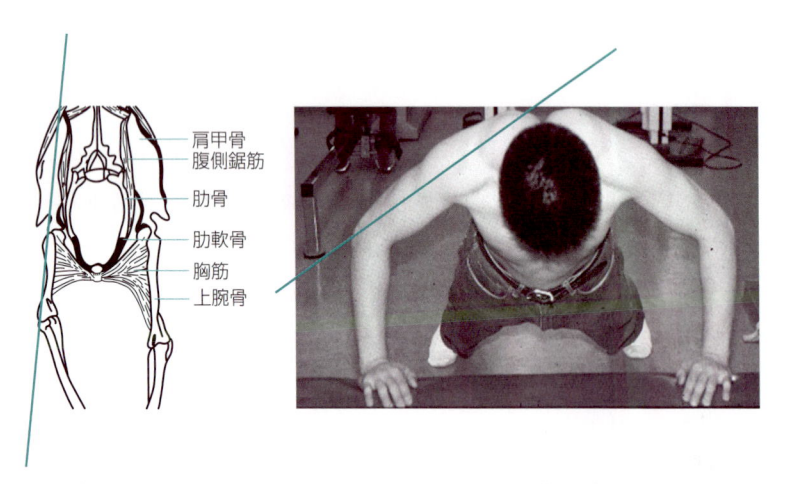

荷重を担っていた肩甲骨と上腕のアライメントに注目．ヒトは力を発揮するときも肩甲骨と上腕は直列すべきである．

図4　上肢の基本動作のアライメントは前肢のアライメント
（Romer et al, 1983，文献6を改変）

Key Words	**レッグランジ** 　一歩前に踏み出し，下肢全体に力を入れる基本トレーニング．踏み出した足のつま先に曲げた膝が向くようにという注意はスクワットと同じで，アライメントよく股関節を意識して行う．つま先より膝が前に出ないように，膝関節と股関節をバランスよく屈曲して腰を下ろす．アスリートは肩に適切な重量のバーベルを担いで行う．フォームが安定したら，方向を変えて行う．

半身のバランスよい筋力の向上に役立つものである（図4）[6]．

本書にも基本動作がいくつか記載されている．また近年，指導の工夫がいろいろと発表されており[7,8]，今後は基本動作を基にした知識やトレーニングがスポーツ医学の常識となっていくであろう．

スポーツ障害の治療方法―基本動作教育の視点から

スポーツ外傷の治療には原因を特定し，選手にも理解させることが重要である．現状を認識させ，再受傷させないようなリハ計画を立てること．スポーツ障害の場合はいくつかある障害の要因をみつけ，それを取り除くことが治療に不可欠となる．そのためには，内臓を含めた身体の理解を深めることが必要である．構造と機能の理解，アライメントの理解が必要である．選手に受傷部の解剖学，生理学，運動学の知識を教え，どこが障害されているかを理解させる．トレーニングの原則，骨関節のアライメントを教え，関節の中心に力を伝える基本動作の習熟を目指す．

参考になるのが子どものケンケン，竹馬，メンコ等の身体を使った外遊びである．かつては多くの子ども達が行っていた全身を使った動きである．かつてといっても，ほんの50年前までのことである．ヒトは生まれてから，ハイハイをして立てるようになり，遊ぶ中で，いろいろな基本動作を身につけて成長し，生活の中でも身体を動かしていた．その延長の中で，長じてスポーツを楽しんでいった．つまり，スポーツ動作は基本動作の応用として行われてきた．

しかしながら，現代社会の機械文明の中では，子どもも大人も便利な機械による生活を享受して，身体活動に体力，技術はあまり問われなくなった．そのような便利な環境で基本動作を身につけられず育った人々がスポーツ活動に参加してスポーツ障害に陥ったと考えると，スポーツを始める中で基本動作を学ぶ必要がある．また，スポーツ復帰のために基本動作のトレーニングが必要になるのである．そして，より効率よくスポーツ復帰をするためには，痛みを我慢せずに痛みのないよい動きを求め，トレーニングの原則を守りながら漸進的に，全身の能力を高めていくことである．

メディカルチェック

メディカルチェックの意義はスポーツ障害を早期に診断すること，すなわち二次予防がまずあるが，障害を自覚する前に，現状を把握して問題となる徴候，危険因子をみつけること，選手の意識を高めることで一次予防をも目指す．

スポーツ障害は種目特性と起こしやすい障害のパターンを知っていれば診断は容易であり，早期に診断することが可能である．パフォーマンスは落ちていないが，運動後に痛みが起こるというのが使い過ぎ症候群の初期の症状であり，この時期に気づき，対策を立てれば短い時間で治癒することも可能である．早期発見の意義がここにある．運動後の痛みが起こらない初期の段階でみつけるノウハウとして，記録の低下，柔軟性の低下，使い過ぎ症候群の好発部位の圧痛のチェックが挙げられる（図5）．

一次予防として，マルユースの構えをしていないかをチェックし，アライメント，身体の使い方の知識を教えることが必要である．

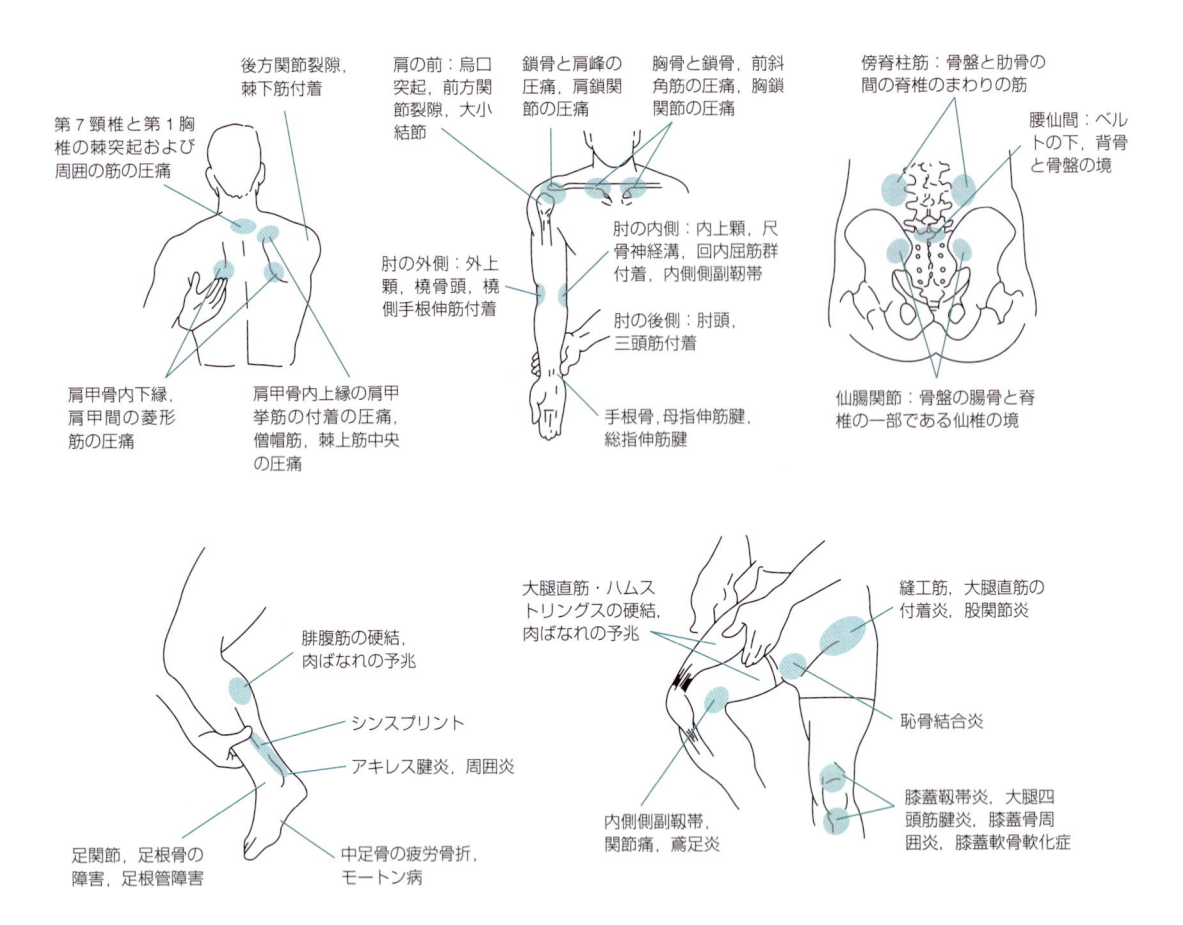

使い過ぎ症候群の超早期発見のツールとして好発部位の圧痛をチェックする．一次予防にも使える．

図5　使い過ぎ症候群の好発部位

(東京大学身体運動研究室，2009)[1]

基本動作―スピードスケートと腰痛対策

Key Words

　スピードスケートの障害と予防対策についてコラム(p132～)を書いてもらった．スケートは立つという基本動作そのものであると考えたからである．数 mm の幅のブレード(刃)の上に立つことは難しいように思えるが，いいアライメントで立てる人には問題ではない．立てれば滑れるのである．刃の上に乗り，抵抗のない刃の方向に進むこと，進むための力を刃と直角の方向に発揮する原則を知っておけば，立つトレーニングさえすれば誰でも滑れる．だからこそ，スケートは子ども達の楽しい遊びとして伝えられてきたのである．しかし，選手としてより速く滑るためには前傾姿勢での長時間のトレーニングが必要になるので，スピードスケートの選手には腰痛が問題になると筆者は認識していた．

　そこで，スピードスケートのコラムを読んでとても有意義な情報を発見した．メディカルチェックで腰痛の選手に腸腰筋の拘縮が見られ，この腸腰筋のストレッチングにより，今まで問題であった腰痛がコントロールできたというのである．たまたまスポーツ医学の雑誌で，スポーツ選手や高齢者達の腰痛の中に腸腰筋の拘縮があること，股関節のストレッチングがこの対策になるという話を読んで，わが意を得たりと思っていたので飛びついた．腰とは，脊椎だけではなく骨盤，股関節を含めたシステムであるととらえると，従来の腰痛体操が意味を持ってくる．腰椎を反らす「マッケンジー法」の効果も腸腰筋のストレッチングであり，脊椎のアライメントの改善があるからだと考えると納得である．

身体運動科学・トレーニング科学から

ヒトの身体は可塑性に富み，トレーニングにより変化する．適切な負荷を適切な時間かけることにより強化することができる．そして漸次，負荷を高めていくと効果がある．

そのためにはトレーニングの記録が必要である．記録には，体重，脈拍，血圧，呼吸数，睡眠時間等の生理データと練習記録，リハ記録，パフォーマンスデータが時系列に見やすく記載されていなければならない．心理的な評価，自己内省記録もあるとよい．

トレーニングには適切な目標の設定が必要である．限界と適量の間を求めて，経験と知識に基づく適切な目標の設定（長期，中期，短期）が求められる．このようなスポーツ医科学のノウハウを持つ指導者こそが向上心ある選手を指導して一流選手に育てることができる[1]．

おわりに

スポーツにより心身の機能向上を図ることが目的であるにもかかわらず，スポーツ外傷・障害が起こることは遺憾なことであり，スポーツ外傷・障害の治療，予防のためにスポーツ医学が必要とされる．スポーツが悪いのではなく，要因があってスポーツ外傷・障害が起こる．その要因を明らかにすること，症例の積み重ねが次に起こり得る外傷・障害を未然に防ぐものとなっていく．運動器の外傷・障害だけでなく，内科的，精神医学的な問題にも対応しながら選手と接していくことがスポーツ医学にかかわるものの責務である．症例を重ねて，種目別の特性を吟味し，総合的にスポーツ外傷・障害を研究していく．これがスポーツ医学である．本書もこの一助になれば幸いである．

（渡會公治）

文献

1) 東京大学身体運動研究室編：教養としての身体運動・健康科学，東京大学出版会，2009, pp111-180.
2) 中嶋寛之：スポーツ整形外科的メディカルチェック．臨スポーツ医 2：1985.
3) 渡會公治・他：回内回外と上肢のマルユース症候群について，日整外スポーツ医会誌 12：315-320, 1993.
4) 渡會公治：二足直立の基礎知識．特集 加齢と異常姿勢，脊椎脊髄 26：2013.
5) 渡會公治：美しく立つ，文光堂，2007, pp72-74.
6) Romer AS, Parsons TS：脊椎動物のからだ—その比較解剖学（平光厲司訳），法政出版局，1983, p236.
7) 小松 智・他：成長期野球肘に対するアプローチと注意点，スポーツ障害理学療法ガイド—考え方と疾患別アプローチ，臨スポーツ医 臨時増刊号，文光堂，2014, pp117-122.
8) 小泉圭介：慢性腰部痛改善のためのコアエクササイズ，スポーツ障害理学療法ガイド—考え方と疾患別アプローチ，臨スポーツ医 臨時増刊号，文光堂，2014, pp69-75.

索　引

あ
アイアンマン（鉄人レース）　120
アイシング　60, 91
アウフバウ　183
アキレス腱炎　98, 102
アキレス腱断裂　145, 149
　　──の予防策　149
アキレス腱のストレッチング
　　149, 150
アスレティックリハビリテーション
　　128
アメリカンフットボール　57
アライメント　51
足払　140

い
インナーマッスル　86
インピンジメント　1, 86, 105
インピンジメント症候群
　　70, 105, 106
医療救護活動　120
医療救護施設　120
移動打込　138
意識性の原則　181
一次予防　185

う
ウィップキック　106, 107
受　136
受身　136
打込　138
腕立て伏せ　54

え
エキセントリック（伸張性）　144
エッグビーターキック　106, 107
エンテーシス（腱・靱帯骨付着部）
　　21
炎症　25
遠位橈尺関節不安定症　59
遠心性筋収縮　95

お
オーバーユース（使い過ぎ）
　　21, 35, 78, 90, 148, 149, 181
オーバーユース障害　122
オリンピックディスタンス（ショートディスタンス）　120
応急処置　91

か
カーフストレッチング　98, 99
カーフレイズ　28
カッティング　28
下肢　183
下肢伸展挙上テスト（SLRテスト）
　　72, 93, 108
下肢疲労性障害　34, 41
下腿三頭筋（群）　27, 149
下腿のストレッチング　118
化膿性滑液包炎　166
荷重歩行訓練　127
掛け　136, 137, 138
過背屈ストレステスト　11
過労性脛部痛（シンスプリント）　97
過労性骨膜炎（シンスプリント）　97
嘉納治五郎　141
鵞足炎　117
回旋腱板　110
解剖学的二重束ACL再建術　126
外傷　65, 90
外傷予防プログラム　29
外反ストレス　1
片脚カーフレイズ　15
片足立ち　183
片脚バランス練習（シングルレッグデッドリフト）　73
片脚ホップ　28
片脚立位バランス　28
肩関節　85, 160, 167
　　──のストレッチ　86
肩関節腱板損傷　169
肩関節障害　108
肩関節脱臼　52, 168
肩関節脱臼・亜脱臼（関節唇損傷）
　　167
肩関節痛　105
合掌回外テスト　71
寒冷地対策　131
寒冷地でのスポーツ　131
関節可動域（ROM）訓練　127, 171
関節鏡視下関節唇形成術（鏡視下バンカート法）　169
関節唇損傷（肩関節脱臼・亜脱臼）
　　1, 167
眼窩壁骨折　175
眼瞼周囲　173

き
キック動作　17, 18, 104
基本動作　181
極　136
逆行性健忘　174
急性硬膜下血腫　49
急速減量　171
巨人症　44

狭窄性腱鞘炎（ばね指）　75
胸郭エクササイズ　110, 111
胸椎　39
鏡視下バンカート法（関節鏡視下関節唇形成術）　169
競泳　103, 107
局所注射　98
筋筋膜性腰痛症　102
筋のtightness　22
筋力強化　39
筋力トレーニング　74, 92

く
クモ膜囊胞　179
グラウンドサーフェイス　16
グリップ　78
グレコローマン　162
グロインペイン　14, 16
グローブ　179
くずし　136, 138
繰り返し脳振盪　49
空気抵抗　122
靴　79
組手乱取　138

け
けのびの姿勢（ストリームライン）
　　108
脛骨　97
脛骨高原骨折　124
稽古方法　138
頸部外傷　159
頸部神経根症　155
月経異常　88
肩甲骨周囲筋ストレッチング　86
肩甲骨周囲筋のトレーニング　86
肩甲骨面（スカプラプレーン）
　　78, 81
肩甲帯　85
肩峰下インピンジメント　108
肩峰下滑液包炎　70
剣道　143
剣道具（防具）　152, 153
腱・靱帯骨付着部（エンテーシス）
　　21
腱板炎　70
腱板損傷　1
減量　171

こ
コアトレーニング　183
コンタクト　51
コンタクトスポーツ　155, 173
ゴール設定　46
ゴルフ　77
ゴルフおけさ　81, 82

股関節	87, 140
──エクササイズ	111, 112
──のストレッチング	88
股関節屈筋群のストレッチング	119
股関節周囲筋	28
股関節伸展筋群	117
股屈曲・内旋ストレステスト	11
固有受容器トレーニング	128
個別性の原則	180
鼓膜裂傷	153
公傷制度	157
広背筋ストレステスト	11
高エネルギー外傷	122
高周波治療器	177
高所対策	131
高所でのスポーツ	131
高身長選手	43
高齢者	75, 128
硬膜下血腫	178
骨吸収マーカー	98
骨シンチグラフィー	97
骨粗鬆症	88, 98
骨代謝マーカー	98
骨端障害	70
骨付き膝蓋腱（BTB）	18
骨密度	144
転び方	160

さ

サーブレシーブ（レセプション）	34
サイドステップ	28
サスペンション・レッグ・プレス	127
サッカー	14
サポーター	62
三角靱帯	60
三角靱帯損傷	102
三角線維軟骨複合体（TFCC）	59, 71
三角線維軟骨複合体損傷	59

し

シットアップ	118
シャトル	66
ショートディスタンス（オリンピックディスタンス）	120
ショット	66
シンクロナイズドスイミング	103, 106
シングルレッグデッドリフト（片脚バランス練習）	73
シンスプリント（過労性脛部痛，過労性骨膜炎）	97, 115, 116, 117
ジャックナイフストレッチ	72

ジャンパー膝（膝蓋靱帯炎）	34, 36, 41
ジャンプ（着地）	28, 37
ジュニア	29
四股	158, 159
四頭筋	12, 13
指床間距離（FFD）	72
自転車競技	122
持続性の原則	180
膝蓋骨外方亜脱臼	106
膝蓋靱帯炎（ジャンパー膝）	34
膝蓋前滑液包炎	166
膝外側側副靱帯（LCL）損傷	166
膝蓋大腿関節障害	108
膝関節	161, 164
膝関節障害	108
膝関節伸展筋群のストレッチング	119
膝関節靱帯損傷	50
膝関節痛	106
膝関節慢性障害	96, 102
膝伸展モーメント	36
膝前十字靱帯（ACL）損傷	158, 165
膝内側側副靱帯（MCL）損傷	164
膝半月板損傷	161
膝部障害	12
尺骨神経炎	71
尺側手根伸筋腱鞘炎	71
手関節装具	62
手指部骨折	145
手術療法	149
柔術	141
柔道	135, 141
女子	24, 97
女性アスリート	88
──の三徴候	88, 89
生涯スポーツ	143
障害	65, 90
衝突	146
踵殿間距離	72
踵部痛	146, 148
上肢	183
上腕骨外側上顆炎（テニス肘）	58, 66, 70
上腕骨近位骨端線離開	70
上腕骨小頭障害	71
上腕二頭筋長頭腱炎	105
乗車姿勢（ポジション）	119, 122, 123
尻上がりテスト（HHD測定）	94, 93
伸張性（エキセントリック）	144
伸展不全	127

靱帯損傷	31, 32
竹刀	153
素人病	97

す

スイム	114, 119
スイング	82
スイング障害	77
スカプラプレーン（肩甲骨面）	78, 81, 183
スカプラプレーンエクササイズ	81
スキー	124, 130
スクエア	54
スクラム	50
スクワット	79, 80, 183
スクワット動作	38
──の評価	38
スケート	132
スタート	104
スタッド	16
スタビライゼーションエクササイズ	112
ストリームライン（けのびの姿勢）	105, 108, 109
ストレステスト	11
ストレッチング	12, 13, 22, 61, 73, 92, 96, 109, 110, 119, 123, 132, 149, 151
スノーボード	130
スパイク	16
スパイク動作	36
スパイクレシーブ（ディグ）	34
スピードスケート	132
スフィンクスのポーズ	88
スプリント	62, 122
スポーツヘルニア	16
スラップスケート	132
すり足	161
相撲	155
水泳	103, 105, 106

せ

セルフチェック	85, 87
静的ストレッチング	92
摂食障害	88, 89
全身関節弛緩性	93, 94
全体性の原則	180
前距腓靱帯（ATFL）	27
前十字靱帯再建術	19
前十字靱帯（ACL）損傷	14, 18, 50, 124
前十字靱帯（ACL）断裂	31
漸進性の原則	180

そ

装具	60, 62

増量（体重回復）	171
足関節	15
足関節（部）捻挫	24, 66, 107, 145
足趾部骨折	145
足部回外アライメント	15

た

ターン	104
タイトネスチェック	93
タイトネステスト	72
タックル	52, 54, 55
ダイナミックアライメント	51
多重折りハムストリングス	18
打撃動作	143, 144
打撲	146
体幹	73, 79, 87, 140
体幹機能	132
体幹トレーニング	88, 112
体重回復（増量）	171
体操競技	83
大腿筋膜張筋	134
——のストレッチング	133
大腿四頭筋のストレッチング	92
大腿二頭筋	95
大腿部のストレッチング	151
第5中足骨	16
第5中足骨疲労骨折	14
脱水	100, 151, 171
短距離	95
短橈側手根伸筋（ECRB）	58
段階的競技復帰	48
段階的競技復帰プロトコル（GRTP）	47
卓球	69
卓球療法	75

ち

チキータ	71
チューブエクササイズ	110, 111
チューブスイング	74
着地（ジャンプ）	28
着地動作	36
着地ドリル	117
中足骨	97
中段の構え	143
長距離	96
長腓骨筋機能	28
超音波	22
超音波（骨折）治療器	177, 178
腸脛靱帯炎	96, 114, 117
腸腰筋	132

つ

ツイスト・ターン	28
つくり	136, 138

椎間板ヘルニア	148
椎間板変性	104
使い過ぎ症候群（オーバーユース）	65, 78, 90, 180, 181, 186
釣手	137, 139

て

テーピング	27
テニス	58
テニス肘（上腕骨外側上顆炎）	58, 60, 66
テニス肘装具	61
テニス肘バンド	61
ディグ（スパイクレシーブ）	34
てっぽう	158, 160
低年齢化	132
鉄人レース（アイアンマン）	120
転倒	146
殿筋	111

と

トライアスロン	114, 120
トラックレース	122
トレーニング	180
徒手抵抗テスト	5
投球障害	1
投球動作	1, 2, 3, 105, 106
——のチェックポイント	4
投球フォーム	6, 8
投てき競技	102
凍傷	92
疼痛回避動作	60
疼痛誘発テスト	11
頭蓋内出血	173
同時収縮訓練	127
道具	152
——の変化	132
動作練習	19
動的ストレッチング	92
飛込	103
取	136, 138

な

なんば	143
内側側副靱帯（MCL）損傷	1, 50, 125
内転筋	134
——のストレッチ	133
内反位	27, 28
投込	138
軟骨（細胞）	31, 32
軟骨障害	32

に

二次予防	185
二足直立	183

肉ばなれ	95, 151

ね

熱中症	115, 152

の

脳振盪	47, 57, 174
脳振盪後遺症	175
脳振盪後症候群	49

は

ハーネス	78
ハイエルボー	105
ハイスピード外傷	125
ハムストリングス	12, 13, 18, 95
ハンマー投げ	102
バイク	114, 118
バイクシューズ	118
バイクペダリング	117
バスケットボール	23
バドミントン	64
——のスイング	67, 68
——のフットワーク	66, 67
バランスディスク	19
バランストレーニング	19, 118
バランスボード	117, 128
バランスボール	117
バリスティックストレッチ	152
バレーボール	34, 43
パンチドランカー	175
ばね指（狭窄性腱鞘炎）	75
跛行	25, 26
箱根駅伝	100
挟み足	106
半月	31

ひ

ヒトの進化	182
ヒラメ筋	149
非接触型のACL損傷	24
疲労骨折	14, 98, 100
腓腹筋	149
引手	136, 139
肘関節	160
肘内側側副靱帯損傷（肘尺側側副靱帯損傷）	105, 170
捻り	146
表皮隔離	146
平泳ぎ膝	106

ふ

フィールド競技	102
フリースタイル	162
ブレード	132
ぶつかり稽古	160
付着部炎	98
武道必修化	139, 143

191

腹部引き込み	110, 111
腹筋群	119
複合靱帯損傷	50
物理療法	25
踏切動作	36
分裂膝蓋骨	132

へ

ヘッドギア	178, 179
ペンホルダー	75, 76
変形性関節症	31

ほ

ボクサーズ・ナックル	176
ボクサーズ・フラクチャー	177
ボクシング	173
ポジション（乗車姿勢）	119
歩行	25
歩行障害	77
補高	26
砲丸投げ	102
防具（剣道具）	153

ま

マイクロカレント	25, 26
マメ	146
マラソンに取り組む市民ランナーの安全10か条	97
マルアライメント	25, 37
マルアライメント症候群	181
マルファン症候群	43
マルユース症候群	181
巻き足	106
股割り	161

み

ミラーイメージトレーニング	53, 54

む

無月経	88, 89

め

メカニカルストレス	31, 32, 144
メディカルチェック	93, 185

や

やり投げ	102
野球障害	1, 11
野球肘	22
約束稽古	138

ゆ

床材	148

よ

予防	113
腰椎	39
腰椎分離症	148
腰痛	79, 80, 102, 104, 108, 110, 116, 146, 159

腰痛予防	151
腰背部の障害	118
腰部障害	11, 102
腰部痛	148
腰部のストレッチング	151

ら

ラージボール卓球	75
ラグビーフットボール	45
ラン	114, 115, 119
ランジ	51, 183
ランニングシューズ	118
乱取	138

り

リスト・スタンド	67, 68
リストワーク	70
リハビリテーションのポイント	13
リハビリテーションプログラム	149, 150
リフティング動作	55
離断性骨軟骨炎	1, 7
陸上競技	90, 102

れ

レスリング	162
レセプション（サーブレシーブ）	34
レッグランジ	80, 184

ろ

ローリング動作	105
ロコモティブ症候群	77
ロングディスタンス	120

わ

ワイパー体操	80

欧文索引

数字

11+	20

A

acceleration phase	4
ACL損傷	14, 18, 29, 31, 50, 124, 129, 165
adaptation	46
adaptation rehabilitation	46, 50, 52
ATFL	27
athletic rehabilitation	45

B

back swing期	17
ballottement test	71
Blazinaの分類	37
boxer's fracture	177
boxer's knuckle	176, 177
Brain Sport	75

BTB	18
Burner症候群	155, 159

C

cocking phase	4
collision sports	45
Consensus Statement on Concussion in Sport	47
CPM	127

E

eccentric exercise	38
ECRB	58
empty-canテスト	108
enthesis障害（enthesopathy）	21
enthesis organ	21
extension lag	127

F

FCU腱炎	68
female athlete triad	97
FFD	72
finger-floor distance	108
follow-throw phase	4
fringe impingement test	58

G

Graduated Return to Play-GRTP-	47

H

Hawkinsテスト	108
heel cord	22
HHD	94
HHD測定（尻上がりテスト）	93

I

internal impingement	1, 5
IRB	45

J

Jefferson骨折	155
Jones骨折	14
——の発生因子	15

K

Kemp手技	108
knee-in	13, 37
knee in-toe out	13, 37, 79, 183
knee-out	13
Knee to Chest	11

L

Lachmanテスト	18
LCL	166
leg-acceleration期	17
leg-cocking期	17

M

MCL	1, 50, 125, 164
medical rehabilitation	45
middle finger extension test	58
MP関節	176

MRI	97	**S**		**U**	
N		Safety＝High Performance	46, 55	ulnocarpal stress test	71
Neer テスト	108	SCAT 2	49	**W**	
O		SCAT 3	49	wind up phase	4
overuse syndrome	65	Second Impact Syndrome	49	**X**	
P		SLR テスト	72, 93, 95, 108	X 線	14
painful arc テスト	108	speed テスト	108	**Y**	
Q		SSP シール	153	Yargason テスト	108
Q 角	108	strong position	54	**Z**	
R		**T**		zero position	2, 3, 5
resisted test	5	TFCC	59	zero リリース	2, 3, 4
RICE 処置	25	TFCC 損傷	59, 62, 71, 102	zero 外旋位	2, 3, 4
ROM	127	Thomsen test	58		

種目別にみる
スポーツ外傷・障害とリハビリテーション　ISBN978-4-263-21872-3

2014年9月15日　第1版第1刷発行

編者　渡　會　公　治
　　　猪　飼　哲　夫
発行者　大　畑　秀　穂
発行所　医歯薬出版株式会社

〒113-8612　東京都文京区本駒込1-7-10
TEL. (03)5395-7629(編集)・7616(販売)
FAX. (03)5395-7609(編集)・8563(販売)
http://www.ishiyaku.co.jp/
郵便振替番号　00190-5-13816

乱丁,落丁の際はお取り替えいたします　　　印刷・教文堂／製本・皆川製本所
© Ishiyaku Publishers, Inc., 2014. Printed in Japan

本書の複製権・翻訳権・翻案権・上映権・譲渡権・貸与権・公衆送信権(送信可能化権を含む)・口述権は,医歯薬出版(株)が保有します.

本書を無断で複製する行為(コピー,スキャン,デジタルデータ化など)は,「私的使用のための複製」などの著作権法上の限られた例外を除き禁じられています.また私的使用に該当する場合であっても,請負業者等の第三者に依頼し上記の行為を行うことは違法となります.

JCOPY <(社)出版者著作権管理機構　委託出版物>
本書を複写される場合は,そのつど事前に(社)出版者著作権管理機構(電話03-3513-6969,FAX 03-3513-6979, e-mail：info@jcopy.or.jp)の許諾を得てください.

● 外来で遭遇するスポーツ外傷・障害のリハや治療の実践技術書！

外来整形外科のための スポーツ外傷・障害の理学療法

◆小関博久（東都リハビリテーション学院学院長）編著
◆B5判　474頁　定価（本体8,500円＋税）　ISBN978-4-263-21935-5

■本書のおもな特徴
- 外来におけるスポーツ外傷・障害の治療は，主に理学療法により運動器の身体環境をバランスの良い健康な状態に戻して維持し，競技の技術レベルが向上することを目的としている．機能解剖学を基礎として運動連鎖に注目し，全身の運動機能を向上させる運動療法の技術は，多くのスポーツ選手や愛好家の治療に寄与している．
- 本書は学生や経験の浅いセラピストを対象に，外来で遭遇するスポーツ外傷・障害のリハビリや治療に関する実践的な技術についてまとめられている．部位別に機能解剖を解説したうえで，具体的なリハ・治療法についてわかりやすく解説した技術書である．

■おもな目次

第1章　股関節・膝関節のスポーツ障害
1. 股関節・膝関節の機能解剖／2. 股関節・膝関節のスポーツ障害／3. 評価／4. 治療

第2章　下腿・足部のスポーツ障害
1. 足関節と足の機能解剖／2. 下腿・足部のスポーツ障害／3. 評価／4. 治療

第3章　肩関節のスポーツ障害
1. 肩関節の機能解剖／2. 肩関節のスポーツ障害／3. 病態／4. 評価／5. 治療

第4章　肘関節・前腕のスポーツ障害
1. 肘関節の機能解剖／2. 手と指の機能解剖／3. 肘関節・前腕のスポーツ障害／4. 病態／5. 評価／6. 治療

第5章　頸椎のスポーツ障害
1. 頸椎の機能解剖／2. 頸椎のスポーツ障害／3. 病態／4. 評価／5. 頸部機能評価／6. 治療

第6章　胸郭のスポーツ障害
1. 機能解剖／2. 病態とメカニカルストレス／3. 理学療法展開／4. 評価／5. 治療

第7章　腰仙部のスポーツ障害
1. 腰仙部の機能解剖／2. 腰仙部のスポーツ障害／3. 病態／4. 評価／5. 治療

第8章　野球における投球障害—投球障害肩
1. 投球動作／2. 肩関節の機能解剖／3. 病態／4. 評価／5. 治療

第9章　野球における投球障害—投球障害肘
1. 肘関節の解剖とスポーツ障害肘における特徴／2. 病態／3. 評価／4. 治療

第10章　サッカー障害
1. サッカー障害の病態／2. 評価／3. 治療

◆好評姉妹編◆

外来整形外科のための 退行変性疾患の理学療法

◆小関博久（東都リハビリテーション学院学院長）編著
◆B5判　224頁　定価（本体5,800円＋税）
ISBN978-4-263-21355-1

医歯薬出版株式会社　〒113-8612 東京都文京区本駒込1-7-10　TEL03-5395-7610　FAX03-5395-7611　http://www.ishiyaku.co.jp/